山东建筑大学建筑城规学院青年教师论丛

青岛取引所旧址的保护与再生
CONSERVATION AND REHABILITATION OF THE FORMER QINGDAO EXCHANGE

陈勐 著

中国建筑工业出版社

图书在版编目（CIP）数据

青岛取引所旧址的保护与再生 = CONSERVATION AND REHABILITATION OF THE FORMER QINGDAO EXCHANGE / 陈勐著. —北京：中国建筑工业出版社，2020.12
（山东建筑大学建筑城规学院青年教师论丛）
ISBN 978-7-112-25559-7

Ⅰ.①青⋯ Ⅱ.①陈⋯ Ⅲ.①商品交易所—故址—文物保护—研究—青岛 Ⅳ.① K878.2

中国版本图书馆 CIP 数据核字（2020）第 185871 号

责任编辑：何　楠　徐　冉
责任校对：张惠雯

山东建筑大学建筑城规学院青年教师论丛
青岛取引所旧址的保护与再生
CONSERVATION AND REHABILITATION OF THE FORMER QINGDAO EXCHANGE
陈勐　著

*

中国建筑工业出版社出版、发行（北京海淀三里河路9号）
各地新华书店、建筑书店经销
北京点击世代文化传媒有限公司制版
临西县阅读时光印刷有限公司印刷

*

开本：787毫米×1092毫米　1/16　印张：13½　字数：466千字
2021年6月第一版　2021年6月第一次印刷
定价：139.00元
ISBN 978-7-112-25559-7
（36547）

版权所有　翻印必究
如有印装质量问题，可寄本社图书出版中心退换
（邮政编码 100037）

前　言

20世纪80年代以来，近现代建筑遗产的保护愈发引起各方重视。1988年，建设部、文化部联合发布《关于重点调查、保护优秀近代建筑物的通知》。于是，各地区开展近代建筑调查，讨论构建登录保护制度。1996年，国务院公布第四批全国重点文物保护单位，首次采用"近现代重要史迹及代表性建筑"这一分类。2008年，国务院颁布《历史文化名城名镇名村保护条例》，推动了各地区历史建筑保护的立法进程。至2019年底，已核定公布为全国重点文物保护单位的"近现代重要史迹及代表性建筑"达到952处，各省市建立起由各级文物保护单位和历史建筑组成的登录保护制度，近现代建筑遗产已成为我国文化遗产保护的重要类型。

青岛是中国近代时期新兴的港埠城市，保留有大量的近代建筑遗产。19世纪末20世纪初，由于青岛具备优越的自然地理环境以及天然良港，遭到德、日、英、美等国的觊觎。城市建成区建造了众多新古典主义、德式、日式等风格的建筑。这其中，青岛取引所旧址无论从其本体的建筑规模、装饰艺术及建造技艺的代表性，还是所承载的历史事件、集体记忆与文化情感的重要性来看，都具有较高的遗产价值。

本书的研究始于2019年1月，结合山东建筑大学2015级建筑遗产保护设计教学开展。全书共分为5个章节，整体结构呈现遗产价值研究与保护利用实践的路径。第1章探讨近代青岛与馆陶路的城市建设，考证取引所的发展沿革、建筑师等历史信息。第2章由建筑现状调研、测绘及器物点记录入手，评估保存现状并开展遗产本体分析。第3章呈现前两章的结论，阐释遗产的历史价值、艺术价值、科学价值、附属价值。第4、5章开展研究性设计，第4章由整体到分项进行保护设计，第5章在可行性分析的基础上进行6个方向的再利用设计。综合而言，本书的学科价值和应用价值主要体现在如下三个方面：

（1）本书对青岛取引所旧址建筑本体价值的研究，能为近代建筑遗产保护的实践者提供完整性的视角。本书将建筑历史研究与现状研究相结合，梳理了近代青岛城市及馆陶路街区的发展沿革，追溯取引所建筑类型在西方的缘起以及近代在华的发展脉络，继而从平面空间、风格样式、建筑结构、周边环境等方面开展分析，为遗产保护实践者提供建筑研究与价值评估的完整性视角。例如，既有文献均认为青岛取引所由日本建筑师三井幸次郎设计，通过我们对一手图纸、档案的研究发现，建筑设计方应为英资通和洋行天津分公司（Atkinson & Dallas LD. Civil Engineer and Architects, Tientsin.），这对于重新审视建筑的历史价值提供了有力支撑。

（2）本书对青岛取引所旧址遗产活化的研究，能为近现代建筑的再利用提供新的思路。功能置换与业态更新是许多近现代建筑遗产无法逃避的问题。青岛取引所建成至今，几经产权更迭，早已不作为交易所使用。本书在建筑本体分析的基础上，对周边交通与人群活动、周边建筑与业态、上位规划与发展前景等进行了专业调研，并针对青岛取引所旧址单一空间、复合空间在功能植入中的可行性展开讨论，继而提出6种再利用的设计策略，在尽量避免破坏建筑遗产价值的前提下，使其更好的服务于社会生活。

（3）本书以青岛取引所旧址为载体，形成历史性建筑保护设计的课程架构，为建筑遗产保护教学提供更有力的支撑。进入21世纪以来，建筑遗产保护逐渐成为建筑学一级学科下的重要培养方向。2015年，山东建筑大学建筑学专业开设建筑遗产保护培养方向，从本科四年级开始招生。其中，历史性建筑保护设计是核心课程之一。本书通过对青岛取引所旧址的个案研究，形成由历史研究、现状研究、价值评估、保护设计及再利用设计组成的5大教学板块并设置相应的教学目标，结合课堂讲授、案例教学、参与式学习、翻转课堂等教学方法，形成整体性的教学脉络，为建筑遗产保护培养方向的建设提供有力支撑。

本书写作中，山东建筑大学2015级建筑遗产保护方向的刘玉洁、邹邦涛、王瑜婷、徐逢夏、刘颖、田静、于涵、李进、王荃、李超、刘雨轩、刘铮等同学做了大量工作，多次往返于济南、青岛之间进行档案查阅、建筑测绘、田野调查等。他们认真负责的学习态度，保证了本书的顺利完成。此外，同圆设计集团历史遗产保护与再生研究所谢斐所长在调研过程中为我们提供了诸多帮助,特此表示感谢。

最后,本书的顺利出版还要感谢山东建筑大学建筑城规学院仝晖、任震、江海涛、赵斌、慕启鹏等领导、老师们的大力支持以及中国建筑工业出版社何楠、徐冉两位编辑的耐心工作与热情帮助。

陈勐

2020 年 9 月 10 日

目录

	前　言	3
1	**青岛取引所旧址历史研究**	**11**
1.1	近代青岛及馆陶路街区发展背景	13
	1.1.1　建置时期（1891～1897年）	13
	1.1.2　德占时期（1897～1914年）	13
	1.1.3　第一次日占时期（1914～1922年）	14
	1.1.4　北洋政府及南京国民政府时期（1922～1937年）	15
	1.1.5　第二次日占时期（1938～1945年）	15
	1.1.6　国民政府时期（1945～1949年）	16
	1.1.7　小结	16
1.2	取引所建筑研究	16
	1.2.1　取引所的来源与发展	16
	1.2.2　日本取引所在本国发展与在华扩张	17
	1.2.3　青岛取引所的发展	23
	1.2.4　青岛取引所旧址建筑师探究	27
2	**青岛取引所旧址现状研究**	**29**
2.1	图纸表达及完损情况	32
	2.1.1　总平面	32
	2.1.2　平面	34
	2.1.3　立面	46
	2.1.4　剖面与节点	56
	2.1.5　结构体系	63
	2.1.6　附属设施	66

2.2 平面空间研究 71
 2.2.1 服务性空间分布 71
 2.2.2 空间可达性分析 71
 2.2.3 空间主从关系分析 71
 2.2.4 周边景观条件分析 72
2.3 风格样式研究 73
 2.3.1 青岛第一次日占时期建筑风格概述 73
 2.3.2 代表性建筑风格特征 73
 2.3.3 青岛取引所艺术价值分析 75
2.4 建筑结构研究 79
 2.4.1 建筑结构概况 79
 2.4.2 木屋架 80
 2.4.3 材料 85
2.5 周边环境调研 86
 2.5.1 调研范围 86
 2.5.2 交通与人群活动 87
 2.5.3 周边建筑与业态 90
 2.5.4 上位规划与发展前景 92

3 青岛取引所旧址价值评估 95
3.1 历史价值 97
3.2 艺术价值 98
3.3 科学价值 99
3.4 附属价值 100

4 青岛取引所旧址修缮保护设计 101
4.1 价值定位及修缮干预程度 103
4.2 原则与法规 103
 4.2.1 基本原则 103
 4.2.2 法律法规 103
4.3 分项保护设计策略 104
 4.3.1 结构 104
 4.3.2 室内 114

		4.3.3	屋顶	124
		4.3.4	立面	126
		4.3.5	附属设施	137
		4.3.6	周围环境	138

5 青岛取引所旧址再利用设计　　141

5.1	可行性分析	143
	5.1.1 功能植入	143
	5.1.2 设备设施更新	147
5.2	再利用设计	152
	5.2.1 方案一	152
	5.2.2 方案二	168
	5.2.3 其他方案	183

参考文献　　206

图片来源　　208

总体区位及建筑概况

青岛取引所旧址区位卫星图（1968年）
图片来源：美国地质调查局（USGS）网站
https://earthexplorer.usgs.gov

建筑概况

建筑名称	青岛取引所旧址
区位	青岛市市北区馆陶路22号
建筑年代	1921~1926年
建筑师	**通和洋行天津分公司**（Atkinson & Dallas LD. Civil Engineer and Architects，Tientsin）：通和洋行（Atkinson & Dallas Architects and Civil Engineers Ltd.）是19世纪末20世纪初期活跃于上海、天津、汉口等地的英国建筑师事务所，该事务所由布雷南·阿特金森（Brenan Atkinson）和亚瑟·达拉斯（Arthur Dallas）成立于1898年，总部位于上海，在汉口、天津、北京等地均设有分公司，其项目覆盖了金融、办公、商业、教育、工业等各种建筑类型，是近代中国较为知名的外国建筑师事务所
营造厂	**新慎记营造厂**是近代青岛最早的华人建筑商之一，负责人马铭梁祖籍浙江宁波，于1919年创立新慎记营造厂，办公地址在青岛西康路6号甲，马铭梁则住在金口二路4号的私宅内。该厂在青岛的代表作品有大学路14号中国银行员工宿舍（1932~1934年）、大陆银行旧址（1933~1934年）
初使用功能	作为商办交易场所使用（1921年改官办为商办），同时出租部分房间给其他公司，银行作为办公室使用，如德商德华银行、禅臣洋行等
现使用功能	正处于改造中，即将打造成集博物馆、艺术馆、饮食文化、餐饮住宿等于一体的综合性文化场所
建筑类型	金融建筑
建筑风格	新古典主义
建筑面积	18276m²
建筑占地面积	6965.16m²
建筑物层数	主体部分地上三层、地下一层，塔楼部分局部五层
建筑布局	四个交易大厅呈"田字形"布局，周边布置办公室
建筑结构	砖混结构、木结构
建筑费额	银元四十八万四千余，金票十一万六千余[1]
建筑保护等级	2000年第一批青岛历史优秀建筑 2006年第三批山东省级文物保护单位
建筑照片	 青岛取引所历史照片 图片来源：https://i2.kknews.cc/SIG=5s0r/ctp-vzntr/n148s4rn5p58476nos19o91n39p132qn.jpg

表格来源：陈勐、刘玉洁、田静绘制

---

[1] 银元：北洋政府于1914年推出《国币条例》，确立银本位货币制度。金票：日本帝国主义入侵中国东北后在当地发行或流通的各种日本纸币的统称，因1929年前日本为金本位制，故称其纸币为金票

1 青岛取引所旧址历史研究

1.1 近代青岛及馆陶路街区发展背景

1.1.1 建置时期（1891～1897年）

1. 发展概述

中法战争之后，1891年，清政府在直隶总督兼北洋大臣李鸿章的提议下，在胶州湾设立海军基地，以海上防御职能为主，青岛遂成为军事要塞。伴随着渔、农、商并举发展，南部沿海一带形成商贸中心，胶澳地区成为了著名商埠。

2. 城市形态

清军驻防后，在南部沿海设立嵩武前营、嵩武中营、广武前营、广武中营四处兵营及多处炮台，在天后宫东侧设立总兵衙府等军事基地。伴随着南部沿海地区的繁荣，兵衙府北部、天后宫周边、东关街、新街等区域的商业贸易逐渐发展（图1-1-1），因在沧口设置关卡，北部沿海的李沧区也成为了商贾云集的商贸区。除上述区域以外，豹岛村（今大鲍岛及小鲍岛）、孟家沟等众多自然村落也逐渐形成。

这一时期的城市建设没有明确详细的分区规划，除清政府设防区域外，大多为自发形成。

3. 馆陶路街区建设情况

这一时期，馆陶路片区还未形成，仍是自然村落的形态。

图1-1-1　建置时期青岛建设状况

1.1.2 德占时期（1897～1914年）

1. 发展概述

1897年，德国以巨野教案为由，派兵强占胶州湾，并与清政府签订《胶澳租借条约》，将山东划为其势力范围。1900年，德国殖民政府编制最初的《青岛城市规划》，将青岛定位为军事基地和交通口岸，建设区域选址于主城区西南角，西邻胶州湾。1910年，制定《青岛市区扩张规划》，设置交通设施和商业、市政建筑等，将青岛作为其在远东地区的军事基地、进出口贸易港和行政中心。

2. 城市形态

德国当局采用空间隔离制度，华人区位于北部原大鲍岛村及火车站东侧较高台地上，欧人区主要位于南部沿海区域。德占初期，华人区和欧人区有较为明确的分界线，大致以德县路、观海山、信号山、青岛山、小鱼山为界。1901年，由于德国殖民者发现华欧分区界限不利于南部欧人区的经济发展，才逐渐取消。

由于德国殖民者对于青岛的定位之一是交通口岸，所以在建设之初便对道路、港口和铁路进行了详细规划。道路网顺应不同区域的地形，顺坡就地，将各功能区与市郊有机联系起来。港口和火车站均设置于城市中心区西侧，沿海岸线布置。在兴建大港的同时，还建设了小港、船渠港作为辅助港。铁路线沿胶州湾东海岸在港口和市区之间蜿蜒，火车站则设在城市的尽端。工业区便基于港口和铁路设施沿海岸线和铁路线逐步向北延伸，形成带状形态。此外，城市东侧主要分布了仓库、堆栈以及兵营和采石场。

伴随着青岛的城市建设，德占初期的城市规划已不能满足城市发展的需求，同时德国当局也意识到了发展商业的重要性。因此，在1910年的青岛城市规划（图1-1-2）中，拟将城市建成区沿中山路向北延展，拓建新的商业中心，提高城市商业覆盖能力。但1914年后日本占领青岛，该计划被迫中断。

图1-1-2　1910年青岛城市规划图

3. 馆陶路街区建设情况

馆陶路始建于 1899 年，因为靠近胶海关、后海码头和大港火车站，兼具海运和陆运的交通优势。同时，馆陶路向南与中山路商业街区相连通，具有较好的商业位势。通过 1901 年城市肌理图（图 1-1-3 中蓝色区域）可知，馆陶路片区尚未有大规模的城市建设。在 1908 年的城市肌理图（图 1-1-4 中蓝色区域）中，馆陶路沿胶济铁路向北延展，街区肌理逐渐形成。

图 1-1-3 1901 年馆陶路街区建设状况

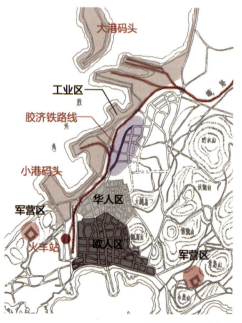

图 1-1-4 1908 年青岛城市分区

1.1.3 第一次日占时期（1914～1922 年）

1. 发展概述

1914 年第一次世界大战爆发，日本对德宣战并出兵封锁胶州湾，占据青岛、潍县等城市，后占领胶济铁路沿线车站及附近矿区，在击溃德军后取代其获得在山东的特权。日本占领期内，对青岛展开了疯狂的资源掠夺，使青岛成为其工业生产基地和进出口贸易港口。

2. 城市形态

日本占领初期，城市处于恢复期，并未制定新的城市规划，而是沿用德占时期的规划继续向北发展。城市空间大致分为 7 个区域：

一区是原有德人居住区，少数日本政客和商人接管了德国人留下的住宅，并在沿海一带继续进行建设；

二区是日本侨民集中区，主要在胶州路北，今堂邑路、馆陶路、市场一路、聊城路附近，形成新的商业区及居住区；

三区是热河路、辽宁路及铁山路一带，是在原有鲍岛区的基础上扩建的部分，由原居住于该地的华人及日侨组成，环境质量相对较差；

四区是原有德占时期规划的华人居住区以及在此基础上向南扩张的部分，居民以华人为主；

五区是被规划为新的华人聚居区的台西镇，该区发展最为迅速，以华人为主，兼具商业、居住等职能，各阶层人员较为混杂；

六区是由原台东镇发展起来的区域，当时地处城市外缘，日占期间修建了大量工厂，形成工业、居住混杂的格局，原台东镇居民及中国工人聚集于此，各阶层人员混杂、环境条件较差；

七区是沿胶济铁路形成的新兴工业带，以工厂、宿舍为主，由于该区域呈狭长的带状形态，基础设施使用较不方便。

图 1-1-5 1915 年馆陶路街区建设状况

3. 馆陶路街区建设情况

由于大量华人和日侨涌入馆陶路及周边区域，加之中山路商业区向北延伸，馆陶路一带逐渐发展与繁荣起来。以日本为主的多国大型企业在此成立办事机构，城市建设向街区内部延伸，商贸活动亦日益繁荣（图1-1-5、图1-1-6）。

图1-1-6 1920年馆陶路街区建设状况

图1-1-7 1937年馆陶路街区建设状况

1.1.4 北洋政府及南京国民政府时期（1922～1937年）

1. 发展概述

北洋政府统治时期，成立胶澳督办公署，归山东省政府管辖，并颁布了《青岛市暂行条例草案》。但由于1921～1922年的华盛顿会议中关于山东问题依然存在大量不平等条款，青岛实际受日本控制，城市发展处于混沌之中。南京国民政府时期，自1931年沈鸿烈担任青岛市市长后，城市进入全面发展期。1935年颁布的《青岛市施行都市计划方案初稿》是中国近代城市规划的一次实验，将青岛定位为工商、居住和游览型城市，与1910年德国人的上位规划一致，但因抗战爆发而未能全面实施。

2. 城市形态

该时期内，城市形态沿海岸线继续向东发展，由于人口增长，原本相对独立的台西、台东镇不断向外延扩展，与市区相衔接，整个城区连成一体，带状城市形态愈发明显。城市在原商业、居住、交通等职能的基础上，增添了许多金融和公共休闲设施，许多市政及公共性建筑建设起来，主要集中在南部富人区。

3. 馆陶路街区建设情况

北洋政府初期，城市金融业主要被外国银行所占据，日本正金银行、朝鲜银行、济南银行等在金融市场占据较大控制权，其次为英国麦加利银行和汇丰银行，此外，德国的德华银行也具有一定实力。除济南银行外，这些银行均位于馆陶路，加之来自不同国家的多家洋行，馆陶路逐步发展为青岛的金融中心，时人称之为"洋行一条街"。1926年，日本为加强对青岛的经济垄断，在馆陶路建了规模宏大的青岛取引所新大楼，开展棉纱、粮食等货物交易活动（图1-1-7）。

1.1.5 第二次日占时期（1938～1945年）

1. 发展概述

全面抗战爆发后，日本于1938年初二次攻占青岛，次年制定《青岛特别市地方计划》和《青岛特别市母市计划》，但均未能实现。由于青岛港是中国沿海与日本最为邻近且拥有较大吞吐能力的港口，具有重要的军事地位。因此，日本当局将城市定位为"华北水陆交通的要冲、军事和华北经济开发的基地、重要的工业区和观光城市"，并进一步扩大城市范围，开展了港口、铁路、道路的详细规划，强化铁路沿线建设，使青岛成为向日本输出资源的中转站和重要的军事基地。

2. 城市形态

日本当局首次明确提出组团式城市布局，城市用地向北扩展到白沙河，使青岛成为长25km，宽4.5km的典型带形城市。市中心迁移到台东镇一带，将广大人民分隔在台东镇及北部的四方、沧口等地区，并将客运与货运铁路相分离。近海的市区由上层阶级使用，将市南区定为高级住宅区，其余沿海的大部分区域和山地则划归为军事区。市中心北迁表面上是为了平衡南北发展，实则是阻止市民进入南部地区。至抗战胜利前，市南、市北、台东三区基本连成一片，其中的自然村落逐渐融于整个城市体系中。

3. 馆陶路街区建设情况

该时期，馆陶路城市建设依旧发展迅速，伴随着城市中心北移，商业、服务业功能逐渐增多，街区界面逐渐形成，成为青岛乃至整个华北地区的重要经济中心。

1.1.6 国民政府时期（1945～1949年）

1. 发展概述

抗战胜利国民政府接收青岛后，美军在胶州湾登陆并驻扎在原日军司令部。经国民政府海军总司令陈绍宽提议，青岛成为华北地区的海军防御基地、海军训练基地和军事教育基地。该时期内，虽然对城市基础设施进行了一定程度上的维护、修复与建设，但主要服务于军事目的，同时开展资本与物资积累，以备国内战事。

2. 城市形态

这一时期，青岛全市在行政区划上划分为12区，即市南、市北、台西、台东4区为市区，四方、李村、崂山等8区为乡区。在土地管理方面将全市分为9区，包括市内一区，其他地区分为8区，不同职能的城市建设面积依次为工业、住宅、商业、学校、医疗、文娱、办公、仓库及其他用房。

3. 馆陶路街区发展情况

抗日战争胜利后，馆陶路片区建设活动以原有设施的改建、扩建、修复为主，对街区肌理没有过多改变。国民政府对馆陶路片区的多数建筑功能进行了置换，如将多处原日本银行大楼收归中国银行所有，部分建筑改为港务局、海军司令部活动基地等国民政府办公、军事类建筑。

1.1.7 小结

近代时期，青岛几经政权更迭，经历了曲折发展的历程。建置之初，青岛作为清政府重要的海军基地，以军事防御职能为主。在德国、日本占领期间，城市兼具军事基地、港口铁路交通、工业生产、商业贸易等职能，为殖民政府当局服务。期间，中国政府虽然也开展了上位规划与建设计划，但迫于时局，大多未能实施。

近代时期，青岛呈现出沿海岸线发展的带状城市形态特征。建设之初，为充分利用港口、铁路等交通设施，沿胶州湾东岸呈南北向带状形态延展。伴随着城市人口增加，建设用地需求扩大，城市形态开始沿北部原日本侨民居住区向东发展台东镇，继续向北发展四方、李村等乡区，沿南部海岸向西发展台西镇、向东发展新区，城市空间不再是单一的带状形态（图1-1-8～图1-1-11）。

德占初期，馆陶路因其便捷的海运、陆运交通以及邻近中山路商业街的优越商业位势而逐步发展起来。20世纪20～30年代，随着以日本为主的各国企业、办事机构的迁入以及中山路商业街日趋繁荣并向北部拓展，馆陶路各国银行、洋行林立，成为重要的金融区。至第二次日占时期末期，馆陶路街区的建设活动基本完成，并向街区内部延展，成为青岛的商业金融中心。

中华人民共和国成立后，馆陶路片区除部分建筑因产权变更、功能置换、建筑结构性老化等原因而进行了改扩建和重建外，基本延续了近代时期的街区肌理。同时，馆陶路同周边的堂邑路、莱州路、市场一路、市场二路、市场三路交错相通，形成了重要的商业街区，对青岛城市经济发展起到了重要影响。

1.2 取引所建筑研究

1.2.1 取引所的来源与发展

1. "交易所"与"取引所"

交易所是有组织的、标准化交易的物券市场，因其具有便利交易、流转货物、调剂金融、平准市价、引导游资、维持财政等功能，成为重要的商业辅助机关。交易所是市场体系的核心，在各国经济和金融发展中具有重要的地位与作用。

交易所产生于中世纪晚期的欧洲，是商品经济发展和金融战争的产物。16世纪以后，随着欧洲资本主义经济的兴起和对外扩张，交易所得以发展并传播到欧洲以外的地区（图1-2-1）。

交易所在日本被称为"取引所"。1874年日本公布取引所条例，1876年成立了大阪堂岛米谷取引所，此后各地陆续设立取引所，截至1912年，日本取引所数量已达到48家。

2. 交易所的发展

交易所建筑类型的出现与发展以欧洲为中心，自13世纪末至20世纪前中期，欧洲形成了较为成熟的实体交易所组织模式和建筑形制（图1-2-1）。中国最早的交易所建立于19世纪末20世纪初，源自于西方资本主义国家的经济入侵。

3. 交易所建筑特点

交易所作为金融建筑的重要类型，历经几百年的发展演变，虽然受建筑技术、建筑风格变迁的影响而出现多种样式，并在美、澳、亚等地区传播时融入地域性建筑文化，但基本空间格局、建筑形制

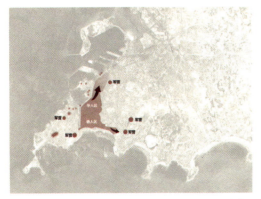

图 1-1-8 德占时期青岛城市形态变迁

图 1-1-9 第一次日占时期青岛城市形态变迁

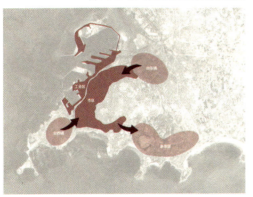

图 1-1-10 北洋政府及南京国民政府时期青岛城市形态变迁

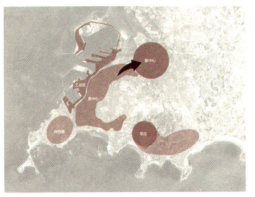

图 1-1-11 第二次日占时期青岛城市形态变迁

及外观要素等方面依然具有一些标志性特点。通过对交易所建筑案例的梳理与归纳，可以看到青岛取引所体现出了交易所建筑类型的一些基本特点，其中蕴含着交易活动对于空间格局的需求以及金融建筑外观形象的象征性意义（表1-2-1）。

1.2.2 日本取引所在本国发展与在华扩张

1. 近代中国交易所类型

近代中国的交易所先有"外籍交易所"，后有"华籍交易所"，前者最早出现的是由欧美商人创办的交易所，之后出现了日本人创办的取引所。近代在华营业的"外籍交易所"根据组织模式可分为三类：

第一类由外国人或外国商人出资，依照外国法律或在华殖民当局及使领馆颁布的法律法规，向外国政府或外国在华殖民当局、使领馆注册登记为外籍的交易所，例如大连取引所；

第二类是参照第一类的组织方式登记为外籍的交易所类似组织，例如中华证券信托株式会社；

第三类是由中国人或以中国人为主出资，依照外国法律或外国在华殖民当局、使领馆颁布的法律法规，向外国政府或外国在华殖民当局、使领馆注册登记为外籍的交易所，例如广东证券商品交易所等。

日本人创办的取引所在近代中国占较大比重，因此首先需要了解日本本国取引所及其在中国的发展背景。

2. 近代日本本国取引所发展沿革

近代日本取引所是为适应明治维新后商品经济发展的需要，在日本政府推动下，效法西方并结合本国国情逐步建立和发展起来的。自明治维新后至第二次世界大战结束，日本的取引所制度大体经历了殖产兴业、产业革命、经济萧条与整理、战时经济与金融统制等历史阶段的演进。

在殖产兴业和产业革命时期，日本的取引所有效地发挥了流转货物、疏通金融、平准市价、引导游资、舒缓通货膨胀、服务财政等作用，对日本经济的崛起和海外扩张起到了支撑作用。日俄战争后，随着日本国内产业革命的完成，日本的经济实力高速发展，因国内市场饱和且资源匮乏，遂向海外深度扩张。在经济扩张的过程中，日本面临的国际竞争与矛盾加剧。为应对纷争，日本走上了对外发动战争和侵略扩张的道路，日本经济因此转入战时经济体制。

日本政府实施的战时经济统制政策促使经济计划化，市场机制作用被排斥，这使得日本的物品交易所丧失了存在的土壤。证券交易所则在政府的强力干涉和整顿下沦为战时财政的工具，扮演了为侵略战争服务的战争金融机构的角色。随着日本在第二次世界大战中战败，取引所制度被取缔。

3. 近代日本在华取引所发展沿革

近代日本在华取引所是为适应日本对华投资贸易及经济发展需要而产生的，自1906～1945年间，取引所的发展经历了早期的快速扩张期，之后的低迷与整顿期以及第二次日占期间的衰退期。在华取引所数量从1922年以前的大约20家，减少到了1932年的7家左右，1939～1945年间下降至3家。经营业务方面，先是钱钞交易走向萎靡，而后是物品买卖业务被限制或取缔，最后是证券交易业务终止。日本在华取引所的经营范围也从物券钱钞综合型经营演变为证券或棉质品的专营型经营。

日本在华取引所的数量不仅多，而且区域分布高度集中。这些取引所主要设置在东北地区和满铁附属地内，1922年日本在东北地区的取引所占日本在华取引所总数的75%，1927年该比例上升为83.3%。其次是设在关内天津、青岛、上海、汉口等大城市的取引所，均位于日本对华贸易、投资和经济侵略的核心地区。在这些区域设置取引所，反映了日本对当地市场和资源控制的迫切程度（图1-2-18）。

13世纪末和14世纪初，欧洲人口恢复增长，城邦国家和文艺复兴运动在意大利兴起，欧洲人的思想得到解放，以逐利为目的的商业活动桎梏被打破，财力雄厚的金融组织逐渐崛起，并在更广阔的范围内拓展信贷活动。这些变化使得13世纪末以后欧洲的商业得到振兴和发展，在欧洲所有的贸易中心里都出现了交易所的雏形，甚至在贸易大都市布鲁日出现了专门经营"交易所"（Van der Beurse）的家族。法国国王拿破仑一世时期，创立了法国乃至世界最早的交易所——巴黎交易所（Change de Paris），1726年该交易所改组，各项制度已臻完备。

15～17世纪，欧洲进入重商主义和殖民扩张时期，交易所随着贸易经济的扩张而有了新的发展。1531年，成立安特卫普交易所，是第一个专门用于金融和商品交易的公共建筑，早于第一批证券交易所。

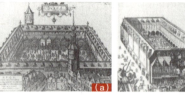  
(a) (b) (c) (d)

18～19世纪，世界资本主义处于上升阶段，随着产业革命的推进以及股份经济的进一步发展，物券交易更加活跃，交易所在欧、美、亚、非各洲及大洋洲均有新的发展。这一时期，交易所向专门化方向发展，例如玉米交易所、羊毛交易所、煤炭交易所、书商交易所等。此外，19世纪初期，证券交易所开始集中发展。

(e) (f) (g) (h)

(i) (j) (k) (l)

20世纪上半叶，实体交易所规模逐渐变大，向多高层建筑发展，并受现代主义建筑风格影响。20世纪后期，由于现代化信息技术的发展，出现了新型的电子交换方式，逐渐取代传统实体市场，交易所这一术语的描述也更加广泛，既包括实体交易所，也包括电子交易所。

(m) (n) (o) (p)

图1-2-1 交易所建筑类型发展脉络

1.2 取引所建筑研究

青岛取引所与交易所建筑的特点对比 表 1-2-1

交易所建筑特点	案例对比			青岛取引所对应特点	
1. 早期交易所为修道院式布局，中间庭院为开放的交易空间，周边为附属用房。大约在18世纪中期，交易性庭院转化成室内的交易大厅，仍体现出交易大厅与附属空间的主从关系，整体空间格局庄严大气、秩序井然	 图 1-2-2 安特卫普交易所（1531）	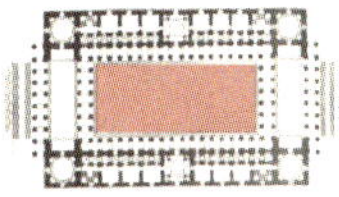 图 1-2-3 伯纳德交易所（1782）	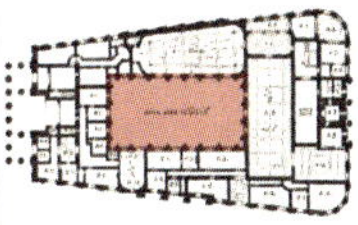 图 1-2-4 伦敦第二皇家交易所（1667）	青岛取引所作为物券兼营的大型交易所，位于中央的四个交易大厅为主要空间，四周的小空间为办公室等附属空间	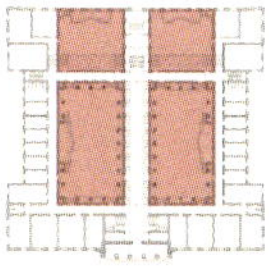 图 1-2-5 青岛取引所一层平面图（局部）
2. 室内交易大厅最开始仿照巴西利卡形式，中间多为坡屋顶长方形大厅。18世纪中后期开始采用圆顶，并发展为主流形式。因采光需要，顶部设玻璃天窗或采用玻璃圆顶	 图 1-2-6 汤蒙交易所（1804～1816）	 图 1-2-7 巴黎玉米交易所（1763～1767）	 图 1-2-8 法兰克福证券交易所（1874～1879）	东侧两个原交易大厅为复斜式屋顶，正立面塔楼采用穹顶形式	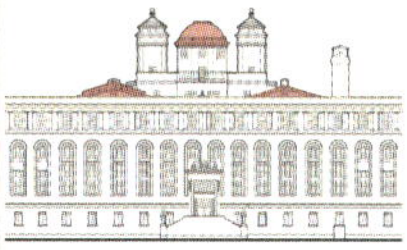 图 1-2-9 青岛取引所西立面图（局部）
3. 交易所建筑类型多为古典复兴风格，立面中轴对称，典雅庄重。自18世纪末，很多交易所和银行建筑都设置了雄伟挺拔而具韵律美的门廊来突出入口，以坚固耐用、稳定永恒的古典建筑彰显权势	 图 1-2-10 都柏林皇家交易所（1769～1779）	 图 1-2-11 宾夕法尼亚银行（1798）	 图 1-2-12 布鲁塞尔证券交易所（1904）	青岛取引所正立面为五段式，入口由六根高大的科林斯柱组成门廊	 图 1-2-13 青岛取引所东立面图（局部）
4. 交易所建筑类型强调正立面的标志性，通常于入口处设高塔，随着建筑面宽增大，双塔使用率增高，以塑造整体比例和谐的立面形式。标志性的高塔形式源自银行业主和统治阶层炫耀财富、彰显地位，提升城市吸引力以促进经济的发展	 图 1-2-14 阿姆斯特丹交易所（1608）	 图 1-2-15 伦敦第二皇家交易所（1667）	 图 1-2-16 布达佩斯股票交易所（1910）	门廊两侧上方树立两座高塔	 图 1-2-17 青岛取引所东立面图（局部）

表格来源：刘玉洁、陈勐绘制

取引所在日本的发展

第一阶段：殖产兴业时期交易所的设立（1868～1886年）

- **1868年** 明治政府成立
- **1876年** 最早的物品交易所株式会社大阪堂岛米谷取引所、株式会社东京米谷商品取引所等成立，均采用股份制
- **1884年** 共计4家证券或物券交易所
- **1885年** 共有11家米谷交易所或米谷证券交易所
- **1886年** 日本产业革命开始

第二阶段：产业革命时期交易所的蓬勃发展（1886～1912年）

- **1893年** 明治政府修订交易所法，兼顾了日本国内的现实条件，允许股份制与会员制并存。由于举措得当，日本交易所制度进入扩张阶段
- **1893年** 日本交易所数量超过了24家
- **1894年** 国内交易所超过122家
- **1896年** 国内交易所超过96家，其中米谷交易所达到90家
- **1912年** 日本产业革命结束
- **1912年** 日本还剩下48家交易所，其中股份制交易所有46家

第三阶段：经济萧条时期交易所的整顿（1912～1937年）

- **1914年** 有44家物券交易所在营业，其中公司组织的交易所42家，会员制的交易所2家。此时的日本证券交易所与商业银行关系密切
- **1915年** 交易所减少到42家，以地方性小型交易所为主，均采用股份有限公司的组织制度，其中谷米取引所34家

取引所在华的扩张

- **1905年** 日本在日俄战争中击败沙俄，得以控制长春以南的东北地区，并通过日俄《朴茨茅斯合约》继承了沙俄在东北的大部分权益，促进了日本在华尤其是对东北地区的商品输出和原料掠夺
- **1906年** 设立中日合作股份制机构株式会社牛庄取引所
- **1909年** 日本以信用合作社的组织形式在辽阳开办信用组合辽阳取引所（1920年改成股份制）
- **1913年** 设立官营大连取引所信托株式会社，当地投资经商，设立大批工商、金融企业
- **1914年** 日本占领青岛，日本商人涌入青岛并在大连取引所实力雄厚，垄断了大连地区的物券钱钞市场，业务兴旺。5月，大连20多家钱庄协议设立钱业公所，在所内设立钱市交易市场
- **1915年** 成立开原取引所
- **1916年** 大连取引所更名为株式会社大连钱钞取引所，作为大连钱钞取引所的运营机关同年，成立长春取引所
- **1917年5月30日** 设立官营大连钱钞信托株式会社
- **1918年** 设立上海取引所，在开业两年多时间内垄断了上海大部分棉纱业务，同年，设立哈尔滨取引所**

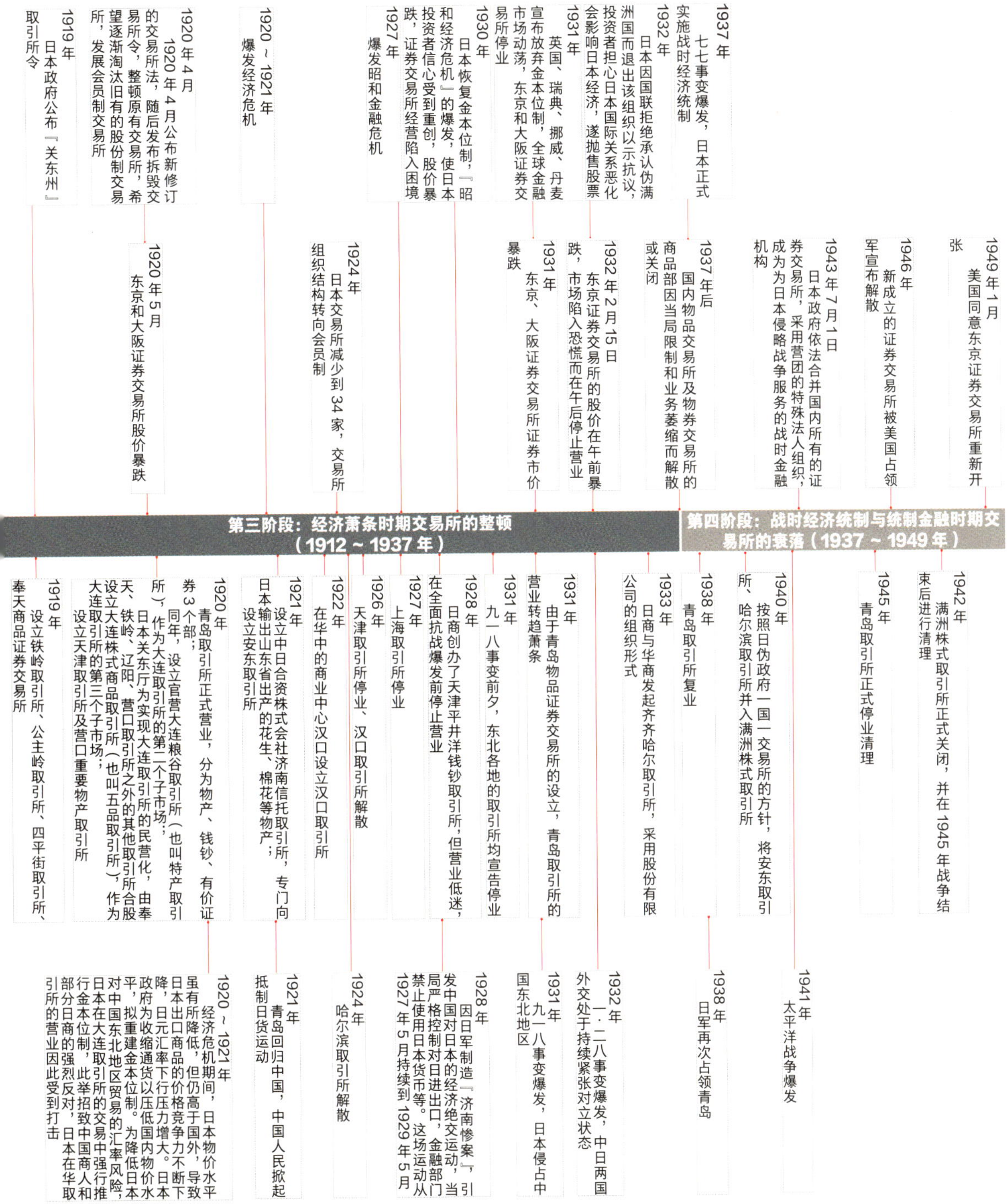
1919年 日本政府公布『关东州』取引所令
1920年4月 1920年4月公布新修订的交易所法，随后发布拆毁交易所令，整顿原有交易所，希望逐渐淘汰旧有的股份制交易所，发展会员制交易所
1920～1921年 爆发经济危机
1927年 爆发昭和金融危机
1930年 日本恢复金本位制，『昭和经济危机』的爆发，使日本投资者信心受到重创，股价暴跌，证券交易所经营陷入困境
1931年 英国、瑞典、挪威、丹麦宣布放弃金本位制，全球金融市场动荡，东京和大阪证券交易所停业
1932年 日本因国联拒绝承认伪满洲国而退出该组织以示抗议，投资者担心日本国际关系恶化会影响日本经济，遂抛售股票
1937年 七七事变爆发，日本正式实施战时经济统制
1920年5月 东京和大阪证券交易所股价暴跌
1924年 日本交易所减少到34家，交易所组织结构转向会员制
1931年 东京、大阪证券交易所证券市价暴跌
1932年2月15日 东京证券交易所的股价在午前暴跌，市场陷入恐慌而在午后停止营业
1937年后 国内物品交易所及物券交易所的商品部因当局限制和业务萎缩而解散或关闭
1943年7月1日 日本政府依法合并国内所有的证券交易所，采用营团的特殊法人组织，成为为日本侵略战争服务的战时金融机构
1946年 新成立的证券交易所被美国占领军宣布解散
1949年1月 美国同意东京证券交易所重新开张
第三阶段：经济萧条时期交易所的整顿（1912～1937年）
第四阶段：战时经济统制与统制金融时期交易所的衰落（1937～1949年）
1919年 设立铁岭取引所、公主岭取引所、四平街取引所、奉天商品证券交易所
1920年 青岛取引所正式营业，分为物产、钱钞、有价证券3个部；同年，设立官营大连粮谷取引所（也叫特产取引所），作为大连取引所的第二个子市场；日本关东厅为实现大连取引所之外的其他取引所的民营化，由奉天、铁岭、辽阳、营口取引所合股设立大连株式商品取引所（也叫五品取引所），作为大连取引所的第三个子市场；设立天津取引所及营口重要物产取引所
1921年 设立中日合资株式会社济南信托取引所，专门向日本输出山东省出产的花生、棉花等物产；设立安东取引所
1922年 在华中的商业中心汉口设立汉口取引所
1926年 天津取引所停业，汉口取引所解散
1927年 上海取引所停业
1928年 日商创办了天津平井洋钱钞取引所，但营业低迷，在全面抗战爆发前停止营业
1931年 九一八事变前夕，东北各地的取引所均宣告停业
1931年 由于青岛物品证券交易所的设立，青岛取引所的营业转趋萧条
1933年 日商与华商发起齐齐哈尔取引所，采用股份有限公司的组织形式
1938年 青岛取引所复业
1940年 按照日伪政府一国一交易所的方针，将安东取引所、哈尔滨取引所并入满洲株式取引所
1945年 青岛取引所正式停业清理
1942年 满洲株式取引所正式关闭，并在1945年战争结束后进行清理
1920～1921年 经济危机期间，日本物价水平虽有所降低，但仍高于国外，导致日本出口商品的价格竞争力不断下降，日元汇率下行压力增大。日本政府为收缩通货以压低国内物价水平，拟重建金本位制。为降低日本对中国东北地区贸易的汇率风险，日本在大连取引所的交易中强行推行金本位制，此举招致中国商人和部分日商的强烈反对，日本在华取引所的营业因此受到打击
1921年 青岛回归中国，中国人民掀起抵制日货运动
1924年 哈尔滨取引所解散
1928年 因日军制造『济南惨案』，引发中国对日本的经济绝交运动，当局严格控制对日进出口，金融部门禁止使用日本货币等。这场运动从1927年5月持续到1929年5月
1931年 九一八事变爆发，日本侵占中国东北地区
1932年 一·二八事变爆发，中日两国外交处于持续紧张对立状态
1938年 日军再次占领青岛
1941年 太平洋战争爆发

图 1-2-18 日本取引所在本国发展与在华扩张过程

4. 特点分析总结

日本本国取引所与在华取引所的特点对比 表1-2-2

	日本本国取引所发展特点	日本在华取引所发展特点
交易类型	**以物产交易所为主体，兼营证券与物产的情况长期存在** 日本取引所在本国的发展中，物产交易一直是主要的业务类型，其中以米谷交易所为主体。此外，日本各地也长期存在兼营证券和米谷交易的取引所，源于当局基于各地区商情所做出的变通处理，并非主流的经营方式。 日本取引所的交易对象在各地区具有唯一性，根据1893年的日本《交易所法》规定，买卖同种对象的交易所，每一区域以设立一所为限*	**以主营特产的综合型取引所为主体，物产交易为重心** 1939年满洲特产专管会成立以前，日本人在华设立的取引所绝大多数是综合类取引所，这一点与日本国内取引所的经营类别不同。对于绝大多数在华取引所来说，大豆、高粱、花生等特产是交易的主要内容，部分取引所也兼营证券交易，形成综合类的取引所。 北洋政府时期，中国政府为规范物产交易市场，明确了各地区交易所经营对象的唯一性。1914年，北洋政府颁布的《证券交易所法》规定："买卖同种对象的交易所，每一区域以设立一所为限。"
组织方式	**以股份制为主** 明治维新开始至"二战"结束，日本取引所的组织制度经历了从股份制到股份制与会员制并存，再到特殊法人的营团组织的发展过程，但在1943年以前，日本取引所的组织制度都是以股份制为主。 日本取引所的制度选择很大程度影响了在华交易所的制度选择，除了1909年设立的信用合作社形式的辽阳取引所和1918年在大连设立的会员组织证券交易所之外，日本官方和民间资本在华设立的其他交易所全部为股份制	**多采用股份制公司的组织形式** 日本在华取引所的组织形式包括信用合作制、会员制和股份制三种，以股份制为主，主要原因如下： 1. 沿袭日本国内取引所一贯采取的组织形式； 2. 中国国情与日本取引所发展初期的国内情况相似，更适合股份制交易所的发展。股份制降低了对经纪人资历和信用的要求，又有助于增加经纪人的数量并活跃所内交易，有利于取引所的设立和发展； 3. 可以通过预期股利及股价的上涨为诱饵，吸引中国人参股并借助华人资本，还能利用华人股东去宣传、推广业务，对外则宣扬中日合作与互利
监管性质	**干涉主义** 日本国内对取引所的监管采取干涉主义手段，先后以农商务省和商工省作为取引所审批与管理的唯一机关	**官营取引所较多，与官方联系密切** 官营取引所是归属于日本在华殖民当局管理的交易所，运营管理要接受日本政府或其在华殖民机构的干预或指导，关东厅与外务省对在华取引所实行双线监控。因此，日本在华取引所不是纯粹的商业性经济组织，具有政策性职能，是控制中国各地市场、掠夺资源、推行日本金票、便利日本国债和公司证券发行、替日本殖民当局和关东军筹款的重要工具

表格来源：刘玉洁、陈勋绘制 根据：孙建华. 近代日本在华交易所（1906～1945年）[M]. 北京：社会科学文献出版社，2018.

* 设立交易所的本意在于平准市价，因而买卖有价证券必须使有价证券的市价得以平准。如果在同一区域内设有几家证券交易所，就无法平准有价证券市价；同理，在同一个区域内设立几家经营同种物品的交易所，也无法平准同种物品市价。

1）取引所是近代时期日本对华经济侵略的见证

日本在华取引所是近代日本对华经济扩张和经济侵略的组成部分。日俄战争后，日本完成了国内产业革命，为寻求更广阔的海外市场和原材料产地；遂加速对华的军事和经济扩张。一方面，日本商人将国内产品通过中国各通商口岸分销到中国内地；另一方面，将中国各地方特产经通商口岸进口至日本国内。取引所作为控制中国各地方市场的经济制度直接介入到地方贸易中，从而将中国纳入到日本资本主义经济体系中，为日本商人的利益服务，成为日本对华经济扩张的重要组成部分，具有历史见证作用。

2）取引所是日本转嫁经济危机的产物

20世纪20年代初期青岛取引所组建之际，正处于日本取引所发展的第三阶段，即日本经济萧条与整理时期，取引所谋求整顿并向海外扩张。该时期内，日本在华开办的企业超过100家，大量对华输出资本。1925年之后，无论是日本本国的取引所，还是日本在华企业均大量减少。因此，青岛取引所是为数不多的在日本经济对外扩张期建立并经营了较长时间，且保存至今的金融建筑，具有历史稀缺性。

3）青岛取引所是股份制取引所的典型案例

1943年以前，日本取引所的组织形式以股份制为主，并在很大程度上影响了在华交易所的组织形式——1919年以后，以青岛取引所为代表的日本官方和民间资本在华设立的交易所均采用股份有限公司的组织形式。股份制取引所通过募股集资和资本积累而具有成长性，能够适应日本当局为争夺中国市场而扩大商品流通、资金融通等方面的需求，并使取引所更利于实现彼此间的合并重组。

青岛取引所是股份制取引所的典型案例，其组织形式以及与之相适应的建筑空间均具有代表性。

4）青岛取引所是综合型交易所的典型代表

取引所在日本本国发展和在华扩张过程中，物产交易一直是主体功能，其中又以米谷交易所为主体。而对华经济侵略初期，出于规范物产交易市场的目的，率先建立物产交易所。同时，日本本国取引所长期存在兼营米谷和证券交易的情况，因此日本在华也设立了众多物券兼营型的取引所，来垄断中国各地市场。

青岛取引所是兼营物产交易和证券交易的大型取引所，适应该经营管理模式的建筑空间格局、四个交易大厅的空间特征均具有历史典型性。

1.2.3 青岛取引所的发展

1. 历史沿革（图 1-2-19）
2. 青岛取引所平面功能变迁（图 1-2-20～图 1-2-27）

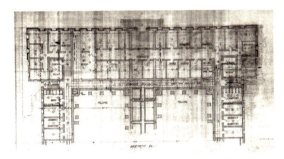

图 1-2-20 青岛取引所负一层平面原始图纸

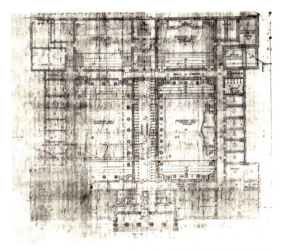

图 1-2-21 青岛取引所一层平面原始图纸

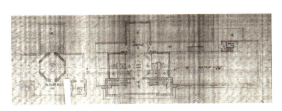

图 1-2-22 青岛取引所四层、五层平面原始图纸

图 1-2-23 青岛取引所东、西立面原始图纸

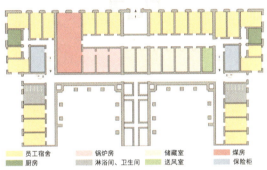

图 1-2-24 1930 年代建筑地下一层推测平面图

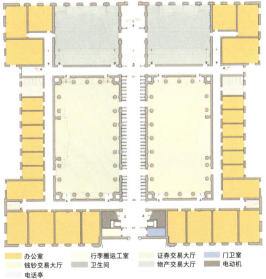

图 1-2-25 1950 年代建筑一层推测平面图

历史事件

德占时期（1914之前）

- 1914年 第一次世界大战爆发，日本从德国殖民者手中夺占青岛

第一次日占时期（1914～1922年）

- 1918年11月11日 第一次世界大战结束，德国宣布投降
- 1919年 日本陆军部及驻青岛日军司令官的允许，唆使并代表青岛日本官署发起设立官办取引所
- 1920年2月 日本军方公布《青岛取引所规则》，初定青岛取引所为官营
- 1922年 为控制青岛取引所的管理权，日方把商办取引所改为民办。同年5月，日方将青岛取引所与青岛株式会社合并，更名为株式会社青岛取引所，取引所的管理大权落入日本财阀及投机资本家手中
- 1922年4月 美国华盛顿会议召开，迫使日本将从德国手中继承的胶州租借地成青岛回归
- 在"鲁案"善后条约上，日方保留了一些不符合国际公约的条款，如青岛取引所不准中国政府干涉，中国商人必须到取引所交易等

北洋政府及南京国民政府时期（1922～1937年）

- 1930年前后 青岛市长沈鸿烈与商会会长宋雨亭筹商设立青岛物产证券交易所委员会
- 1931年8月 青岛物产证券交易所在馆陶路13号齐燕会馆（c）礼堂设临时市场
- 1931年9月18日 九一八事变爆发
- 1933年2月 位于天津路、大沽路路口的青岛物产证券交易所大楼建成（d），由建筑师刘铨法设计，青岛交易所蒸蒸日上

取引所发展

- 1914年之前 商人多在人行道上从事期货买卖
- 1914年 日本宪兵署取缔路边商贩，在北京路设成立青岛取引所简陋的土产公会、棉纱布公会以及老票市场，供中国人营业
- 1920年2月 经日本青岛守备军司令部批准，依照"关东州"大连取引所模式成立青岛取引所
- 1920年8月 中日合资商办青岛取引所信托株式会社成立，日本人峰村正三任理事长，华人徐青甫任副理事长，华人叶春墀、日人原田任常务理事
- 1920年9月 青岛取引所正式营业，最初于大鲍岛市场设交易市场（a），在中山路租房办理清算等业务
- 1921年 在馆陶路修建取引所大楼
- 1921年初 日本大阪财团派代表松井伊助来到青岛，在青岛守备军民政长官秋山雅之介的支持下接任青岛取引所株式会社理事长职务
- 1921年3月 日本强迫华商出资合办青岛企业信托株式会社，日本大阪财团联合其他日商策划了取引所股票行市暴涨后复跌的骗局，华人股东、华商及股民损失惨重，取引所濒临停业，之后并入青岛取引所株式会社，已动工的取引所大楼自此停工三年
- 1921～1922年间 松井伊助联合其他日商制造了取引所股票行市暴涨后复跌的骗局，华人股东、华商及股民损失惨重，取引所濒临停业，之后并入青岛取引所株式会社，已动工的取引所大楼自此停工三年
- 1923年 由于取引所设立以来华商亏损严重，北洋政府关闭其证券市场
- 1926年8月底 馆陶路青岛取引所大楼竣工（b），作为交易场所使用。同年9月，株式会社青岛取引所搬入新大楼，并出租部分房间给其他公司、银行作为办公室
- 1931年 九一八事变前夕，东北南满铁路沿线各地取引所全数停办，青岛取引所交易额比往年增加了数倍，取引所迎来了黄金时代
- 1935年前后 随着青岛交易所日益发展，营业额不断提高，取引所经营情况急转直下，转趋萧条

(a) 青岛取引所交易市场　(b) 青岛取引所新大楼　(c) 齐燕会馆　(d) 青岛物品证券交易所　(e) 青岛取引所旧

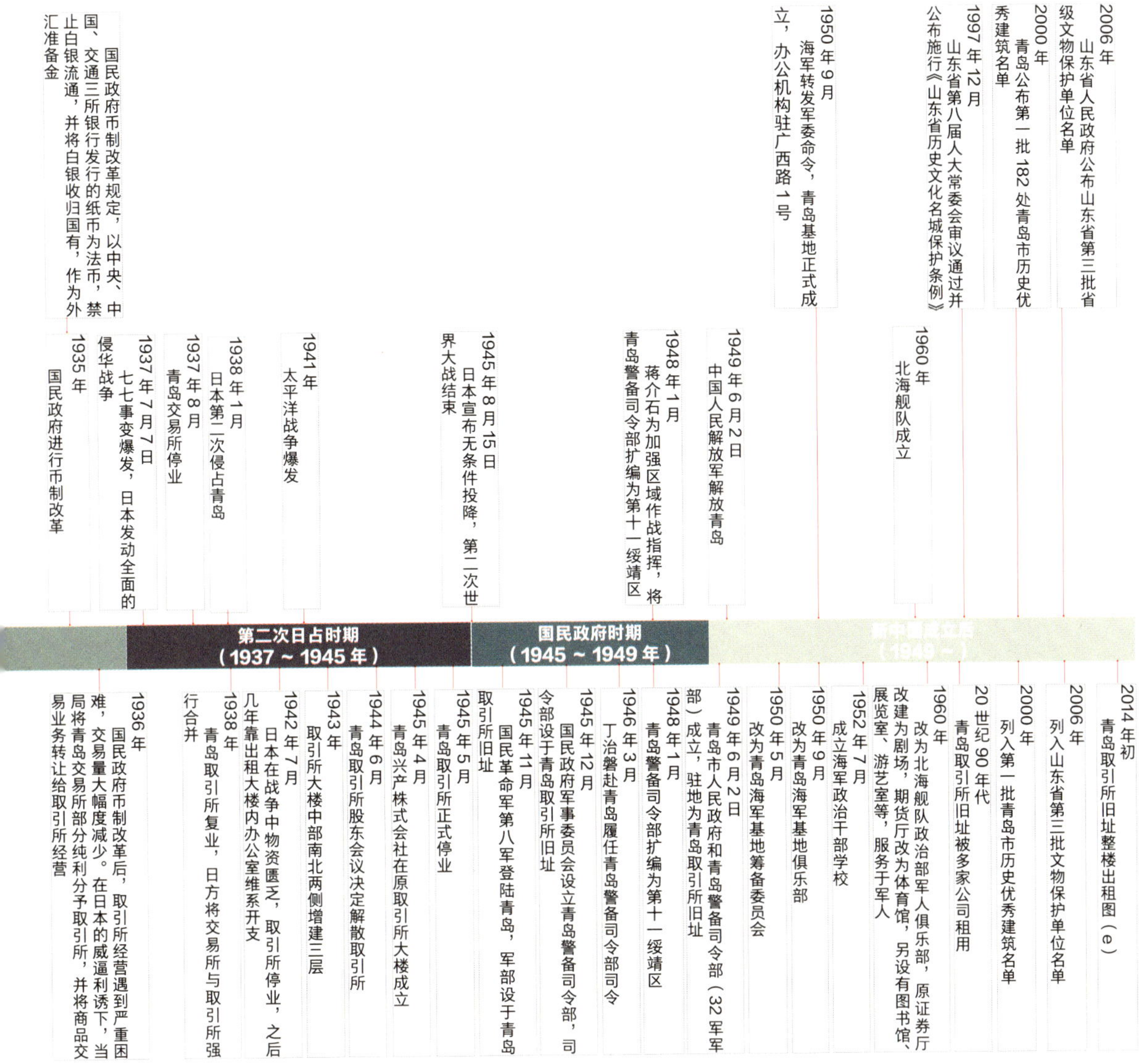

1.2 取引所建筑研究

上方时间轴条目（自右向左）：

- 2006年 山东省人民政府公布山东省第三批省级文物保护单位名单
- 2000年 青岛公布第一批182处青岛市历史优秀建筑名单
- 1997年12月 山东省第八届人大常委会审议通过并公布施行《山东省历史文化名城保护条例》
- 1950年9月 海军转发军委命令，青岛基地正式成立，办公机构驻广西路1号
- 1960年 北海舰队成立
- 1949年6月2日 中国人民解放军解放青岛
- 1948年1月 蒋介石为加强区域作战指挥，将青岛警备司令部扩编为第十一绥靖区
- 1945年8月15日 日本宣布无条件投降，第二次世界大战结束
- 1941年 太平洋战争爆发
- 1938年1月 日本第二次侵占青岛
- 1937年8月 青岛交易所停业
- 1937年7月7日 七七事变爆发，日本发动全面的侵华战争
- 1935年 国民政府进行币制改革
- 国民政府币制改革规定，以中央、中国、交通三所银行发行的纸币为法币，禁止白银流通，并将白银收归国有，作为外汇准备金

时期条

| 第二次日占时期 (1937~1945年) | 国民政府时期 (1945~1949年) | 解放后 (1949年~) |

下方时间轴条目（自左向右）：

- 1936年 国民政府币制改革后，取引所经营遇到严重困难，交易量大幅度减少。当局将青岛交易所部分纯利分予取引所，并将商品交易业务转让给取引所经营
- 1938年 几年靠出租大楼内办公室维系开支
- 1942年7月 日本在战争中物资匮乏，取引所停业，之后取引所大楼中部南北两侧增建三层
- 1943年 青岛取引所复业，日方将交易所与取引所强行合并
- 1944年6月 青岛兴产株式会社决定解散取引所
- 1945年4月 取引所大楼建成
- 1945年5月 取引所正式停业
- 1945年11月 国民革命军第八军登陆青岛，军部设于青岛取引所旧址
- 1945年12月 国民政府军事委员会设立青岛警备司令部，司令部设于青岛取引所旧址
- 1946年3月 丁治磐赴青岛履任青岛警备司令部司令
- 1948年1月 青岛警备司令部扩编为第十一绥靖区
- 1949年6月2日 青岛市人民政府和青岛警备司令部（32军军部）成立，驻地为青岛取引所旧址
- 1950年9月 改为青岛海军筹备委员会
- 1952年7月 成立海军政治干部学校
- 1960年 改为北海舰队政治部军人俱乐部，原证券厅改建为剧场，期货厅改为体育馆，展览室、游艺室等，服务于军人，另设有图书馆
- 20世纪90年代 青岛取引所旧址被多家公司租用
- 2000年 列入第一批青岛市历史优秀建筑名单
- 2006年 列入山东省第三批省级文物保护单位名单
- 2014年初 青岛取引所旧址整楼出租图（e）

图 1-2-19 青岛取引所发展历史沿革

1 青岛取引所旧址历史研究

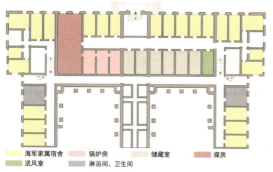

图例：海军家属宿舍　锅炉房　储藏室　煤房　送风室　淋浴间、卫生间

图 1-2-26　1960 年代建筑地下一层推测平面图

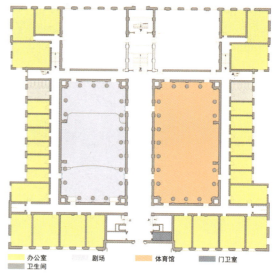

图例：办公室　剧场　体育馆　门卫室　卫生间

图 1-2-27　1950 年代建筑一层推测平面图

3. 青岛取引所组织架构及运作模式（图 1-2-28、图 1-2-29，表 1-2-3）

1）组织构架及人事构成（以 1920 年为主）

2）交易运作模式

经纪人：本身有一定的资产，信誉跟运营情况经过经纪人公会审查，可以进入取引所从事买卖的人。

顶符：在约定期限内，不拘哪一天，在委托人认为合适的时候，将商品买回或卖出的活动。

清符：到了约定日期，买卖双方钱货两清的手续。

3）买卖交易

青岛取引所经营范围：

（1）为所属经纪人提供花生、花生油、豆油、钱钞及有价证券的现物取引、延取引及定期取引服务；

（2）为经纪人融通资金；

（3）从事与买卖物件相关的仓库业；

（4）经营信托业；

（5）与前四项业务相关联的一切业务。

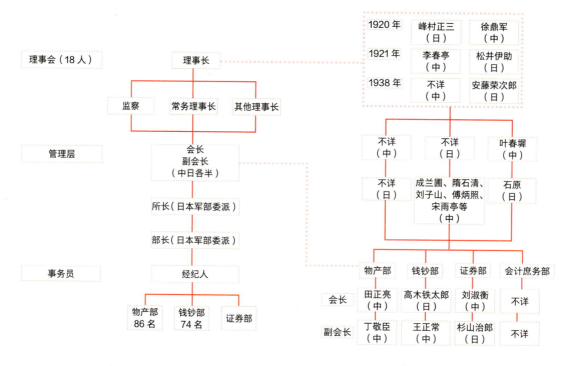

图 1-2-28　青岛取引所组织构架及人事构成

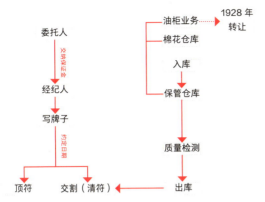

图 1-2-29 青岛取引所交易运作模式

1923 年之前取引所交易细则			表 1-2-3
部门	物产部	钱钞部	证券部
交易物件	甲部：花生、粗油 乙部：其他物品	正金银所发银票	日本人会社股票
交易方式	期货交易	期货交易	现货交易

表格来源：田静绘

图 1-2-30 青岛取引所原始图纸之图签一

图 1-2-31 青岛取引所原始图纸之图签二

1.2.4 青岛取引所旧址建筑师探究

在既有文献资料、期刊报纸中，均认为青岛取引所旧址大楼的设计师为日本建筑师三井幸次郎。但在调研中我们发现，1921年的建筑原始设计图图签一栏中注明建筑师为通和洋行天津分公司，1922年青岛市工务局颁布的日文文件《青岛取引所信托株式会社事务所用建物新筑工事式样书》的落款单位为"天津建筑技师兼土木技师アトキンソンダラス株式会社"（其中"アトキンソンダラス"是Atkinson and Dallas 的日文翻译），均未提及三井幸次郎（图1-2-30、图1-2-31）。因此，本节通过对通和洋行和三井幸次郎的执业背景、代表性作品等方面的考察来探究青岛取引所旧址的设计师。

1. 通和洋行

通和洋行是一家英国建筑师事务所，于19世纪末20世纪初期活跃于上海、天津、汉口等地。根据1908年出版的《20世纪香港、上海及中国其他通商口岸印象：历史、人文、商业、工业和资源》（Twentieth Century Impressions of Hongkong, Shanghai, and other Treaty Ports of China: Their History, People, Commerce, Industries and Resources）一书记载，通和洋行由布雷南·阿特金森和亚瑟·达拉斯成立于1898年，是当时上海最杰出的土木与建筑设计公司之一。布雷南·阿特金森的父亲约翰·阿特金森（John Atkinson）曾担任江南制造局龙华火药厂厂长。布雷南18岁加入有恒洋行，开始跟随托马斯·金斯密（Thos. Kingsmill）工作。1894年，自办通和洋行（Atkinson Brenan Architect），1898年，达拉斯加入，事务所更名为Atkinson & Dallas Architects and Civil Engineers Ltd.。1907年，布雷南去世，享年41岁。达拉斯于1877年到1898年在上海工部管理工务写字楼（Engineer and Surveyor's Office）工作，历任排水工头、干事、助理测绘师、助理工程师和测绘师等职位，并担任中国建筑师学会副理事长、上海工程师与建筑师学会会员、英国皇家气象学会会员以及英国皇家艺术学会会员。布雷南去世后，他的弟弟G·B·阿特金森（George Burgelad Atkinson）继任合伙人，后者之前在通和洋行担任助理并在早年受雇于威廉·阿姆斯特朗有限公司（Sir William Armstrong & Co., Ltd.）。通和洋行在汉口、天津、北京等地均有分公司，其中天津分公司成立于1913年，称同和工程司，负责人为伯内特（B. C. G. Burnett）。

自19世纪末至20世纪30年代，通和洋行在中国开展了大量设计实践，其项目覆盖了金融、办公、商业、教育、工业等各种建筑类型，其中不乏重要的政府工程以及规模较大的公共建筑。通和洋行天津分公司的代表性项目有汇丰银行天津分行、开滦矿务局办公楼、横滨正金银行天津分行等，均采用西方新古典主义建筑风格，正立面中轴对称、比例精湛、庄重典雅，建筑外立面、室内主体空间均运用了古典柱式元素，体现了设计师精湛的技艺，在整体风格、手法等方面与青岛取引所旧址相类似（图 1-2-32 ～图 1-2-35）。

2. 三井幸次郎

三井幸次郎（1893 ～ 1935）为近代在华执业的日本建筑师，他于 1914 年毕业于日本"工手学校"建筑科[1]，之后到中国从业，起先在上海居住 6 年，1920 年到青岛营业。1919 ～ 1922 年任职于中国工业和商业有限公司，负责青岛、上海和天津的建筑施工，1923 年起独立执业。三井幸次郎的主要项目包括朝鲜银行青岛支店、青岛福山路陶善钦邸、青岛太平路高桥邸、青岛高尔夫俱乐部等。

三井幸次郎的实践项目多为两层以下的房屋，规模较小，虽然风格与手法较为多元化，但少有西方古典建筑元素的运用，由其独立承担青岛取引所旧址建筑设计的可能性较小。此外，在 1931 年青岛市工务局《关于发给建筑师注册证明的呈文》中，三井幸次郎称："在上海居六年，有东亚同文书院、日本小学及住友银行等工程，民国九年来青营业，亦已十一年……"文中所提及的建筑作品的规模、等级均无法与青岛取引所匹敌，如果他参与了青岛取引所的设计工作，没有理由不将其列入简历中。

3. 小结

综上所述，通过史料研究和建筑作品分析可知，通和洋行是一家近代时期长期在华执业的著名建筑师事务所，其作品数量之多、类型之广泛、规模之宏大以及技艺之精湛，均体现出该事务所的实力，具备独立设计青岛取引所这一大型公共建筑的实力。因此，青岛取引所旧址大楼的设计者应为通和洋行，而三井幸次郎是否参与其中，则有待进一步考证。

图 1-2-32　汇丰银行天津分行旧址

图 1-2-33　开滦矿务局办公楼旧址

图 1-2-34　横滨正金银行天津分行旧址

图 1-2-35　朝鲜银行青岛支店旧址

---

[1] "工手学校"是日本近代化早期出现的一种特殊的学校类型，专门培养负责施工的技术人员，于明治时期出现，昭和时期较为普及。在日本，"工手学校"一般指代最早成立的"工学院大学"，也是第一所工手学校，之后其他地方建的工手学校需要在前面加上地区或学校定语，例如"早稻田工手学校"。

2 青岛取引所旧址现状研究

青岛取引所旧址建筑项目编号索引表　表2-0-1

分部		项目	编号
屋顶	屋面	平屋面	PM
		坡屋面	POM
	窗户	天窗	TC
		老虎窗	LC
平面		内墙	NQ
		顶棚	DP
		楼地面	LM
		门	M
		窗	C
立面	外墙	外墙面	WM
		檐口	YK
		山花	SH
		勒脚	LJ
		线脚	XJ
	门廊	柱	Z
		台阶	TJ
		雨篷	YP
	门窗	门	M
		窗	C
	附加物	落水管	LG
结构		基础	JC
		墙	Q
		柱	Z
		梁	L
		过梁	GL
		楼板	LB
		屋架	WJ
		榫连接	SJ
		齿连接	CHJ
		齿板连接	BJ
		螺栓连接	LOJ
		钉连接	DJ
		捆绑连接	KJ
排水暖通设施	排水设施	内天沟	NG
		挑檐沟	TG
		女儿墙	NVQ
		排水口	PK
		落水管	LG
		散水	SS

续表

分部		项目	编号
排水暖通设施	暖通设施	烟囱	YC
		通风口	TK
		老虎窗	LC
		采光井	CJ
周边环境	东侧	东侧大门	DC1
		东侧铺地	DC2
	西侧	西侧铺地	XC2
		西侧建筑	XC3
		西侧市政	XC6
		西侧道路	XC7
	南侧	南侧铺地	NC2
		南侧建筑	NC3
		南侧构筑	NC4
		南侧高差	NC5
	北侧	北侧铺地	BC2
		北侧建筑	BC3
		北侧构筑	BC4
		北侧高差	BC5

表格来源：邹邦涛、陈勐绘制

注1：本编号索引表（"周边环境"除外）的编号原则是通过各项目名称的汉语拼音首字母组合而成（编号统一采用大写英文字母），部分汉语名称较长的项目为方便表达，分别提取项目名称的首尾两个汉字的汉语拼音首字母组合成为项目编号，例如"天窗"的汉语拼音为"tian chuang"，则天窗编号为"TC"，项目"平屋面"的汉语拼音为"ping wu mian"，则平屋面的编号为"PM"。此外，因项目"坡屋面"（po wu mian）、"女儿墙"（nv er qiang）、"齿连接"（chi lian jie）、"螺栓连接"（luo shuan lian jie）的编号与其他项目重复，故分别另外采用编号"POM""NVQ""CHJ"和"LOJ"。

在第二级编号中，通过在一级项目编号后添加阿拉伯数字来区分各项目内的分项，例如编号"WM1"表示"外墙面"中的"东立面外墙"分项，编号"WM2"表示"西立面外墙"分项，编号"WM3"表示"北立面外墙"分项，编号"WM4"表示"南立面外墙"分项，编号"M1"则表示项目"门"中的"第1类门"分项。

在第三级编号中，通过在二级项目分项编号后加"-"与阿拉伯数字组合来区分各项目分项的不同位置区域，如编号"WM1-1"表示项目外墙的分项东立面外墙的第一块破损区域，编号"WM1-2"表示项目外墙的分项东立面外墙的第二块破损区域，以此类推。

注2：本样式表中项目"周边环境"的编号原则是通过周边环境所在的方位的汉语拼音首字母组合成编号（编号统一采用大写英文字母），例如方位在东侧的项目，汉语拼音为"dong ce"，则编号为"DC"。

2.1 图纸表达及完损情况

2.1.1 总平面（图2-1-1～图2-1-3，表2-1-1）

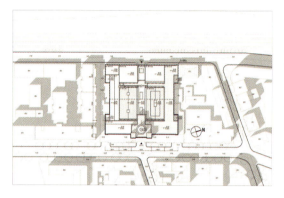

图2-1-1 建筑现状总平面图

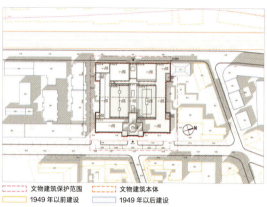

图2-1-2 各时期建筑分布图

图2-1-3 周围环境状况标号图

2.1 图纸表达及完损情况

青岛取引所旧址建筑周边环境状况评估表

表 2-1-1

位置	项目	材质	色彩	照片	描述
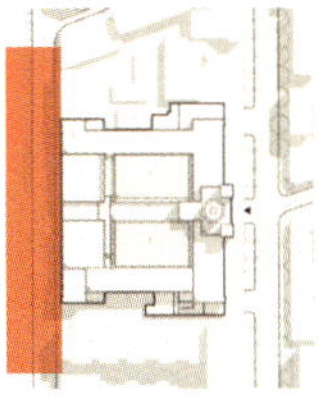 西侧构筑物 西侧铺地	铺地	沥青/ 青石板			1. 沥青路面表面粗糙，无风化、无杂质 2. 石板搭接错位，出现松动痕迹
	构筑物	金属			1. 电线散落，存在安全隐患 2. 金属隔板搭接平整，但影响建筑西立面观赏效果
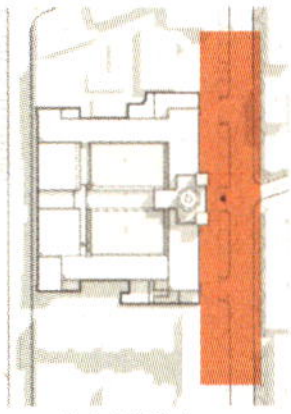 东侧铺地 东侧构筑物 东侧景观	铺地	沥青/ 青石板			1. 石板无刮痕、断裂、翘曲等问题，色度清晰，接缝平滑、细腻 2. 沥青路面表面粗糙，无风化、无杂质
	建筑物/构筑物	大理石板/花岗石板			1. 石柱结构及面层保存较好，柱头处有焦黄色污渍 2. 栏杆完好，饰面油漆部分脱落 3. 沿街建筑物保存较好，部分商铺已投入使用
	景观	行道树/灌木			1. 低矮树木长势良好，遮挡围栏，但未对道路造成影响 2. 行道树生长茂盛，对建筑入口前场地起到遮蔽日晒作用
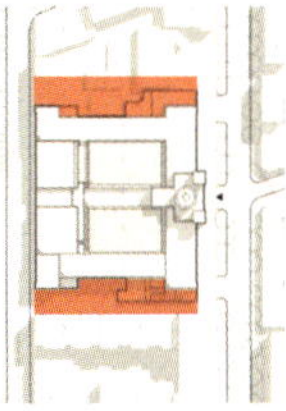 南侧铺地 北侧构筑物	铺地	砖石/混凝土			1. 砖石铺地局部塌陷、损坏 2. 混凝土地面完好洁净、干燥、无风化、无杂质
	建筑物/构筑物	砖石			1. 砖墙结构整体较好，仅存在轻微风化、变色及剥落现象 2. 建筑间道路杂物堆积问题严重

青岛取引所旧址建筑东、西两侧邻道路，建筑主、次入口的前场地基本完好，只有部分砖石铺地局部塌陷，需要进行修缮整理。南、北两侧有废弃的加建房屋，场地内道路、院子杂物堆积问题严重，是周边环境整治的重点部位

表格来源：刘铮、陈劢绘制

33

2.1.2 平面

1. 建筑现状平面图（图 2-1-4 ～图 2-1-10）

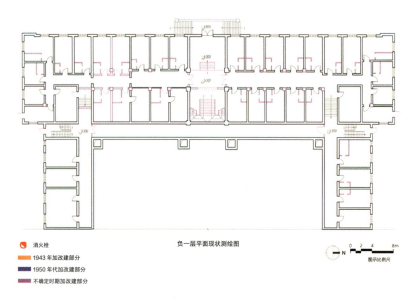

图 2-1-4　建筑负一层平面现状测绘图

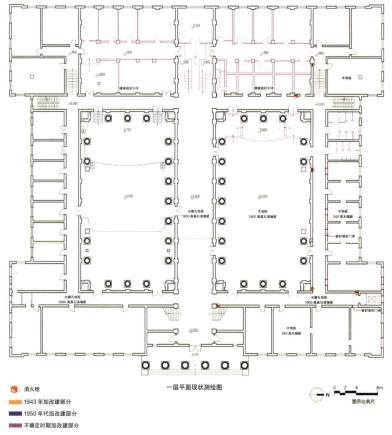

图 2-1-5　建筑一层平面现状测绘图

2.1 图纸表达及完损情况

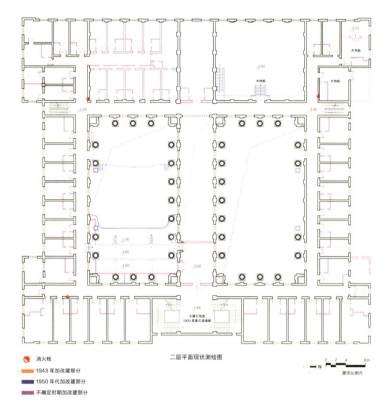

图 2-1-6 建筑二层平面现状测绘图

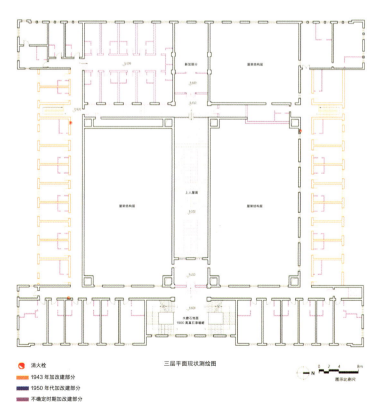

图 2-1-7 建筑三层平面现状测绘图

2 青岛取引所旧址现状研究

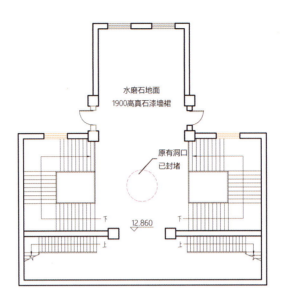

现状测绘四层平面图

图 2-1-8　建筑四层平面现状测绘图

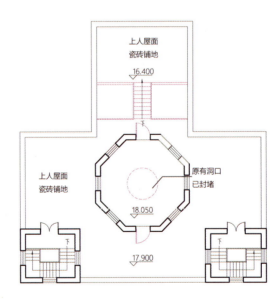

五层平面现状测绘图

图 2-1-9　建筑五层平面现状测绘图

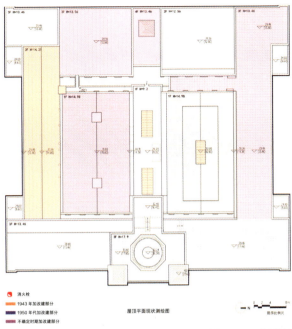

● 消火栓
■ 1943年加改建部分
■ 1950年代加改建部分
■ 不确定时期加改建部分

屋顶平面现状测绘图

图 2-1-10 建筑屋顶平面现状测绘图

2. 室内完损状况评估（表 2-1-2）

青岛取引所旧址建筑室内完损状况评估表　　　　表 2-1-2

概况	功能	项目	色彩	现状照片	描述	完损类别	备注
U01	储物间（原始/现状）	楼板层			1. 楼板面层凹凸不平、严重破损 2. 混凝土有明显的腐蚀和脱落现象，裂缝值已超过设计规范的规定，承载能力大幅度下降，混凝土剥落面积占全楼板层面积的5%以上 3. 钢筋裸露、锈蚀严重，钢筋有明显倾斜和变形，部分钢筋弯曲、松脱、损坏，部分箍筋缺失 4. 部分白水泥抹灰砂浆酥松脱落、老化、翘皮及变色	严重损坏	破坏原因：加装食梯
		墙体			1. 墙身结构平整牢固，无明显倾斜、变形、裂缝 2. 白水泥抹灰局部出现空鼓、裂缝、风化、剥落、变色 3. 墙身局部有类似石灰炉渣的污物存留	一般损坏	
		地面			1. 地面坑洼不平，出现严重开裂、下沉、弓凸及断裂 2. 地基破坏，承载能力不足，可能对上部结构造成影响 3. 地面堆积大量杂物，积灰严重	严重损坏	

续表

概况	功能	项目	色彩	现状照片	描述	完损类别	备注
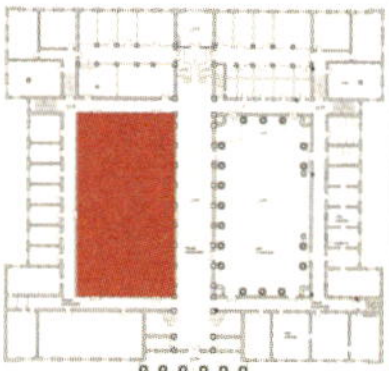 G01 	交易大厅（原始）大礼堂（现状）	楼板层			1. 楼板层平整完好，抹灰牢固，砂浆密实，结构严整，无破损 2. 电器设备、线路、各种照明装置等完好牢固，绝缘性良好 3. 饰面接缝处平滑顺直，搭接均匀 4. 开设有通风管道，现状畅通、完好，无堵、冒、漏等现象，使用正常	基本完好	已经过修整和改造
		墙体			1. 墙体平直牢固，加建墙体（预制墙板）节点安装牢固，拼缝处无明显施工痕迹 2. 墙体、壁柱、挑台等处装饰线脚为近期修缮，现状基本完好	基本完好	
		地面		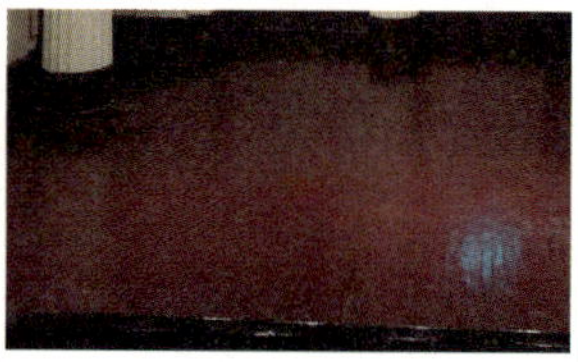	木楼地面平整坚固，无腐朽、下沉等现象，无较多磨损和隙缝，油漆完好，在灯光照射下有明显的光线反射	基本完好	
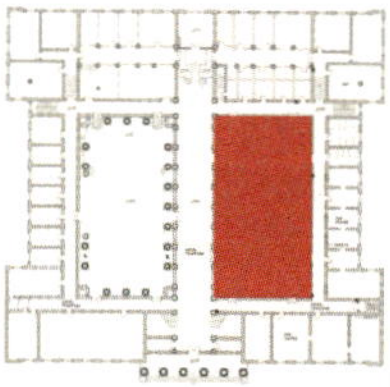 G02 	交易大厅（原始）宴会厅（现状）	楼板层			1. 吊顶完整牢固，无破损、变形、腐朽、下垂、脱落等现象，饰面油漆完好 2. 电器设备、线路、各种照明装置等完好牢固，绝缘性良好 3. 承重结构为木桁架（详见结构部分），屋架平直牢固 4. 天窗完整无损，玻璃、五金件齐全完整，饰面油漆完好	基本完好	已经过修整和改造
		墙体			1. 墙体抹灰完整牢固，无空鼓、剥落、破损和裂缝，勾缝砂浆密实 2. 柱式为多立克柱式，无倾斜变形、裂缝、松动、腐朽蛀蚀等现象 3. 墙体设有通风孔洞，管道畅通，使用正常 4. 门窗完整无损，开关灵活，玻璃、五金件完整齐全，饰面油漆完好，照明设备完好牢固	基本完好	
		地面			木楼地面平整坚固，无腐朽、下沉等现象，亦无较多磨损和隙缝，油漆完好，在灯光照射下有明显的光线反射	基本完好	

2.1 图纸表达及完损情况

续表

概况	功能	项目	色彩	现状照片	描述	完损类别	备注
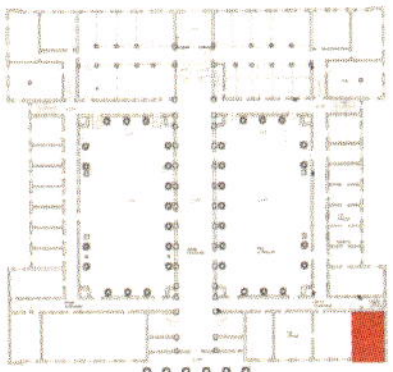 G03	办公室（原始）古建文化展厅（现状）	楼板层		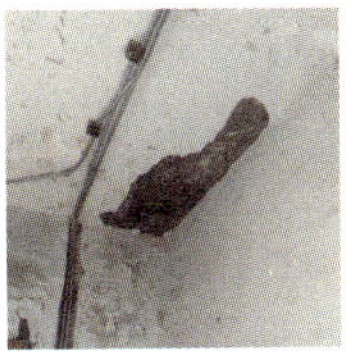	1. 抹灰层出现空鼓、裂缝、风化、局部剥落等现象，局部酥松脱落 2. 混凝土整体牢固完好，混凝土局部出现轻度剥落、轻微变形及细小裂缝 3. 未知用途管线外露，管线基本牢固，表面无锈蚀损坏痕迹	一般损坏	封堵门洞
		墙体			1. 砖墙砌块强度和稳定性严重不足，面层严重破损，出现裂缝、倾斜、弓凸、风化、腐蚀等现象，灰缝严重损坏 2. 除破损区域外，墙身抹灰完整牢固，无空鼓、剥落、破损和裂缝等现象，勾缝砂浆密实 3. 墙身存留有影响美观的油漆涂料	严重损坏	
		地面			1. 木地板局部出现磨损、隙缝和轻度颤动，油漆基本完好 2. 木地板表面积灰严重	基本完好	
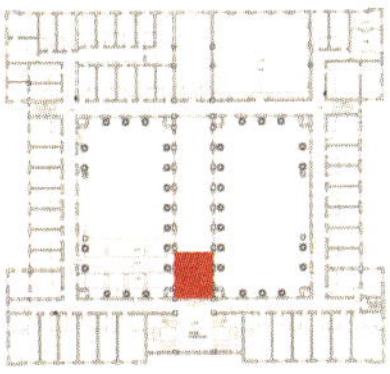 F01 	未知（原始）传菜间（现状）	楼板层			1. 天窗完整无损，玻璃、五金件完整齐全，油漆完好 2. 屋面安装牢固，构件完好，无锈蚀 3. 顶棚完整牢固，无破损、变形、腐朽和下垂脱落	基本完好	已经过修整和改造
		墙体			1. 墙体牢固，无变形、裂缝、松动、腐朽、蛀蚀等现象 2. 抹灰完整牢固，无空鼓、剥落、破损和裂缝等现象，勾缝砂浆密实 3. 门完整无损，开关灵活，五金件齐全，油漆完好	基本完好	
		地面			1. 木地板平整坚固，无腐朽、下沉等现象，无较多磨损和隙缝，表面轻微积灰 2. 木踢脚线整体完好，油漆无剥落现象	基本完好	

续表

概况	功能	项目	色彩	现状照片	描述	完损类别	备注
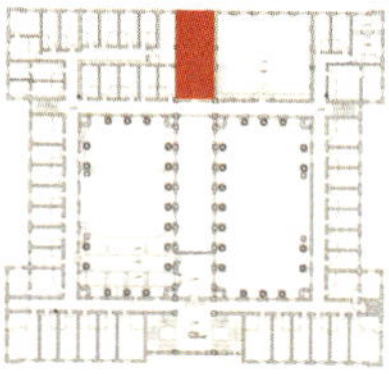 F02 	未知（原始）会议室（现状）	楼板层			1. 楼板层平整完好，抹灰牢固，砂浆密实，结构严整无破损 2. 电器设备、线路、各种照明装置等完好牢固，绝缘性良好 3. 饰面接缝处平滑顺直，搭接均匀	基本完好	已经过修整和改造
		墙体			1. 墙体抹灰完整牢固，无空鼓、剥落、破损和裂缝，勾缝砂浆密实 2. 墙裙完整牢固，无破损变形、腐朽和下垂脱落，饰面油漆完好，与墙体衔接自然，接缝平整密实 3. 窗完整无损，开关灵活，玻璃、五金件齐全完整，油漆完好	基本完好	
		地面			1. 木地板出现变形、裂缝、磨损、油漆剥落等现象，个别节点和支撑稍有松动，无蛀蚀痕迹 2. 木地板表面积灰严重	一般损坏	
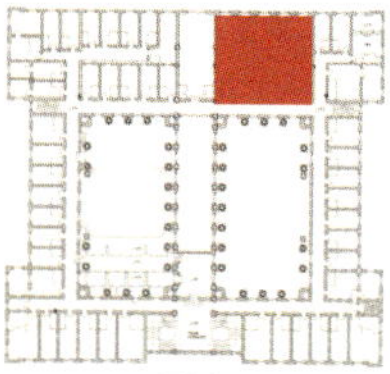 F03 	未知（原始）俱乐部（现状）	楼板层			1. 吊顶完整牢固，无破损、变形、腐朽、下垂、饰面油漆脱落等现象 2. 电器设备、线路、各种照明装置等完好牢固，绝缘性良好，烟道畅通、完好，使用正常	基本完好	已经过修整和改造
		墙体			1. 墙体平直牢固，无倾斜变形、裂缝、松动、腐朽、蛀蚀 2. 扶壁柱抹灰完整牢固，无空鼓、剥落、破损和裂缝，勾缝砂浆密实 3. 门窗完整无损，开关灵活，玻璃五金件齐全完整，油漆完好	基本完好	
		地面			1. 木地板平整坚固，无腐朽、下沉，无较多磨损和隙缝 2. 木地板表面积灰严重	基本完好	

2.1 图纸表达及完损情况

续表

概况	功能	项目	色彩	现状照片	描述	完损类别	备注
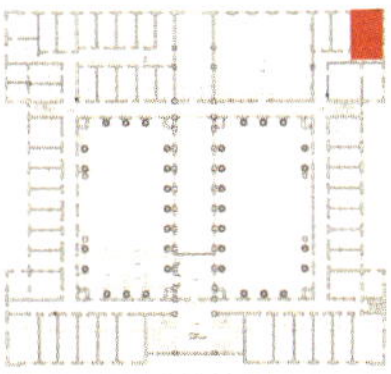 F04 	未知（原始）酒店套间（现状）	楼板层		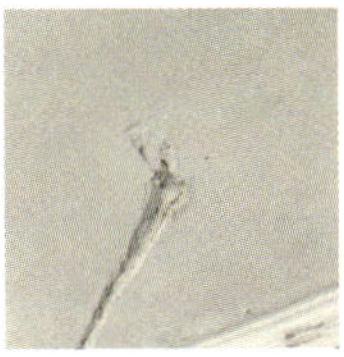	1. 楼板层平整完好，牢固，结构严整无破损 2. 饰面接缝处平滑顺直，搭接均匀，仅有部分区域存在风化、剥落、勾缝砂浆酥松脱落现象	基本完好	已经过局部修整和改造
		墙体			1. 砖墙砌体构件有局部裂缝、剥落、变形等现象，剥落面积占全部墙体面积的10%以内，节点连接松动，灰缝酥松 2. 除墙体局部破损区域外，抹灰无空鼓、裂缝、风化、剥落痕迹，勾缝砂浆均匀 3. 加建部分与原有墙体衔接不当，导致衔接部分木制结构有磨损、蛀蚀、翘裂、松动、隙缝，局部变形	一般损坏	
		地面			1. 木质地板油漆基本完好，无变形、裂缝、倾斜痕迹，无蛀蚀痕迹 2. 木地板表面轻微积灰	基本完好	
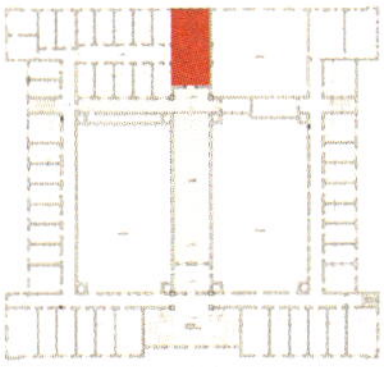 T01 	无（原始）后期加建（现状）	楼板层			1. 高侧窗完整无损，玻璃、五金件完整齐全，构件饰面油漆完好 2. 楼板层结构严整无破损，砂浆密实 3. 抹灰层整体平整牢固，局部出现空鼓、裂缝、风化、剥落，勾缝砂浆局部酥松脱落、老化变色，并伴有煤灰色污物附着	一般损坏	该房间为后期加建，现已废弃
		墙体			1. 墙体为红砖砌筑，砖墙砌块有少量裂缝，勾缝砂浆局部破损，涂抹不均匀且缺乏密实度 2. 墙体水泥面层局部剥落，出现空鼓、裂缝等现象，并存在大量油漆附着，影响美观	一般损坏	
		地面			1. 水泥地面局部出现裂缝、空鼓、磨损、剥落等现象，部分起砂、破损、高低不平 2. 地面积灰严重，原有图案饰纹已被覆盖	一般损坏	

续表

概况	功能	项目	色彩	现状照片	描述	完损类别	备注
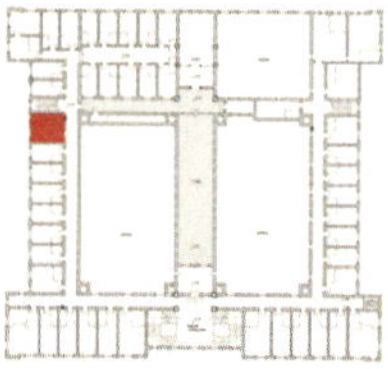 T02 	淋浴间（原始）客房（现状）	楼板层		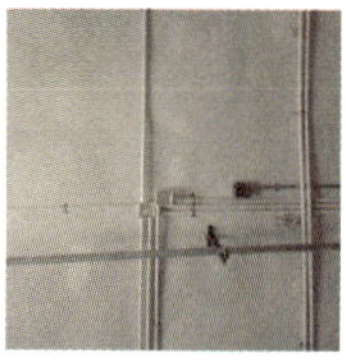	1. 楼板层平整完好，抹灰牢固，砂浆密实，结构严整无破损 2. 未知用途管线外露，管道装置完好牢固，连接件齐全，无明显锈蚀痕迹	基本完好	已经过修整和改造
		墙体			1. 墙体牢固，无变形、裂缝、松动、腐朽、蛀蚀等现象 2. 抹灰稍有裂缝、风化、剥落，勾缝砂浆部分酥松脱落，且抹灰色差较大，影响美观 3. 电器设备、线路、各种装置等完好牢固，但电线裸露，未作防误触保护措施 4. 墙身有绯红色污物附着	一般损坏	
		地面			1. 水泥地面面层平整完好，无空鼓、裂缝、起砂等现象 2. 地面积灰较为严重	基本完好	
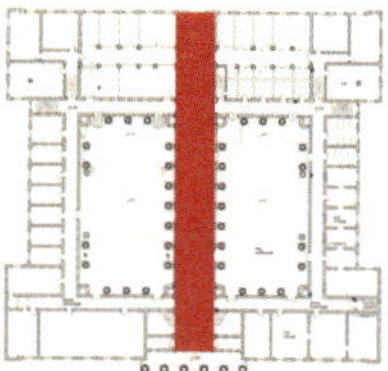 G04 	经纪人走廊（原始）走廊（现状）	楼板层			1. 吊顶平整牢固，无破损、变形、腐朽和下垂脱落等现象 2. 窗完整无损，玻璃、五金件齐全，油漆完好 3. 管道畅通、完好，无堵、冒、漏等现象，使用正常 4. 抹灰完整牢固，转折处砂浆顺直且搭接均匀	基本完好	已经过修整和改造
		墙体			1. 整体面层平整完好，无空鼓、裂缝、起砂、松动、腐朽、蛀蚀等现象 2. 整体抹灰光滑、平整、密实，墙裙与墙体衔接处抹灰搭接均匀 3. 门窗完整无损、开关灵活，玻璃、五金件完整齐全，饰面油漆完好 4. 电器设备未作防误触保护，墙体挂件完好	基本完好	
		地面			1. 水磨石面层完整牢固，无破损、变形、腐朽、下垂脱落等现象，图案清晰完好 2. 地面轻微积灰	基本完好	

2.1 图纸表达及完损情况

续表

概况	功能	项目	色彩	现状照片	描述	完损类别	备注
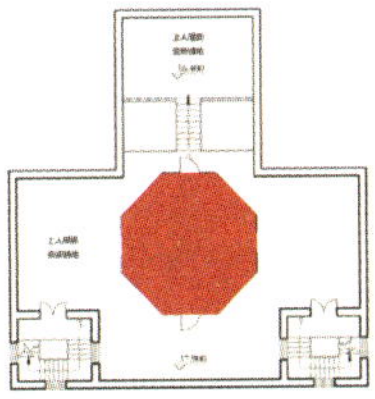 R01 	未知（原始）罗曼阁（现状）	楼板层			1. 楼板结构层完整牢固，无破损、变形等现象 2. 吊顶完整牢固，无空鼓、剥落、破损、裂缝、脱落等现象，勾缝砂浆密实，油漆完好，绘画装饰精美 3. 电器设备、线路、各种照明装置等完好牢固，绝缘性良好	基本完好	已经过修整和改造
		墙体			1. 墙体平直牢固，无倾斜变形、裂缝、松动、腐朽、蛀蚀等现象 2. 墙体抹灰光滑平整，积尘较少，勾缝砂浆密实，墙体转折处抹灰搭接均匀 3. 窗户完整无损，玻璃、五金件齐全，油漆完好 4. 室内设有雕塑一尊，现状完好无破损	基本完好	
		地面			1. 木质地板完整牢固，油漆完好，无变形、裂缝、腐朽、下沉等现象 2. 地面轻微积灰	基本完好	
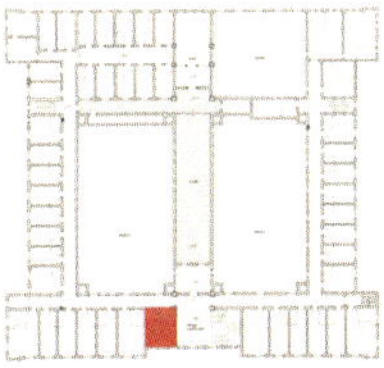 T03 	楼梯（原始/现状）	梯段和平台			1. 楼梯梯段结构牢固，无倾斜变形、裂缝等情况，具备足够承载能力 2. 水磨石踏面平整坚固，局部出现破损和隙缝，并存在较为严重的积灰现象	基本完好	—
		栏杆		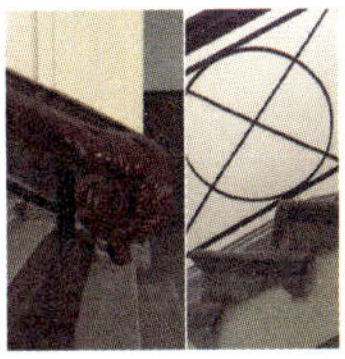	栏杆扶手搭接紧密，无缺角且积尘较少，饰面油漆基本完好	基本完好	
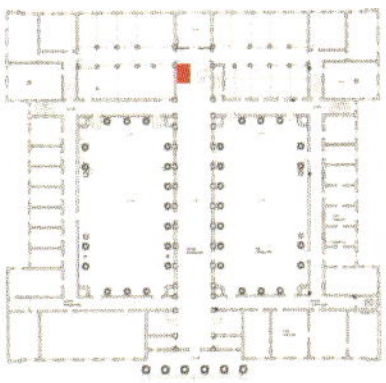 G05 	楼梯（原始/现状）	梯段和平台			1. 楼梯梯段结构牢固，无倾斜变形、裂缝等情况，具备足够承载能力 2. 踏面平整坚固，局部存在积灰现象	基本完好	—
		栏杆			1. 木制扶手局部出现磨损、蛀蚀、翘裂、松动、隙缝等现象，局部油漆脱落 2. 栏杆铁艺杆件存在大量积灰，已无法辨识原有色彩	一般损坏	

续表

完损类别划分依据	1. 评估范围 结构：基础、承重墙、非承重墙、楼板、楼地面；装修部分：门窗、吊顶、面层、木装修等；设备：水、电、暖及其他设备 2. 完损评估标准 a. 基本完好：当结构构件存在轻微损坏状况，但不影响其结构功能，其余成分无严重破坏时，即评为基本完好； b. 一般损坏：当结构构件有明显损毁，存在超过规范规定的相关数值，其余成分无严重破坏时，即评为一般损坏； c. 严重损坏：当结构构件有明显损毁，存在超过规范规定的相关数值并在持续恶化，对周边构件造成影响，或其余成分严重破坏时，即评为严重损坏 3. 其他 a. 房屋完损状况是为解决建筑局部损伤、加改建而进行的分类，以定性分析为主，计算分析为辅，便于后期制定房屋修缮保护计划； b. 在统计完损面积时，按完损面积占其所在区块截面面积比例计算； c. 此表格主要以结构完好度为完损类别评判标准。需注明的是：青岛取引所旧址为文物建筑，其综合完损度应考虑每个房间及每个构件的现存价值。例如编号 G01 大厅遭到"破坏性修复"，原空间格局被改变，无论是精美的"原物"还是巧妙的"工法"都没有保留下来，违背了真实性原则，在接下来的修缮保护设计中将予以重点讨论
室内现状总结	通过对该建筑室内完损状况评估分析，可得出以下结论：房屋整体评定为一般损坏，除少部分空间外基本满足正常使用需求。现状室内空间最普遍的问题是楼板、墙体饰面层出现裂缝、风化、腐蚀和酥松剥落等现象，编号 U01、G03 房间结构严重破损。综上所述，在修缮过程中应尊重现状，并对不适当的加建和改造予以处理。建议对房屋目前存在的损伤进行针对性维修处理，重点关注结构的加固与维护，在后续修缮过程中加强房屋构件及节点的修缮保护。室内构件面层大多存在积灰问题，饰面纹路和色彩均无法展现，在接下来的工作中应当加强管理，综合考虑长周期的清理维护问题，并开展定期的清洁工作

表格来源：刘铮、陈勐绘制

3. 屋顶完损状况评估（图 2-1-11，表 2-1-3）

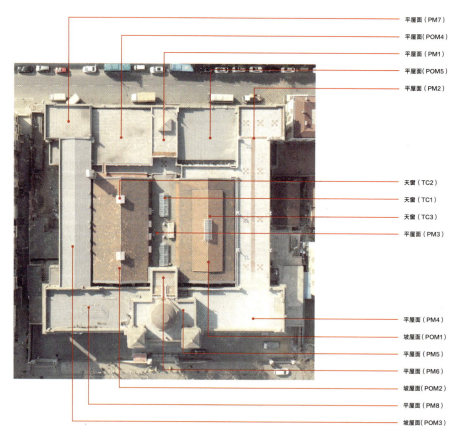

图 2-1-11　建筑屋顶完损状况评估标号图

青岛取引所旧址建筑屋顶完损状况评估表

表 2-1-3

分部	项目	编号	材料	形制	色彩	现状照片	完损状况
屋面	平屋面	PM1 — PM6	硬质面层			 	保存较好，部分边角处的地砖出现残缺，局部有明显污渍
		PM7 — PM8	油毡面层			 	基本完好，面层较为平整，局部有堆积的杂物垃圾
	坡屋面	POM1 — POM3	机平瓦			  	一般损坏，部分瓦片因长期受雨水侵蚀，出现霉化、损坏等情况，部分瓦片留有鸟粪等污物
		POM4 — POM5	油毡面层			 	保存较好，表面平整，未出现较为严重的残损情况
天窗	天窗	TC1 — TC3	玻璃顶部木构架			 	基本完好，玻璃局部有裂缝
老虎窗	老虎窗	LC1 — LC4	木构架木制百叶			 	一般损坏，为防止鼠虫对木屋架的侵害，老虎窗用铁皮封堵，且老虎窗构件老化、百叶损坏

表格来源：李进、陈勐绘制

2.1.3 立面

1. 东立面（图 2-1-12 ~ 图 2-1-15）

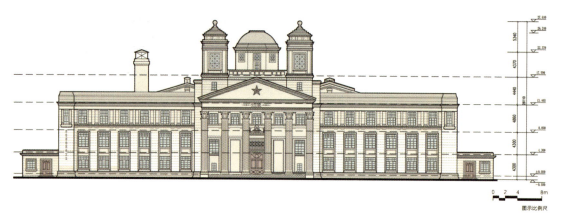

图 2-1-12 建筑东立面现状测绘图

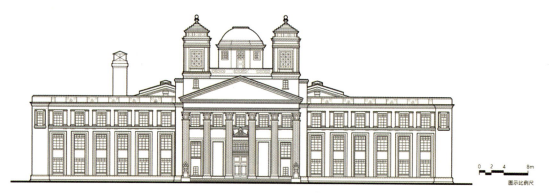

图 2-1-13 建筑东立面原状推测图

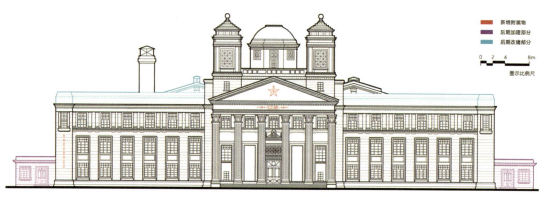

图 2-1-14 建筑东立面加改建分析图

图 2-1-15　建筑东立面完损状况评估标号图

东立面完损状况整体评估：

　　东立面作为建筑的主要立面，直接面向城市道路及公共空间，是整个建筑的主要观赏面。东立面现状整体保存状况较好，主要问题为：外墙面部分区域存在白色涂料，立面抹灰砂浆、线脚装饰局部脱落，窗台部分材料脱落等。门窗饰面油漆较新，部分门窗已经更换。在之后的修缮设计中，东立面修缮的重点部位应为脱落的线脚与装饰，入口门廊、柱子与山花是东立面的重点保护部位（表 2-1-4）。

青岛取引所旧址建筑东立面完损状况评估表　　　　表 2-1-4

分部	项目	编号	材料	形制	色彩	现状照片	完损状况	完损等级	备注
外墙	外墙面	WM1	斩假石 白色涂料抹面				多数窗户两侧墙面各有若干规则分布的小孔洞，部分墙面存在数个较大孔洞 WM1-1 墙面拐角出现破损，被水泥填补 WM1-2 墙面局部斩假石砂浆脱落	一般损坏	外墙面部分区域的白色涂料为后期涂刷，考虑去除 孔洞推测为构件安置孔或管线孔
外墙	檐口	YK1	水泥砂浆				整体保存状况较好	基本完好	檐口线脚长期受雨水侵蚀，较立面其他部分颜色更深
外墙	山花	SH1	以水泥制三角形山花作为建筑正立面中心 红色五角星置于山花中央				SH1-1 三角形山花勾边线条局部脱落	一般损坏	"22号"字样与红色五角星构件锈迹较明显

续表

分部	项目	编号	材料	形制	色彩	现状照片	完损状况	完损等级	备注
外墙	勒脚	LJ1		花岗石勒脚			整体保存状况较好	基本完好	部分勒脚表面被鸽子粪便污染，影响美观 LJ1-1勒脚表面存留污迹
外墙	纹饰线脚	XJ1		水泥制回形纹装饰 水泥砂浆预制凹凸点线装饰			回形纹装饰大量破损、脱落 石材线脚整体保存状况较好	一般损坏	回形纹装饰构件为单个制作后固定在线脚上
门廊	柱子	Z1		花岗石制科林斯柱式			整体保存状况较好	基本完好	Z1-1、Z1-2柱子上缠满藤蔓植物
门廊	台阶	TJ1		四踏步条石台阶			整体保存状况较好	基本完好	—
门窗	门	M1-2		红漆木制大门 彩色玻璃 仿多立克式门柱 水泥砂浆预制线条			大门饰面油漆较新 整体保存状况较好	基本完好	—
门窗	门	M1-1 M1-3		红漆木制大门 彩色玻璃 仿多立克式门柱			材质较新 整体保存状况较好	基本完好	
门窗	窗	C1		红漆铝合金窗户 水刷石窗台			窗户饰面油漆较新，窗台局部水刷石脱落 整体保存状况较好	一般损坏	正立面外窗多为近期更换
附加物	金属构件	—		金属			整体保存状况较好	基本完好	"22号"字样、红色五角星与金色电话号码构件均为后期添置 东立面无落水管

表格来源：邹邦涛、陈勐绘制

2. 西立面（图 2-1-16～图 2-1-19）

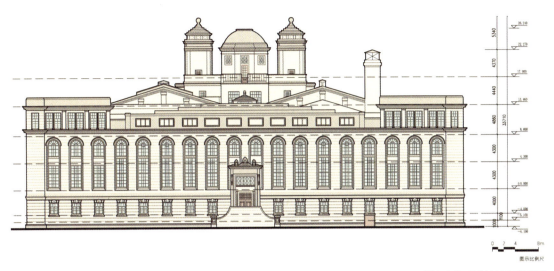

图 2-1-16　建筑西立面现状测绘图

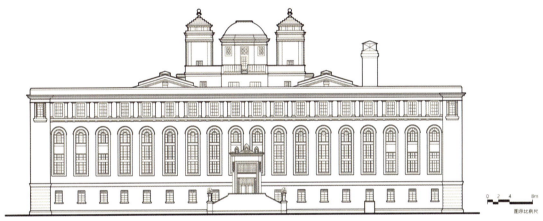

图 2-1-17　建筑西立面原状推测图

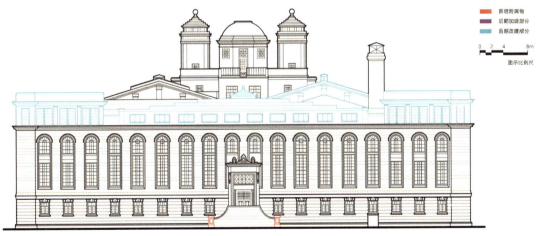

图 2-1-18　建筑西立面加改建分析图

2 青岛取引所旧址现状研究

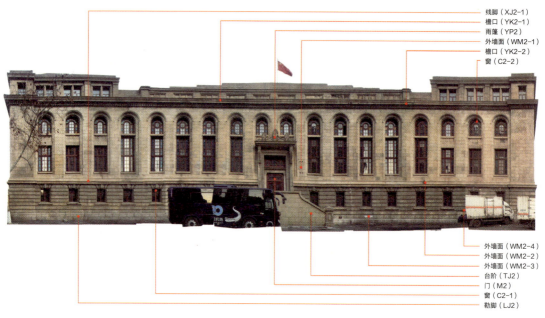

图 2-1-19 建筑西立面完损状况评估标号图

西立面完损状况整体评估（表 2-1-5）：

西立面为建筑的次入口，邻西侧城市道路及沿街公共空间，是整个建筑的次要观赏面。当前西立面现状保存较好，外墙面、勒脚局部材质较新，应为近期修缮，大门（除旧铁门外）与窗户也为新近更换，无需修缮。立面残损主要集中在檐口、窗台与装饰线脚部位，为修缮设计的重点部位。西立面入口装饰细节精美，为西立面重点保护部位。

青岛取引所旧址建筑西立面完损状况评估表 表 2-1-5

分部	项目	编号	材料	形制	色彩	现状照片	完损状况	完损等级	备注
外墙	外墙面	WM2	斩假石				WM2-1 墙面存在四个呈矩形的较大孔洞；WM2-2、WM2-3、WM2-4 墙面分别留有红色、白色、黑色三种油漆痕迹	一般损坏	部分斩假石抹灰砂浆成色较新，推测为后期修补；孔洞规则分布，推测为附加设备安装孔
外墙	檐口	YK2	水泥砂浆				YK2-1、YK2-2 檐口水泥砂浆线脚存在大面积脱落现象	一般损坏	檐口线脚若继续脱落，可能会砸伤下方过路行人
外墙	勒脚	LJ2	花岗石勒脚				勒脚材质较新；整体保存状况较好	基本完好	勒脚材质较新，推测为近期修补；建筑西侧临时聚集活动较多，但缺少管理，环境卫生状况较差

2.1 图纸表达及完损情况

续表

分部	项目	编号	材料	形制	色彩	现状照片	完损状况	完损等级	备注
外墙	纹饰线脚	XJ2	水泥砂浆装饰线脚			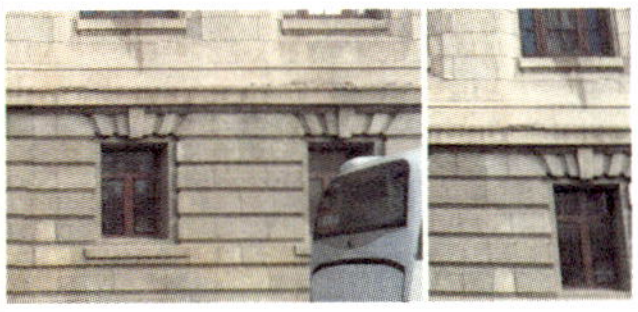	XJ2-1 线脚材料部分脱落，线脚上部堆积少许碎石渣； 一层窗户上部线脚局部有点状残缺	一般损坏	装饰线脚受雨水侵蚀存有污迹
门廊	雨篷	YP2	水泥砂浆				整体保存状况较好	基本完好	雨篷纹饰与正立面大门门楣上方纹饰相同
门廊	台阶	TJ2	条石台阶			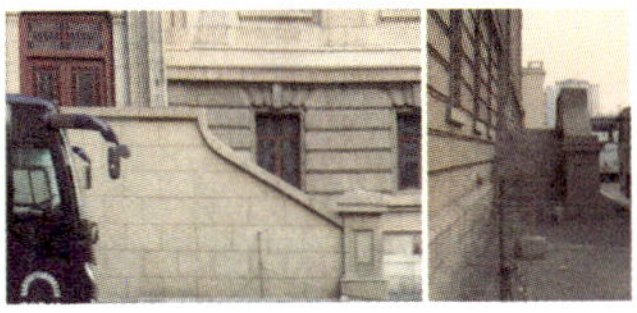	整体保存状况较好	基本完好	由于建筑东、西场地存在高差，西立面入口台阶踏步数多于东立面主入口
门窗	门	M2	红漆木制大门； 彩色玻璃； 水泥砂浆预制线条				大门材质较新，窗框装饰线条局部残损； 整体保存状况较好	基本完好	—
门窗	门	—	铁制大门				铁门略微变形且锈蚀严重，目前处于封闭状态	一般损坏	该大门已无法正常使用且严重影响立面美观，需要更换
门窗	窗	C2-1	红漆铝合金窗户； 斩假石券形装饰； 斩假石窗台				窗户材质较新，斩假石窗台与装饰线脚局部脱落； 整体保存状况较好	基本完好	西立面窗户均为近期更换
门窗	窗	C2-2	红漆木制窗户； 彩色玻璃； 斩假石窗台				窗户整体保存状况较好； 斩假石窗台局部破损	一般损坏	—
附加物	小型电闸 消防水泵	—	陶瓷； 金属				整体保存状况较好	基本完好	小型电闸未连接线路，已无法使用； 消防水泵嵌入墙体，外表完好，西立面无落水管

表格来源：邹邦涛、陈勋绘制

3. 北立面与南立面（图 2-1-20 ~ 图 2-1-25）

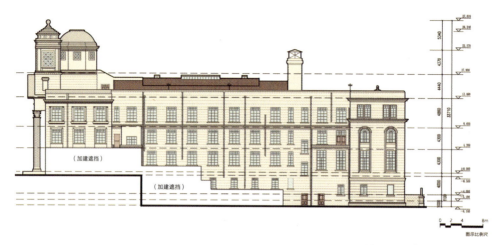

图 2-1-20　建筑北立面现状测绘图

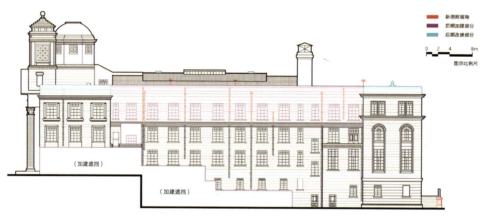

图 2-1-21　建筑北立面加改建分析图

图 2-1-22　建筑南立面现状测绘图

2.1 图纸表达及完损情况

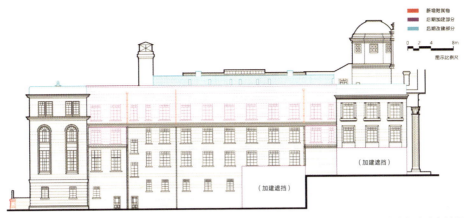

图 2-1-23　建筑南立面加改建分析图

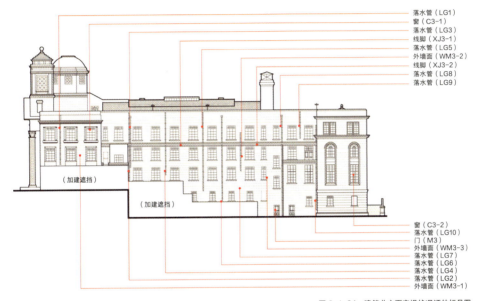

图 2-1-24　建筑北立面完损状况评估标号图

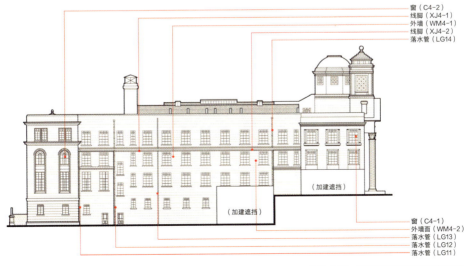

图 2-1-25　建筑南立面完损状况评估标号图

53

北立面与南立面完损状况整体评估（表2-1-6）：

北立面与南立面邻近周边建筑，由于院墙的分隔作用以及局部被新加建房屋遮挡，行人没有足够的视距观赏。在完损状况评估中，南、北立面的整体现状大致相同，损坏程度均高于东、西立面，亟待整体性的修缮保护。主要问题包括：外墙面、檐口、装饰线脚与窗台均有不同程度的材料破损与脱落，其中外墙面破损最为严重，局部暴露出红砖墙体，亟需修缮。与东、西立面不同，南、北立面设有大量落水管，且多数处于严重破损状态，无法正常使用，少数已替换或局部拼接新的塑料落水管，得以继续使用。在南、北立面的修缮保护设计中，外墙面抹灰砂浆与落水管为重点修缮部位，原铸铁落水管为重点保护项目。

青岛取引所旧址建筑北／南立面完损状况评估表　　　　表2-1-6

分部	项目	编号	材料	形制	色彩	现状照片	完损状况	完损等级	备注
外墙	外墙面	WM3	斩假石				WM3-1、WM3-2墙面抹灰砂浆大面积脱落；WM3-3墙面抹灰砂浆损坏严重，露出红砖墙	严重损坏	部分斩假石材质成色较新，推测为近期修补；立面装饰砂浆面层部分脱落，亟需修复；
外墙	外墙面	WM4	斩假石				局部墙面后期进行了修补；WM4-1、WM4-2墙面抹灰砂浆严重脱落，露出红砖墙	严重损坏	新修补的立面材料颜色与原色彩不统一，影响立面美观
外墙	纹饰线脚	XJ3	水泥砂浆预制凹凸点线装饰				XJ3-1、XJ3-2线脚部分脱落	一般损坏	大量装饰线脚长期受雨水侵蚀，污渍明显
外墙	纹饰线脚	XJ4	水泥砂浆预制凹凸点线装饰				XJ4-1线脚材料部分脱落；XJ4-2线脚下部脱落严重，露出砖石	严重损坏	
门窗	门	M3	黑、红漆木制大门；凹凸玻璃				大门饰面油漆剥落严重	一般损坏	大门需重新刷漆
门窗	窗	C3-1 C4-1	红漆铝合金窗户；斩假石券形装饰；斩假石窗台				窗户材质较新，整体保存状况较好	基本完好	南、北立面窗户均为近期更换
门窗	窗	C3-2 C4-2	红漆木制窗户 彩色玻璃 斩假石窗台				窗户整体保存状况较好；斩假石窗台、券形装饰细节局部脱落	一般损坏	—

续表

分部	项目	编号	材料	形制	色彩	现状照片	完损状况	完损等级	备注
附加物	落水管（北立面）	LG1—LG10	铸铁 金属 塑料				LG1、LG3、LG4、LG5、LG9 落水管上端与女儿墙上沿齐平，下半段均有不同程度的损坏；LG2、LG6、LG8 落水管上端与天沟连接，下半段均有损坏；LG7、LG10 上下段均损坏	严重损坏	北立面各落水管均有不同程度的损坏，无法正常使用，亟需修复更换；LG8 落水管下半段缺损，被塑料管道替代
	落水管（南立面）	LG11—LG14					LG11、LG14 落水管整体保存状况较好，处于正常使用状态；LG12 落水管上端与天沟连接，上半段缺损部分被新塑料管替代；LG13 落水管被更换为塑料管道	严重损坏	南立面落水管整体现状好于北立面，基本可以正常使用，LG13 落水管为新近更换的塑料落水管
	其他	—	电线 金属管道 金属支架		—		北立面金属管道材质较新，为近期增设；电线杂乱，既破坏外墙面，也影响立面美观	一般损坏	—

表格来源：邹邦涛、陈勐绘制

4. 立面评估总结与修缮建议

通过前期的现场调研可以得出以下结论：青岛取引所旧址建筑本体共四个立面，东、西立面作为主要立面已完成初步修缮，现存状况总体要好于南、北立面。东、西立面亟待修复的部分主要集中在檐口、线脚、窗台等细部，南、北立面破损亟待修复的部分主要为外墙面及各类装饰线脚。在之后的外立面修缮保护工作中，各立面损毁部位需重点关注，东、西立面入口的山花、柱廊、门窗等均是重点保护部位。此外，落水管作为南、北立面特有的构件，在功能使用、立面美观等方面均具有重要意义，也是修缮保护工作中的重点。

根据历史建筑的保护原则可知，不管是文物建筑还是历史建筑，其外立面修缮应以不改变原状为前提，包括外立面的风格形制、样式细节、历史材料等。在修复工作中，针对破损部位应采用近似材料并按原样进行修复，保护历史材料并采取相应措施提高材料的耐久性。东立面局部区域的白色涂料违背建筑历史风貌，应考虑去除。针对建筑南、北两侧局部加建的房屋，因其对建筑立面产生遮挡，且建筑形制、材料均与建筑本体不同，严重影响了建筑历史风貌，应考虑改造或者拆除。针对南、北立面已破损或后期补接、替换的落水管，应根据原铸铁落水管的形制、材料、色彩等另行加工修复。针对各立面的檐口、线脚、勒脚等部位的污渍，应当进行适当清洗。

综上所述，对于青岛取引所旧址建筑外立面的修缮建议可以总结为：建筑外立面整体风格应严格保护，在后期的修缮设计中不能随意改变其立面风格与材料，去除后期的不当添加与改造，对破损部位进行局部修复，对立面檐口、线脚与勒脚等部位进行清洗，对附属设备重新进行修复设计，对两边的附属加建房屋进行适当的改造或拆除。

2.1.4 剖面与节点

1. 整体剖面（图 2-1-26、图 2-1-27）

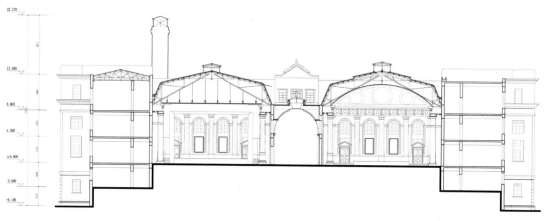

图 2-1-26 建筑 A-A 剖面图

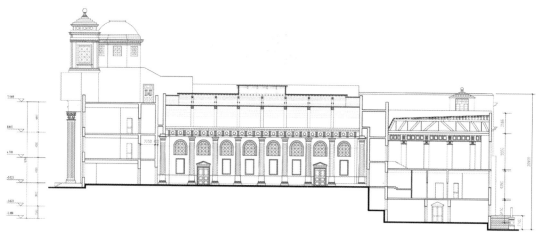

图 2-1-27 建筑 B-B 剖面图

2. 东侧原交易大厅屋顶（图 2-1-28 ~ 图 2-1-49）

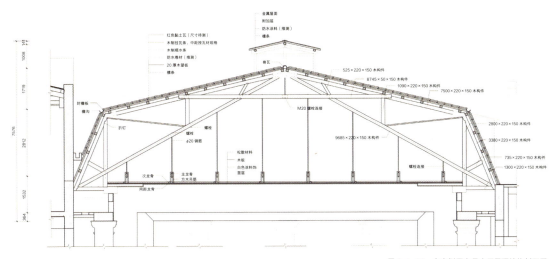

图 2-1-28　东南侧原交易大厅屋顶结构剖面图

图 2-1-29　东南侧原交易大厅屋顶

图 2-1-30　天窗

图 2-1-31　老虎窗

图 2-1-32　屋面瓦材

图 2-1-33　吊顶结构

图 2-1-34　木屋架结构1

图 2-1-35　木屋架结构2

图 2-1-36　木屋架结构3

图 2-1-37　山墙

图 2-1-38　室内装修

2 青岛取引所旧址现状研究

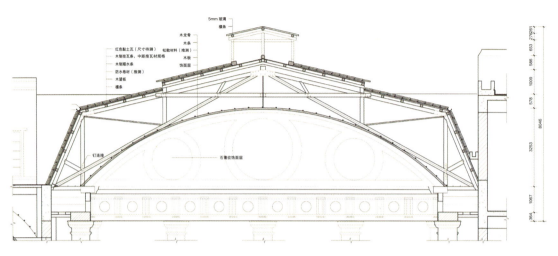

图 2-1-39 东北侧原交易大厅屋顶结构剖面图

图 2-1-40 东北侧原交易大厅屋面

图 2-1-41 天窗

图 2-1-42 天窗结构

图 2-1-43 木屋架结构 1

图 2-1-44 木屋架结构 2

图 2-1-45 拱券吊顶

图 2-1-46 屋架节点

图 2-1-47 室内装修 1

图 2-1-48 室内装修 2

图 2-1-49 交易大厅历史照片

3. 北侧双坡屋顶（图 2-1-50 ～图 2-1-54）

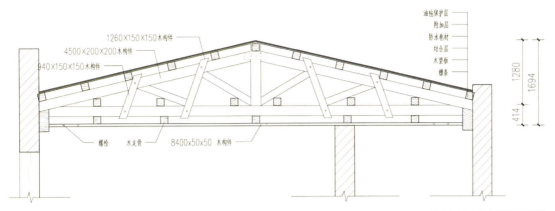

图 2-1-50　北侧屋顶结构剖面图

图 2-1-51　三角桁架修复前照片 1　　图 2-1-52　三角桁架修复前照片 2　　图 2-1-53　三角桁架修复中照片　　图 2-1-54　三角桁架修复后现状照片

4. 西侧原交易大厅屋顶（图 2-1-55 ～图 2-1-59）

图 2-1-55　单坡屋架结构 1　　图 2-1-56　单坡屋架结构 2　　图 2-1-57　单坡屋架结构 3　　图 2-1-58　单坡屋架结构 4

图 2-1-59　西侧原交易大厅屋顶结构剖面图

5. 中部厅廊（图 2-1-60～图 2-1-68）

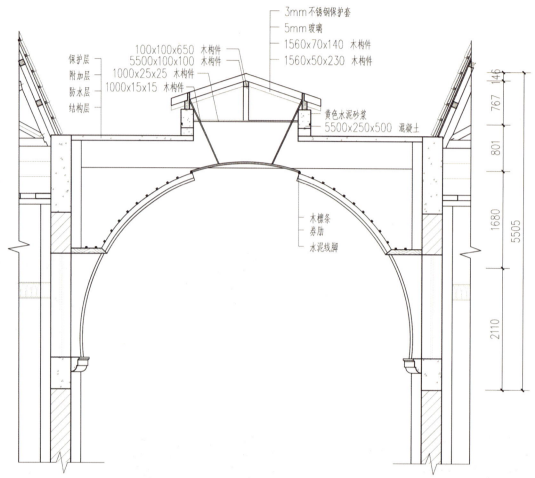

图 2-1-60 中部厅廊屋顶结构剖面图

图 2-1-61 中部厅廊历史照片

图 2-1-62 改造前的中部厅廊 1

图 2-1-63 改造前的中部厅廊 2

图 2-1-64 改造后的中部厅廊

图 2-1-65 天窗整体

图 2-1-66 天窗屋架

图 2-1-67 中部厅廊天窗

图 2-1-68 天窗室内

6. 东侧主入口楼梯（图 2-1-69～图 2-1-75）

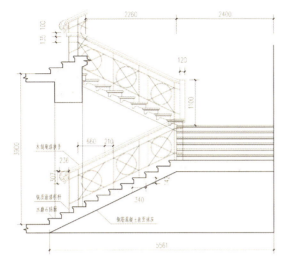

图 2-1-69　门厅两侧楼梯剖面图

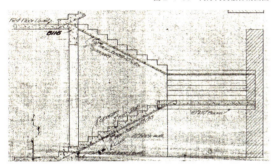

图 2-1-70　楼梯大样历史图纸

图 2-1-71　楼梯地面图案

图 2-1-72　楼梯

图 2-1-73　楼梯栏杆

图 2-1-74　涡卷扶手

图 2-1-75　踏步

7. 东立面中央穹顶（图2-1-76～图2-1-81）

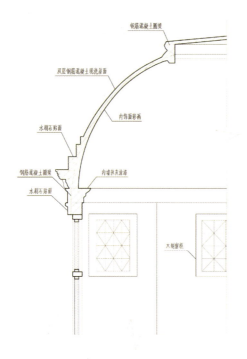

图2-1-76　东立面中央穹顶结构剖面图

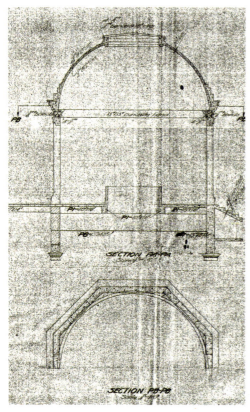

图2-1-77　穹顶原始图纸

图2-1-78　穹顶现状

图2-1-79　穹顶室内

图2-1-80　弧形内壁照片

图2-1-81　东立面中央塔楼背面

2.1.5 结构体系

结构鉴定报告总结

青岛取引所旧址采用混合结构体系，由砖石墙、柱和基础，钢筋混凝土楼板、梁以及木屋架组成，发挥每一类结构类型的受力特性，使整体结构坚固稳定。建筑建成至今已近百年，局部楼板、楼梯、木屋架、吊顶、墙、柱因老化、潮湿、风化、锈蚀等因素，均受到不同程度的损伤与破坏。整体而言，建筑结构尚属安全可靠，经局部的修补和加固可以实现在正常使用状态下（非地震状态、非极端天气条件以及非其他不可抗力下）基本满足结构安全性要求。在地震荷载作用下，该建筑主体结构按现行《建筑抗震加固技术规程》采取有效措施加固处理后能满足抗震安全要求。

经结构检测、验算与论证，该建筑梁、柱基本符合使用要求，个别露筋处需要修补。楼板的承载力弯矩略低于荷载弯矩，局部楼板存在裂缝及后期装修增加的附加荷载，建议对楼板漏筋进行修补，对楼板裂缝使用结构胶灌缝，部分楼板通过粘贴碳纤维布进行加固（图2-1-82，表2-1-7）。

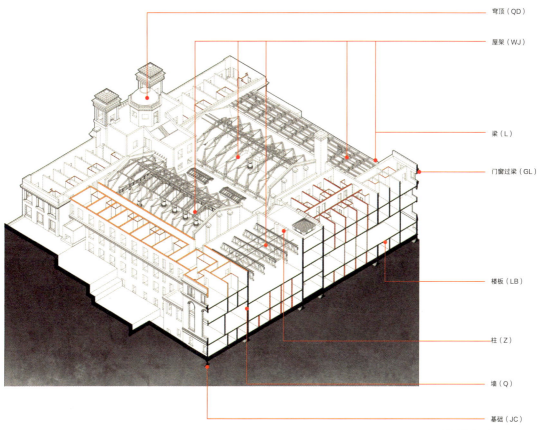

图 2-1-82 建筑结构体系完损状况标号图

青岛取引所旧址建筑结构体系完损状况评估表　　　　　表 2-1-7

项目	编号	基本做法	色彩	现状照片	描述	完损等级	备注
基础	JC	建筑基础应为砖石砌大放脚基础（参见1922年《青岛取引所信托株式会社事务所用建物新筑工事式样书》），勒脚为花岗石砌筑			基础承载力满足荷载要求，但地下室长期受潮，在修缮时应局部开挖勘测现状，根据实际情况进行加固处理	一般损坏	另参照《青岛市馆陶路22号建筑安全鉴定》，建筑基础为钢筋混凝土基础
墙体	Q	红砖砌筑，砌筑方式为英式砌法的简化——"凹凸砌合法"，墙体灰缝基本平直			1. 外墙：具体问题参见立面修缮； 2. 内墙：部分墙体受压承载力超限且砂浆强度较低，局部墙体裂缝严重，需加固；部分砖块酥松老化，砌筑砂浆风化，灰缝接头遭到损坏及蚀空；局部存在白华现象，部分墙体抹灰层脱落	严重损坏	参考《青岛市馆陶路22号建筑安全鉴定》
柱	Z	1. 室内多立克柱； 2. 入口门廊处花岗石制科林斯柱，水泥砂浆制柱头纹样； 3. 地下室混凝土柱			1. 室内多立克柱因经过后期修缮，现状较好； 2. 入口门廊处科林斯石柱保存较好； 3. 地下室柱子因长期受潮，需进行加固处理	基本完好	参考《青岛市馆陶路22号建筑安全鉴定》
梁	L	1. 地下、地上部分基本为混凝土梁； 2. 楼梯斜梁为混凝土梁外包木板，未经过力学测试，不确定斜梁承载力情况		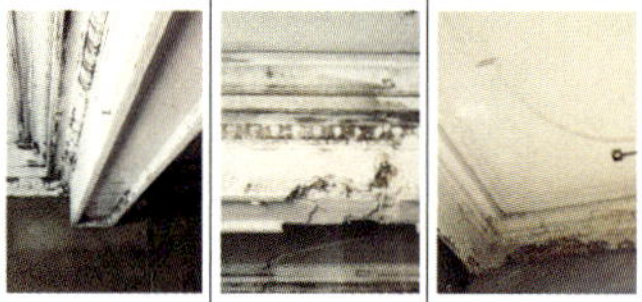	1. 地下室部分混凝土梁受损较重，部分梁混凝土酥裂、脱落，钢筋裸露、锈蚀，应进行加固处理； 2. 水泥砂浆面层部分脱落，漏出混凝土斜梁的外包木板，未经过力学测试，不确定斜梁承载力情况	严重损坏	参考《青岛市馆陶路22号建筑安全鉴定》
门窗过梁	GL	混凝土过梁			部分门、窗洞口附近过梁出现裂缝	一般损坏	—
楼板	LB	1. 地下室为钢筋混凝土楼板； 2. 楼层采用钢筋混凝土楼板，室内装修部分采用木地板，下设木格栅，部分采用水磨石地坪			1. 地下室钢筋混凝土楼板受损较为严重，部分混凝土脱落、漏筋并有裂缝，钢筋出现锈蚀、锈胀； 2. 楼板的承载力弯矩略低于荷载弯矩，根据观察，部分木楼板拼接处干缩开裂，并出现腐蚀现象	严重损坏	参考《青岛市馆陶路22号建筑安全鉴定》

续表

项目	编号	基本做法	色彩	现状照片	描述	完损等级	备注
屋架	WJ1 WJ2	东侧原交易大厅采用木屋架及拱券式吊顶，连接节点包括齿连接、键连接、齿板连接、螺栓连接和捆绑连接			结构基本安全，仅有局部损伤，但考虑远期使用存在一定隐患；大部分木构件表面有积灰，部分构件表面残存白漆，部分杆件局部有过火损伤、氧化变色、腐朽痕迹和机械损伤，连接件松动锈蚀，钢拉杆锈蚀等	一般损坏	参考《青岛市馆陶路22号建筑安全鉴定》
	WJ3	西侧原交易大厅采用平行弦桁架，斜杆的倾斜程度随受力而变化，上弦杆上部立木柱起坡，利于排水			结构基本安全，仅有局部损伤，但考虑远期使用存在一定隐患；大部分木构件表面有积灰，部分杆件局部有过火损伤、腐朽痕迹和机械损伤，连接件松动锈蚀，钢拉杆锈蚀，重要受力杆件存在较明显的裂缝	一般损坏	—
	WJ4	南侧三角屋架为豪式屋架与芬克式屋架的结合，斜腹杆为双层螺栓连接，再通过双层横向杆件拉结			结构基本安全，仅有局部损伤，但考虑远期使用存在一定隐患；望板和檩条有多处漏雨产生的水迹，腐蚀斑点较多，也有较大面积腐蚀现象；檩条与部分望板有明显的过火损伤；部分檩条有较长的裂缝；多处杆件、檩条、望板有明显的机械磨损现象；部分螺栓、钢板等连接件锈蚀；后期加固杆件较多，较凌乱	一般损坏	根据火灾时期的照片推测，此屋架的大部分构件为后期替换
穹顶	QD	穹顶为双层钢筋混凝土现浇结构，有两道钢筋混凝土圈梁，外墙表面为水刷石，内墙抹灰涂漆，有饰面彩画			结构层完整牢固，无破损、变形、腐朽和下垂脱落等现象，吊顶无空鼓、剥落、破损和裂缝，勾缝砂浆密实，彩绘装饰精美，油漆完好	基本完好	应为近期进行过修缮改造
价值分析	建筑的大部分主体结构都维持了历史原状，改动较大的结构包括：一是西南侧原交易大厅的屋架吊顶进行了改造，在原有大空间内植入了楼板和支撑结构；二是建筑北侧屋顶部分三角屋架被拆除，现状结构无历史价值。此外，还存在后期加建隔墙改造室内空间的情况，应在更新设计中基于实际功能需要综合考虑保留或复原						
结论与建议	综上所述，建筑的主体结构现状基本安全稳定，可满足使用要求，但各结构构件仍存在不同程度的问题，详述如下： ①部分墙体存在裂缝、风化等损伤现象，主要分布在地下室、内墙等位置，修缮中应以整体性加固为主，破损严重的砖块应按原砖的材质、工艺、质感、尺寸、颜色等进行加工替换或修补，并依据传统砌筑方式操作； ②部分钢筋混凝土梁存在裂缝、漏筋和保护层脱落等问题，基于"不改变原状""真实性""完整性"等原则，建议通过钢筋除锈、阻锈，修补混凝土等方式进行修缮，并环裹或在梁底面粘贴碳纤维布等纤维增强复合材料进行整体性加固； ③部分钢筋混凝土楼板存在混凝土脱落、裂缝，钢筋暴露、锈胀等问题，基于"最低限度干预""可逆性"等原则，建议通过钢筋除锈、阻锈，修补混凝土等方式进行修缮，并在楼板底面粘贴碳纤维布等纤维增强复合材料进行加固； ④木屋架应采取修补、替换、加固等措施，基于"不改变原状""真实性""完整性"等原则，对于木构件及连接件本身可采取防腐、除锈等方式修复，破损严重的木构件应按原有材料的材质（木材树种）、样式、尺寸、工艺等加工替换，对于出现变形、荷载不足的构件，可通过碳纤维布等纤维增强复合材料进行加固						

表格来源：于涵、刘玉洁、陈勐绘制

2.1.6 附属设施

1. 排水设施（图 2-1-83、图 2-1-84）

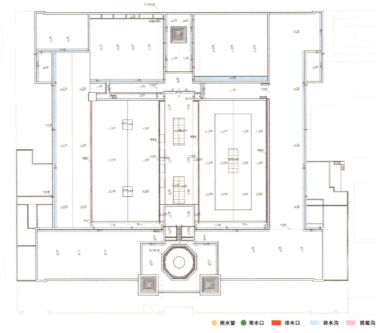

图 2-1-83　建筑屋顶排水现状图

图 2-1-84　建筑汇水区域分布分析图

2. 通风设施（图2-1-85～图2-1-89）

青岛地处北温带季风气候区域，夏季以东南季风为主导风向，冬季以西北季风为主导风向（图2-1-85、图2-1-86）。市区三面邻海，受来自海洋的季风以及海流、水团影响，又具有显著的海洋性气候特点，体现为空气湿润、温度适中、四季分明、日温差小、气温升降平缓等。

青岛取引所旧址邻近海洋，其所在的馆陶路呈南北走向且较为狭窄，周边街区道路分支较多，易汇聚形成较强的气流，气压较高。取引所西侧则较为宽阔，气流不易汇集，气压较低。因此，取引所东、西两侧形成气压差，在建筑内部形成自东向西的穿堂风。此外，由于建筑南、北两侧均濒临多层建筑，阻挡了南北风向，所以取引所的主要通风为东西向气流。

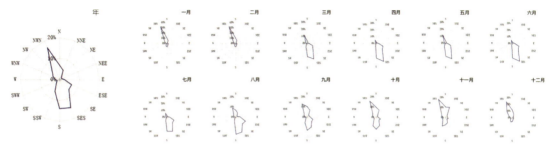

图2-1-85　青岛市全年及各月风玫瑰图

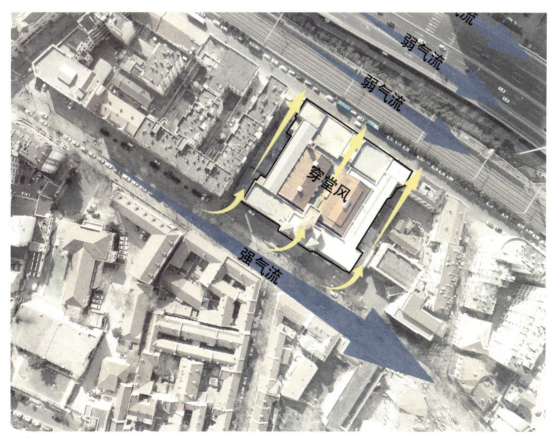

图2-1-86　建筑周边地区风向图

青岛取引所旧址还利用温差形成了整体性通风系统，促进了位于东南侧、东北侧的两个原交易大厅的室内通风。因太阳光照射屋顶，导致交易大厅屋顶结构层温度升高，大厅气流随之上升，通过吊顶层的排风扇和通风口，穿过木屋架层，最后经老虎窗、通风口、电动排气扇等设施排向室外，完成室内外通风。此外，中部厅廊屋顶还设置了无动力风帽，从而进一步加强了室内空气的流动性，增强了上升气流（图2-1-87~图2-1-89）。

通风系统的设置，不仅利于集中式大空间的室内通风换气，也可通过自然通风促进对木屋架结构的保护，防止木结构受潮及发霉损坏。但是，原西南侧交易大厅屋顶的老虎窗已封堵，应考虑修缮复原。

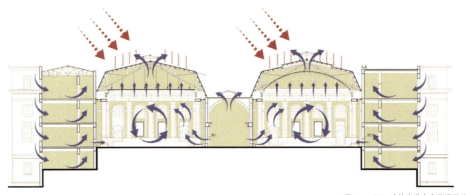

图2-1-87 建筑南北向自然通风分析图

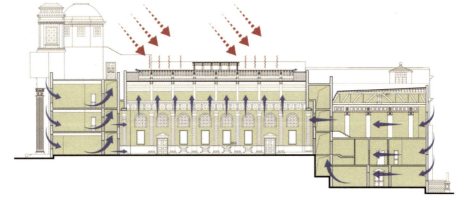

图2-1-88 建筑东西向自然通风分析图

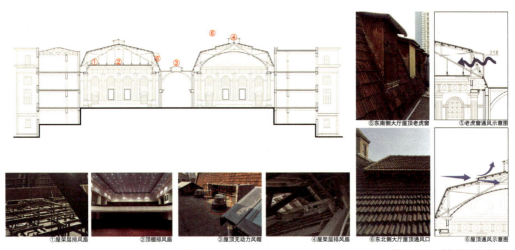

图2-1-89 建筑通风设施分析图

3. 完损状况评估（图 2-1-90、表 2-1-8）

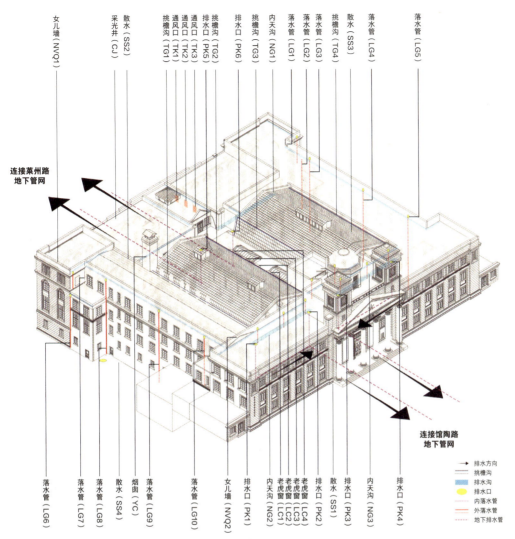

图 2-1-90　建筑附属设施完损状况评估标号图

分部	项目	编号	材质	形式	色彩	现状照片	完损状况	备注
排水设施	内天沟	NG1—NG3		砖墙砌筑表面水泥砂浆抹灰			保存状况较好，满足使用要求	—
	挑檐沟	TG1—TG4		铸铁挑檐沟悬挂在坡屋顶两侧			TG1、TG4 挑檐沟已完全脱落，现以混凝土挑檐沟代替；TG2 挑檐沟已完全脱落；TG3 挑檐沟局部破损，已无法继续使用	—

表 2-1-8　青岛取引所旧址建筑排水、通风设施完损状况评估表

续表

分部	项目	编号	材质	形式	色彩	现状照片	完损状况	备注
排水设施	女儿墙	NVQ1—NVQ2	砖墙砌筑表面水泥砂浆抹灰				局部水泥抹灰已脱落，砖墙结构暴露	—
	排水口	PK1—PK6	金属箅子				部分排水口上置金属箅子，且锈迹明显，但整体保存状况较好，基本满足使用要求	部分排水口暴露，影响美观
	落水管	LG1—LG10	铸铁塑料				落水管主要分布于建筑南北立面，部分落水管损坏，已替换、接补为塑料落水管	详见"表2-1-6北/南立面完损状况评估表"
	散水	SS1—SS4	暗埋式散水水泥地坪散水坡				因城市道路建设，建筑周边地坪升高，散水均已埋入地下。建筑东面采用暗埋式散水，表面覆盖绿化；西侧改为水泥地坪散水坡；南、北两侧被建筑垃圾、泥土掩埋，无法得见	—
暖通设施	烟囱	YC	砖墙砌筑表面水泥砂浆抹灰				主烟囱上置雨篷，局部抹灰脱落，暴露红砖结构；其他烟囱均未设雨篷，易使雨水流入建筑内部	—
	通风口	TK1—TK3	塑料百叶				西北侧原交易大厅屋架结构层设有三个通风口，其中两个被水泥封堵，保留的一处未设置百叶，亟待修复，室内通风装置以塑料换气扇为主，尚满足使用要求	—
	老虎窗	LC1—LC4	木制百叶铁皮封堵				为防止鼠、虫对木屋架的侵害，老虎窗已由铁皮封堵，从破损处可见原木制百叶窗，百叶木构件老化、损坏较为严重	老虎窗是原西南侧交易大厅屋架结构层的重要通风设施，亟待修复
	采光井	CJ	砖墙砌筑表面水泥砂浆抹灰				采光井底部为水泥砂浆抹灰，修缮中应加强防水处理	—

表格来源：刘雨轩、陈勐绘制

2.2 平面空间研究

青岛取引所旧址建筑平面空间格局特征明确，通过对服务性空间分布、空间可达性、空间主从关系、周边景观条件等方面的分析，既可探讨建筑更新与再利用的可行性，也可为更新设计环节中的建筑功能定位、功能布局提供参考依据。

2.2.1 服务性空间分布

青岛取引所旧址建筑东侧主入口南、北两侧各有一部楼梯，为主要的竖向交通，此外南、北翼亦各有一部楼梯，并在东北侧加建电梯一部，供内部使用。楼梯数量和位置均不合理，无法满足现今公共建筑消防规范中对于疏散距离的要求，走廊尽端房间与最近楼梯间的距离为25m，一层及地下一层距通向室外的出入口的距离亦为25m。灭火器主要位于环形走廊墙面上，分布较均匀。

此外，因建筑拟改建为酒店，多数房间内拟加建独立卫生间，公共卫生间仅有一处，位于一层北翼（图 2-2-1）。

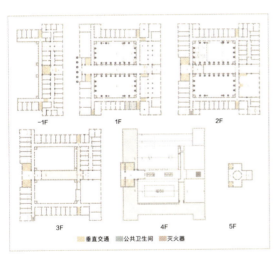

图 2-2-1 服务性空间分布分析

2.2.2 空间可达性分析

青岛取引所旧址建筑平面为走廊式布局，通过两个回形走廊限定出四个大空间，并基于走廊并联起各个房间。一方面，因不同房间至出入口及垂直交通的距离不同，空间可达性产生差异；另一方面，随着建筑层数增加，空间可达性逐渐降低。基于建筑流线及空间可达性分析，建筑东北侧、东南侧两个原交易大厅及之间的厅廊可达性最高，其次为一层周边的附属用房。随着楼层升高，空间可达性降低而私密性增强（图 2-2-2、图 2-2-3）。

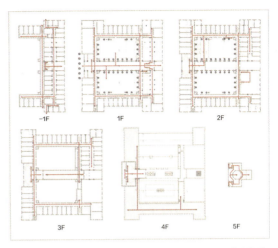

图 2-2-2 建筑现状流线分析

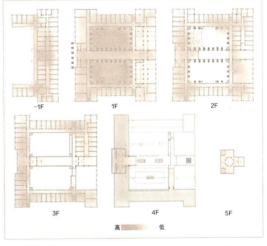

图 2-2-3 空间可达性分析

2.2.3 空间主从关系分析

青岛取引所旧址建筑具有鲜明的空间主从关系特征，初建时期及1950年代，建筑一层原四个交易大厅为主要空间，东、北、南三面围绕一系列小空间，二层以上周围的小空间相对独立。现状建筑一层的主要空间为原东北侧、东南侧的交易大厅，四周为辅助性用房，为主体空间服务。因原东南侧交易大厅改建为二层，原西侧两个交易厅内部增设夹层，故二层的部分用房与原东南侧交易大厅、原西北侧交易大厅联系密切，空间的平面化主从关系向立体化方向发展，三层以上的房间则相对独立（图 2-2-4）。

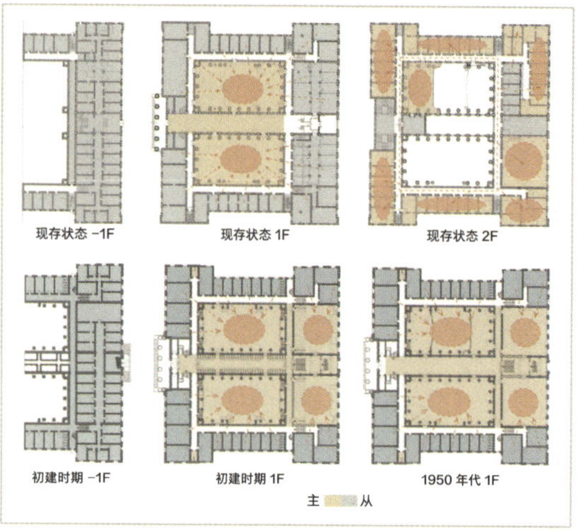

且场地内加建部分平房,阻挡了景观视线(图2-2-6)。建筑西侧靠近立交桥和胶济铁路,并有围栏阻隔,景观视线条件也较差(图2-2-7)。此外,建筑四层、五层屋顶平台亦具有良好的景观条件,向东可俯瞰馆陶路街区和老城区(图2-2-8、图2-2-9),向西则可眺望沿海建设的高层建筑(图2-2-10、图2-2-11),体验历史与现代双重的城市风貌。

图2-2-4 空间主从关系分析

2.2.4 周边景观条件分析

青岛取引所旧址建筑东邻老城区,建筑风貌保存较好,里院建筑鳞次栉比,形成了富有特色的城市历史景观(图2-2-12)。因此,建筑最好的景观面向为东面,尤其是三层及以上房间景观视线条件最好(图2-2-5)。建筑南、北两侧邻近周边建筑,

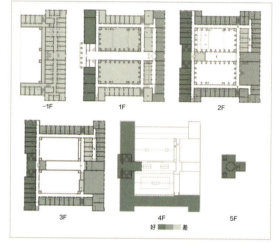

图2-2-5 景观条件分析

图2-2-6 二层室内向南视线

图2-2-7 三层室内向西视线

图2-2-8 四层平台向东眺望1

图2-2-9 四层平台向东眺望2

图2-2-10 五层平台向西眺望1

图2-2-11 五层平台向西眺望2

图 2-2-12 鸟瞰（自西向东视角）

2.3 风格样式研究

青岛取引所旧址建于青岛第一次日占时期，通过中轴对称的平、立面格局，运用西方古典建筑比例和语汇塑造出了庄重而典雅的新古典主义金融建筑形象。其建筑风格既受到日本国内建筑思潮的影响，也与设计师通和洋行的实践经历相关。

2.3.1 青岛第一次日占时期建筑风格概述

明治维新之后，日本政府在经济、科技、文化等各方面实行自上而下的欧化主义，城市建筑的发展也处于这一潮流中，体现在对传统建筑风格的近代探索、新艺术运动影响下的新感觉派、由英国派、法国派延续的欧洲派以及新引入的美国派建筑等方面。此外，对房屋抗震、防火的关注，促进了钢筋混凝土在建筑结构中的应用。

青岛第一次日占时期的建筑，很大程度上受到日本建筑思潮的影响，代表性建筑风格有欧洲派、新古典主义、"帝冠式""集仿主义"等（表2-3-1）。较之德占时期，该时期的青岛建筑更注重实用性，装饰手法大为简化，较少出现繁琐花式。建筑平面以使用功能为主线，较少出现曲线、折线式平面，而且不再设置大量的外廊和露台。房间室内高度以3m为主，面积尺寸亦有不同程度的缩小。建筑结构体系较少采用钢梁密屋架的形式，而是以钢筋混凝土、砖墙及木屋架的混合结构为主，木材用料断面也有所减小。

2.3.2 代表性建筑风格特征

（1）中西合璧式：19世纪晚期受西风东渐影响出现的一种折中式风格，建筑往往遵循西方古典建筑比例、构图和对称式格局，采用砖、木、钢筋混凝土混合结构，屋顶多为西式木桁架，而在建筑材料、建造工艺、装饰细节等方面则体现出中国传统建筑的特征 [图2-3-9（a）~（d）]。

（2）英国式建筑风格：16世纪之后的英国建筑风格的统称，常见者有都铎风格（Tudor Architecture）、维多利亚风格（Victorian Architecture）、安妮女王风格（Queen Anne style）等。都铎风格为一种垂直式建筑风格，多在建筑外墙设陡峭山墙，并采用都铎式拱券和文艺复兴式装饰细部。维多利亚风格是一种复古和折中主义建筑风格，注重浮夸的装饰。安妮女王风格一般表现为非对称平立面，屋顶形式多样，外立面多有木壁板、多面山墙、大门廊、高烟囱等元素，装饰细节精美 [图2-3-9（e）~（h）]。

（3）新古典主义风格（Neoclassicism）：18世纪晚期和19世纪初盛行于欧、美及其殖民地的建筑风格，建筑普遍采用古希腊、古罗马柱式和装饰主题，采用简约有力的几何形构图形式，立面讲究对称、秩序和比例，强调主从关系并突出轴线，立面装饰处理多采用浅浮雕，多使用花岗石以及斩假石、水刷石等装饰性砂浆面层，坚固耐久、典雅华贵[图2-3-9(i)~(l)]。

（4）文艺复兴风格（Renaissance architecture）：14~17世纪欧洲文艺复兴时期产生的建筑风格，讲究对称性及古典比例与秩序，注重各部分之间的数学关系和单纯恬静的整体效果，立面常采用横向三段式构图，并通过材料、装饰等强调水平线条[图2-3-9(m)~(p)]。

（5）日本分离派：1920年由东京大学建筑系毕业生在日本成立的建筑团体，与维也纳分离派有一定关联，以摆脱历史主义为目标，重视建筑功能与几何形态的有机结合，追求简约的装饰和几何图案。

（6）和洋折中式：19世纪晚期流行于日本的一种建筑风格，是西洋建筑构图及建造方式与日本传统建筑装饰元素的融合，20世纪30年代，发展为在西洋古典建筑上增加日本宫殿式屋顶的帝冠式风格。

（7）德国青年风格派（Jugendstil）：19世纪末20世纪初起源于德国的一场艺术运动，强调师从自然的装饰手段，常以模仿花卉、植物的自然纹样作为建筑装饰元素，多使用曲线、仿木构外露、圆拱等手法，立面细节富于变化。

青岛第一次日占时期代表性建筑风格表 表2-3-1

建筑名称	青岛日本第一寻常高等小学校	横滨正金银行青岛支店	铃木洋行青岛分行	日本青岛劝业场
建筑照片	 图2-3-1	 图2-3-2	 图2-3-3	 图2-3-4
修建时间	1917年	1919年	1921年	1918年
建筑位置	青岛市市北区武定路29号	今青岛市中山路91号（原建筑已不存在）	青岛市市北区馆陶路3号	市场三路、二路、旅顺路、阳谷路之间
建筑师	小山良树、长冈平芷	长野宇平治	不详	三上贞
建筑概述	建筑中轴对称，正立面中部、两翼均有三角形山墙，屋面近檐口处采用山形墙式老虎窗。外墙以花岗岩石雕装饰，屋脊正中有一木制尖顶塔楼	建筑正面中轴对称，采用8根巨大的方形截面花岗石壁柱，柱头仿爱奥尼式，上置三角形山花，屋顶覆以红色牛舌瓦	建筑正立面中轴对称，以8根巨大的爱奥尼式壁柱统领立面，外墙以花岗石砌成	建筑正立面为纵向五段式，中段与两端分别设入口，并于檐口处做三角形山墙；采用钢筋混凝土结构，中央设东方式尖顶，墙面以粗面花岗岩条石装饰
建筑风格	英国都铎式建筑风格	新古典主义风格	新古典主义风格	和洋折中式
建筑名称	青岛日本中学校	青岛普济医院	青岛日本邮便局	青岛病院门诊大楼
建筑照片	 图2-3-5	 图2-3-6	 图2-3-7	 图2-3-8
修建时间	1920年	1919年	1917年	1919年
建筑位置	青岛市市南区鱼山路5号	青岛市市北区胶州路1号	青岛市北区堂邑路5号	青岛市江苏路、沂水路、平原路交叉口
建筑师	不详	三上贞	不详	不详
建筑概述	建筑正立面为纵向五段式，中央以曲线形山形墙作为主入口，山墙后有一四坡顶塔楼，屋顶开设波浪形老虎窗。墙面以条形长窗为主要元素，形成富有节奏感的竖直线条	建筑正立面中轴对称，采用纵向三段式划分，正中做弧线山墙，屋顶中央设一亭塔楼。建筑采用钢筋混凝土结构，墙基以花岗岩蘑菇石砌成，外墙窗户以花岗岩条石装饰	建筑位于街角处，以三座门洞组成入口门廊，女儿墙上有几何图形、卷叶浅浮雕等装饰。建筑外立面通过条石装饰、带窗口强化竖直线条，檐口处有石雕山花	建筑正立面中轴对称，采用纵向三段式布局，以两栋高起的塔楼突出中段，窗户多为细长形，外墙还镶嵌花岗岩石以强调竖向装饰，基座以花岗岩蘑菇石砌筑
建筑风格	"集仿主义"仿德式折中主义	和洋折中式分离派	"集仿主义"分离派	"集仿主义"分离派

图表来源：王瑜婷、陈勐绘制

图 2-3-9 通和洋行代表性建筑风格

2.3.3 青岛取引所艺术价值分析

1. 建筑平面构图

青岛取引所旧址建筑主体部分地上三层,地下一层,塔楼局部高五层。建筑结合东高西低的自然地形,邻馆陶路一侧主体三层,靠近胶济铁路的背面主体为四层。建筑平面通过内走廊形成"田"字形格局,临街建筑沿馆陶路和莱州路呈南北向展开,中部以三段廊道呈东西向连通,形成四个较大的内庭空间,即为原交易所大厅,四周则为一系列小尺度的房间。建筑平面构图基于古典几何比例控制,包括圆形、正方形、相似矩形、黄金分割线等(图2-3-10~图2-3-13)。

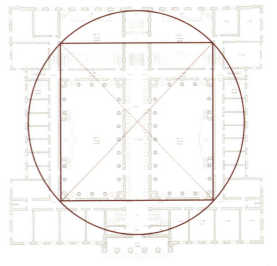

图 2-3-10 建筑平面几何比例分析(圆形与正方形)

2. 建筑立面构图

青岛取引所旧址建筑以东、西立面为临街主要立面，遵循西方新古典主义建筑的中轴对称、几何比例和构图形式。东立面形成纵向五段式构图，以中段的古典建筑门廊和上部的塔楼、穹顶作为视觉焦点，两翼以端部的实墙作为收束。西立面采用横向三段式构图，由基座、墙身和檐部组成，以中央的次入口为视觉焦点。建筑东、西立面通过纵向等分段、黄金分割线、相似等边三角形、相似矩形、圆形、正方形等几何图形控制比例，形成端庄典雅的立面造型（图2-3-14～图2-3-28）。

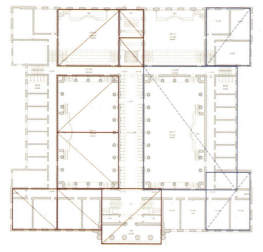

图2-3-11 建筑平面几何比例分析（相似矩形）

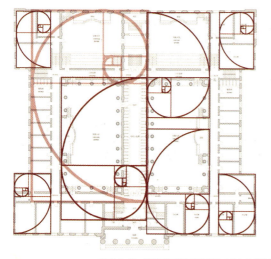

图2-3-12 建筑平面几何比例分析（黄金分割线）

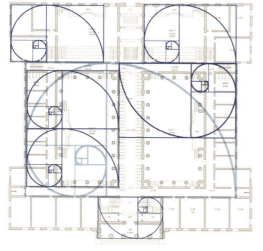

图2-3-13 建筑平面几何比例分析（黄金分割线）

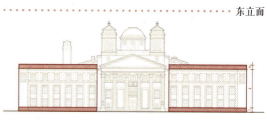

东立面

图2-3-14 东立面两翼横向三段式比例分析

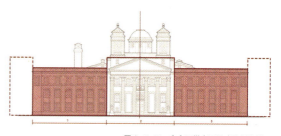

图2-3-15 东立面纵向五段式比例分析一

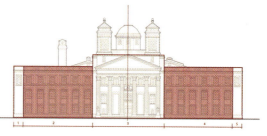

图2-3-16 东立面纵向五段式比例分析二

2.3 风格样式研究

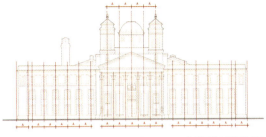

图 2-3-17　东立面纵向等分段分析

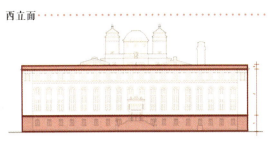

图 2-3-23　西立面横向三段式比例分析

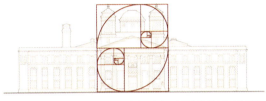

图 2-3-18　东立面中段几何比例分析（黄金分割线）

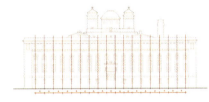

图 2-3-24　西立面纵向等分段分析

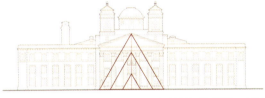

图 2-3-19　东立面中段几何比例分析（相似等边三角形）

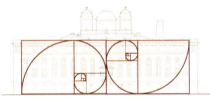

图 2-3-25　西立面几何比例分析（黄金分割线）

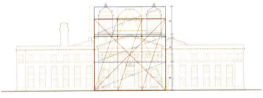

图 2-3-20　东立面中段几何比例分析（正方形与相似矩形）

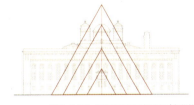

图 2-3-26　西立面几何比例分析（相似等边三角形）

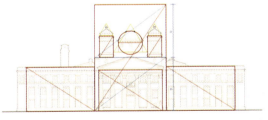

图 2-3-21　东立面几何比例分析（相似矩形）

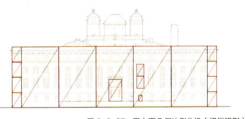

图 2-3-27　西立面几何比例分析（相似矩形）

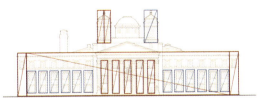

图 2-3-22　东立面几何比例分析（相似矩形）

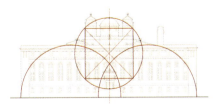

图 2-3-28　西立面几何比例分析（圆形与正方形）

77

3. 建筑细部

青岛取引所旧址建筑装饰丰富且细部精美，多采用新古典主义建筑中常见的浅浮雕装饰手法。装饰细部主要集中于东、西立面，南、北立面因靠近相邻建筑，整体设计趋向简约实用。建筑东立面作为邻馆陶路主立面，整体设计较为考究，由古典式门廊、塔楼和半球形穹顶组成的建筑中段为立面的视觉中心，门廊的古典柱式、柱顶楣构、三角形山形墙等构件均来源于古希腊神庙的形制，具有较高的艺术价值。古典柱式的运用还可见于原东北侧、东南侧交易大厅内，营造出了壮丽的室内空间。此外，建筑檐口、腰线、门窗以及其他一些细部均进行了装饰设计，主题以植物和几何形态为主，塑造出精致、典雅的建筑细部（表2-3-2）。

建筑细部特征及艺术价值分析表　　　　　　　表2-3-2

类别	细部特征	对应照片	所在位置
屋顶	建筑东立面中段上部由两座塔楼和半球形穹顶形成组合型体量，以高耸的形象统筹水平向展开的东立面形体。方形塔楼采用重檐四坡顶形式，穹顶底座为八边形，结构肋隐藏在内部，其形制应来源于古罗马穹顶母题的演变形式		
门廊	建筑东立面主入口为6根科林斯巨柱组成的古典六柱式门廊（hexastyle），形成视觉焦点，这也是新古典主义建筑的常见语汇。门廊为梁柱结构，由柱顶楣构、巨柱、柱基平台三部分组成，巨柱贯穿建筑三层，柱间距采用正柱式（eustyle），即2¼圆柱底层直径。巨柱式门廊的运用使东立面突破水平向延展趋势，塑造出了高大雄伟的立面形象		
楣构山墙	建筑东立面巨柱上部为古希腊神庙式的柱顶楣构和三角形山形墙，柱顶楣构自上而下由水平飞檐、横饰带、楣梁三部分组成，符合古希腊神庙建筑的组合方式，但三陇板与陇间壁、束带饰、滴珠饰等均作了不同程度的简化和变异，斜檐底则排布方形齿饰		
柱子	建筑东立面主入口采用科林斯柱式，其柱高与柱径比为9:1。科林斯柱式出现于公元前5世纪，由莨苕叶饰、卷叶茎饰和螺旋饰组成铃状柱头。装饰纹样呈环绕状排布，如同花篮般层叠生长，从各个角度均可观赏	 	
柱子	建筑室内原东北侧、东南侧交易大厅四周仿效多立克柱式，但较之古典建筑中的比例更为修长。多立克柱式出现于公元前7世纪，形态朴实无华但粗壮刚劲，柱顶为倒圆锥台，上置方形顶板，柱身排布凹槽，收分和卷杀较为明显。古希腊多立克柱式一般没有柱础，取引所旧址大厅内的多立克柱式均仿古罗马样式	 	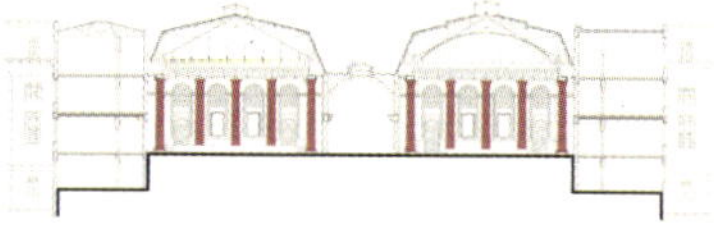
	建筑东、西立面的三层窗间墙设一对装饰性的方形壁柱，既强化了横向三段式中上段部分的阴影效果，也增加了建筑立面的凹凸变化，形成丰富的立面造型		

续表

类别	细部特征	对应照片	所在位置
檐口	建筑檐口处为波浪形线脚装饰，是西方古典建筑中常见的线脚语汇，断面曲线采用凹弧线和凸弧线的结合，下部为多层叠涩做法。线脚底部为方形齿饰，该装饰手法在门楣下、山花下也有应用		
腰线	建筑二三层之间的腰线采用回形纹饰带装饰，常见于西方古典建筑的装饰中，是一种通过围绕正方形中心曲折迂回的线条所形成的几何中心对称性装饰图案。对应上一层的方形壁柱，回纹饰带下部有方形托板和滴珠饰		
门窗	建筑东、西立面大门整体为矩形，采用双开门，上部有亮子和高侧窗。大门为木板门，通过直线、对角线进行分格，门扇下部挡板有米字形装饰。大门两侧有方形壁柱，分柱头、柱身和柱础，柱身上有凹槽，门框上有植物纹样装饰，细节设计精美		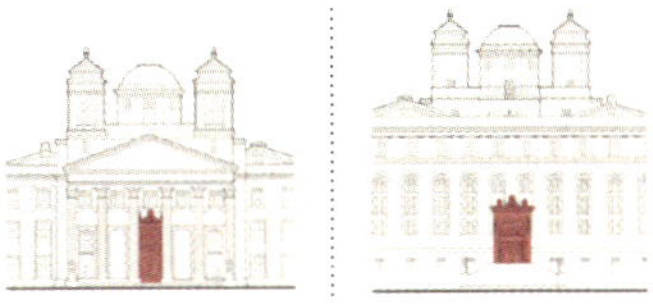
	建筑立面开窗形式对应内部功能空间，东立面主要采用小尺度的矩形开窗，西立面呼应内部原交易大厅，采用由一层至三层通长的竖向半圆拱窗，形成富有秩序和节奏的整体性立面。部分窗户在窗套处以水泥砂浆仿制砖石砌平拱过梁、叠涩、线脚等构造，丰富了装饰细节		
	建筑外立面及室内部分门窗玻璃采用菱形分格，内嵌彩色玻璃，丰富了外观及室内空间效果		
其他装饰纹样	建筑外立面装饰细部多采用浅浮雕，以植物纹饰为主，例如主入口、次入口大门门框顶部的植物纹饰、塔楼檐口处的花瓣状纹饰等，装饰细节精美。建筑临街面塔楼及穹顶部分装饰细节较为丰富，例如腰线处设置海浪形纹饰，四层女儿墙做米字形装饰等。建筑室内外还多次采用几何形态作为装饰要素，例如原东北侧、东南侧交易大厅侧墙上部的圆形装饰，交易大厅梁及塔楼顶部仿古希腊神庙式的三陇板与陇间壁圆形浅浮雕装饰等		

表格来源：王瑜婷、陈勘绘制

2.4 建筑结构研究

2.4.1 建筑结构概况

青岛取引所旧址建筑采用混合结构体系，以红砖墙体、砖柱作为竖向结构，以钢筋混凝土梁与混凝土楼板作为横向结构，以西式木桁架组成大厅屋顶结构，从而发挥出红砖的抗压性能及钢筋混凝土、木材的良好抗弯性能，是20世纪初期中国近代建筑较为常见的结构体系（图2-4-1）。

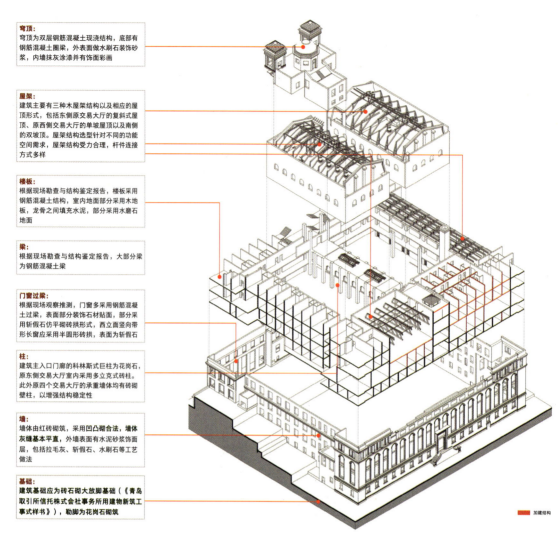

图 2-4-1　建筑结构体系分析

2.4.2　木屋架

西式木屋架是中国近代建筑中常见的屋顶结构形式，青岛取引所旧址屋顶结构主要包括三种类型，即东侧原交易大厅的复斜式屋顶桁架（Gambrel Roof Truss）、西侧原交易大厅的平行弦桁架（也称为梁桁架，Parallel Chord Truss）以及南侧的三角形木桁架。建筑木屋架结构类型具有典型性，类型多样且设计精湛，并与建筑内部功能空间、外部造型相对应，具有较高的科学价值，是青岛取引所旧址的重要保护部位。

1. 东侧原交易大厅复斜式屋顶桁架

青岛取引所旧址东北侧、东南侧两个原交易大厅是建筑内的核心空间，采用两端为山墙的对称式双折两坡屋顶，上部坡缓而下部坡陡。与屋顶形式和内部空间相适应，大厅采用西式复斜式屋顶桁架，室内吊顶空间顺应桁架形态呈圆弧形。该桁架类型也是1910年工程师张瑛绪所著《建筑新法》中概括的8种西式木屋架之一，称之为"内部屋顶见圆形之柁架"。该类型复斜式屋顶桁架不仅具备坡屋顶在排水、塑形等方面的优点，而且获得了较大的室内空间跨度与高度，从而营造出宏伟壮观的交易空间。

原交易大厅的复斜式屋顶桁架在结构与空间的对应关系方面具有代表性，本节通过与西式复斜式屋顶桁架一般做法的对比、屋架结构与功能空间关系等方面的分析，阐释其特征。

1）与西式复斜式屋顶桁架一般做法的对比

复斜式屋顶也称为折面屋顶，是西方传统建筑中的屋顶形式，一般采用双折的两坡顶，两面排水，斜坡被折线分成上下两种坡度，下节坡度较上节坡度更陡一些。法国孟莎式屋顶（Mansard Roof）是复折屋顶的衍生形式，采用四面双折坡屋顶，下节坡往往会开设老虎窗，人视点仅能看到下节坡。

复斜式屋架结构适应屋顶折面造型，一般分两类。第一类屋架分上下两部分，上节屋架采用基本的单立柱三角形桁架（King-post Truss），下节屋架通过屋面转折处的腹杆作为支撑，形成两端的三角形受力体系，中间的空间往往作为阁楼层。另一类屋架不设屋面转折处的竖杆，通过斜撑连接上下节，室内顺应屋架转折造型采用筒形吊顶，从而获得最大化的室内空间净高（图2-4-2）。

青岛取引所旧址原交易大厅的复斜式屋顶桁架与第一类做法相似，但也有所不同，体现在结构整体特征、与支撑结构的关系、结构高跨比、内部空间尺度等方面。原交易大厅的坡屋面比一般的复斜式屋顶平缓，屋架以折面上、下节上弦杆及斜撑组成左右对称的三角形稳定结构，以中间的下弦杆连接。坡屋面转折处设置竖向腹杆，从而在端部形成直角三角形稳定结构，将荷载传递至墙体和柱廊上，提升了屋架的整体稳定性。这种形式不仅创造出较低的结构层高度并降低了屋架自身的荷载，还获得了较大的内部空间跨度，使建筑室内增加了柱廊的

空间层次，墙体、柱廊之间的上部空间可作为空调、通风等隐蔽的服务性空间，保证大厅空间的完整和美观（表2-4-1）。

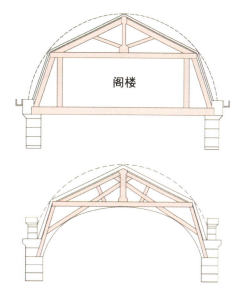

图2-4-2 西式复斜式屋顶桁架一般做法

东侧原交易大厅屋架与西式复斜式屋顶桁架一般做法的对比　　　　　表2-4-1

	结构整体特征	与支撑结构的关系	结构高跨比	内部空间尺度
西式复斜式屋顶桁架的一般做法	屋架下弦杆位于屋面转折处，上部形成一个基本的单立柱三角形桁架，通过斜撑拉结下节的上弦杆，再将荷载传递至墙体	屋架受力点集中在两边端部，两侧受力点各一处，由墙体承担荷载	屋架结构高跨比约为1:1	内部空间跨度一般不大于12m
青岛取引所旧址东侧原交易大厅复斜式屋顶桁架	屋架结构整体低于一般式做法，两侧上节、下节的上弦杆与斜撑组成稳定的三角形受力体系，通过上节屋面的下弦杆相连接，下弦杆上部立短杆，使屋面局部抬升作为通风口。屋架中还有多根腹杆，以增强整体的稳定性	在屋面转折处增加竖向腹杆，从而在两端底部形成直角三角形稳定结构，使屋架一侧的受力点变为两处，一处传递到墙体上，另一处由内部空间的柱廊承担，抵抗部分侧推力，从而增强结构的整体稳定性	屋架高跨比约为1:2	内部空间跨度约为18.7m

表格来源：陈勍、刘玉洁绘制

2）屋架结构与功能空间的关系

青岛取引所旧址东北侧、东南侧原交易大厅是整栋建筑的核心空间，作为证券交易所使用。原交易大厅室内空间宽度约为18.7m，长约33.6m，拱顶处室内净高约12m，拱脚高约8.8m，合两层层高，从而使二层环廊与大厅空间发生视线交流。在建筑承重结构高度已定，又要尽可能降低屋架自身高度和荷载的情况下，复斜式屋架是实现空间跨度的有效手段。

两处交易大厅的吊顶在初建时期均采用弧线形筒拱，现状原东北侧交易大厅保留了原有做法，通过中央的吊筋与木龙骨固定在木屋架上，使吊顶弧线与斜撑相切。扁形筒拱的设计是综合考量建筑结构和空间尺度的结果，由于交易大厅的跨度较大，若采用古典建筑中的半圆形筒拱吊顶，不仅施工难度较大，也会使空间过于高耸，不符合人体尺度。筒拱的使用还强调了空间的纵深性，结合两侧的古典柱廊，形成了富有古典意蕴的室内空间（图2-4-3）。

有建筑的历史价值，也不利于礼堂这一新植入功能的声环境设计，在修缮中应考虑复原（图2-4-4）。

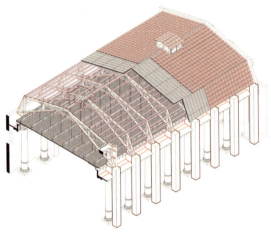

图2-4-4　东南侧原交易大厅屋架模型

2. 西侧原交易大厅平行弦桁架

位于建筑西侧的两个原交易大厅面积较小，采用平行弦屋架，共四榀，每榀桁架间距约为3.6m，跨度约为16.5m，高约2.1m，高跨比约为8∶1，承接桁架处对应8根砖砌壁柱。每榀桁架由上弦杆、下弦杆、斜撑和腹杆组成，除腹杆采用钢杆外，均为木杆件。斜撑倾斜角度自两侧向中间逐渐变大，与上、下弦杆之间采用齿连接和扒钉连接。上弦杆顶部承接若干长短不一的短柱，其上再架檩条，形成西高东低的单坡屋面，利于屋面排水。此外，为增强屋架的整体稳定性，每榀桁架的上弦杆上缘处还安装了三根纵向拉结杆，采用半榫连接，但构造简约，较易脱落（图2-4-5）。

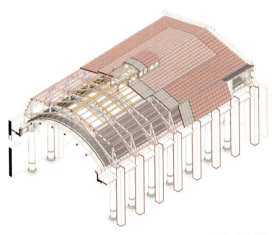

图2-4-3　东北侧原交易大厅屋架模型

复斜式屋顶、筒拱式吊顶和两侧柱廊实现了建筑结构与功能空间的统一性，以实用性的结构手段塑造出了富有古典内涵的对称式空间。对于青岛取引所旧址这一近代化的金融机构而言，原证券交易大厅既是资本化的公共空间，也是日本当局仿效西方并标榜现代文明的手段，具有重要的象征意义。

原东南侧交易大厅后期改造为礼堂，室内加建了二层楼座，原有屋架结构保留，但吊顶改造为平顶，以钢筋作为吊筋，利用螺栓与屋架杆件连接。吊顶主龙骨、主龙骨吊挂件、次龙骨、间距龙骨等均采用方木，并在面层板材上预留8个通风口。改造后的吊顶不仅与屋架结构形态相冲突，改变了原有结构、构造与内部功能空间的一致性，破坏了原

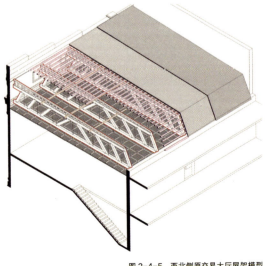

图2-4-5　西北侧原交易大厅屋架模型

3. 南侧三角形木桁架

建筑南侧屋顶采用三角形木桁架，覆盖房间单元与走廊，其形制与六节间豪式木屋架相似。屋架共 11 榀，每榀桁架间距约为 3.6m，跨度约为 8.8m，高度约 1.65m，节间距为 1.5m。一般而言，豪式木屋架的跨度小于 18m，芬克式屋架跨度为 6～9m，因此该三角屋架形制满足标准三角形屋架的基本要求。每榀桁架由上弦杆、下弦杆、斜撑和腹杆组成，均为木杆件，除腹杆为两根方木外，其余均为单根方木。斜撑与上、下弦杆间呈齿连接，腹杆通过螺栓固定在上下弦杆两侧。上弦杆上部置檩条及屋面构造层，每榀桁架下弦杆上、下缘还增加了双层纵向拉结杆，以保证屋架结构的整体稳定性（图 2-4-6）。

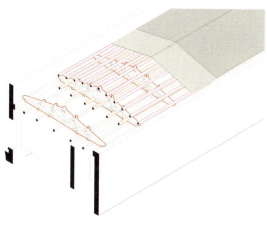

图 2-4-6　南侧三角形屋架模型

4. 木屋架构造节点（图 2-4-7，表 2-4-2）

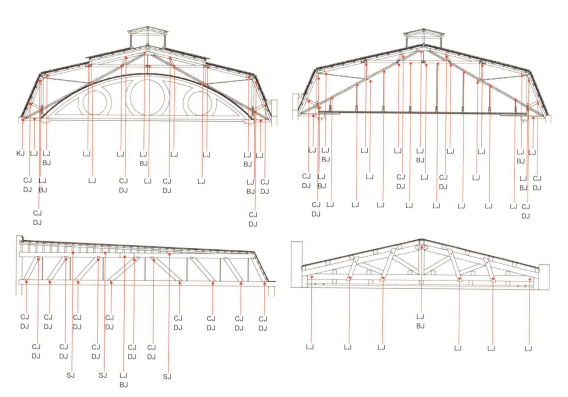

图 2-4-7　屋架节点标号图

木屋架构件连接方式　　　　　　表 2-4-2

连接方式	对应节点	构造做法	实景照片	具体形式
榫卯连接（SJ）		一根料木在连接处制作凸出的木榫，另一根料木凿入相应尺寸的木卯，将木榫插入木卯完成连接		榫卯连接可见于平行弦桁架，上弦杆与纵向拉结杆之间为半榫连接

83

续表

连接方式	对应节点	构造做法	实景照片	具体形式
齿连接（CJ）	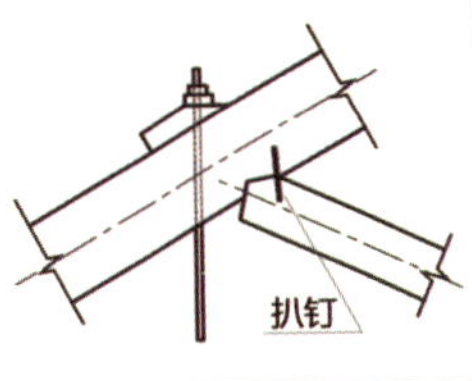 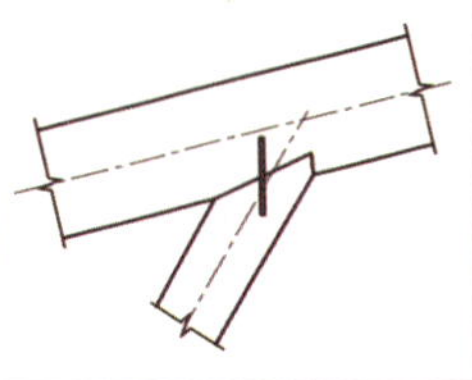	在受压杆料木端部制作成与杆轴垂直的齿榫，另一料木相应位置剔出齿槽，通过齿与齿槽接触处的抵面来传递压力，一般分为单齿连接和双齿连接，用于多杆相交时受压杆的受力节点处	 	齿连接主要见于斜撑与上弦杆交接处，多采用单齿连接，齿槽深度较浅，并有扒钉辅助固定，使节点更加牢固。复斜式屋顶桁架转折处局部采用双齿连接
齿板连接（BJ）	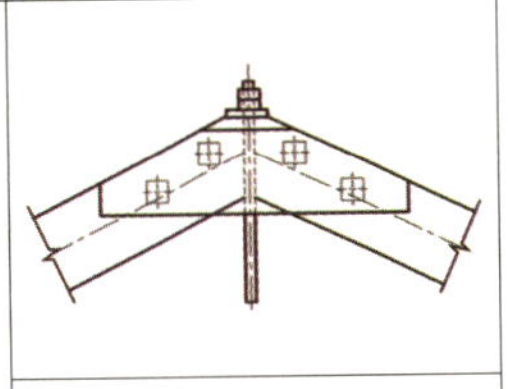 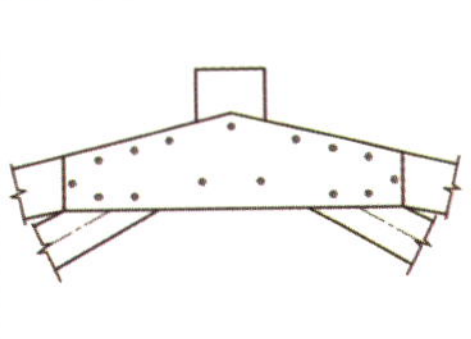	齿板一般由镀锌薄钢板冲压成型，具有很多与钢板垂直的齿尖，在构件连接处两面成对布置，多用于由规格料木组成的桁架节点或受拉杆件的接长	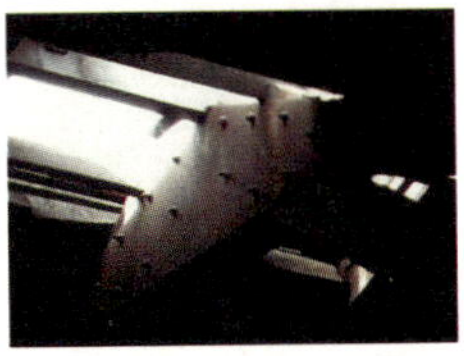 	齿板连接可见于复斜式屋顶桁架上节、下节上弦杆对接处，料木之间采用抵连接。平行弦桁架上弦杆亦有齿板连接节点，主要起构造作用
螺栓连接（LJ）	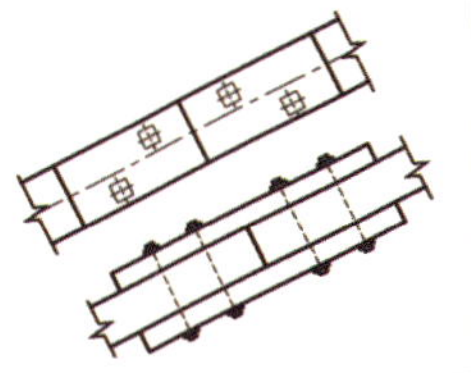 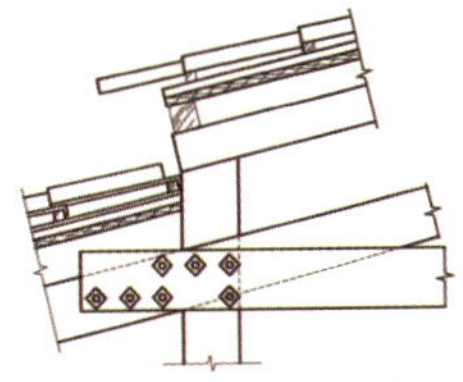	常见于木结构与木构造中，可单独使用或借助钢板连接件使用，既可用于构造连接，也可用于结构连接，排列方式有齐列、错列等形式	 	用于构造连接的螺栓有复斜式屋顶桁架下弦杆等；用于结构连接的螺栓有南侧三角形屋架上弦杆、腹杆与下弦杆连接处等
钉连接（DJ）	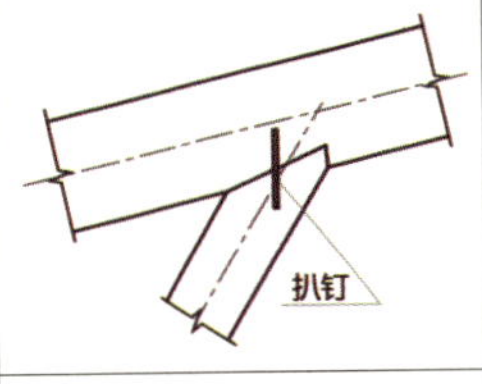	广泛应用于构造连接，多采用圆钢钉、扒钉等		屋架中主要使用扒钉连接，例如平行弦桁架上弦杆与腹杆连接处
捆绑连接（KJ）	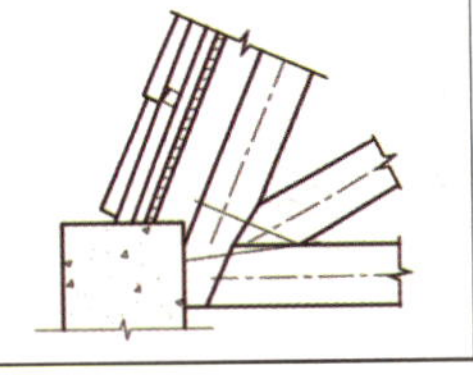	主要应用于木料、竹材等，连接用材有麻绳、尼龙绳、镀锌铁丝、金属丝编织扁索及藤条或竹篾等		捆绑连接见于复斜式屋顶桁架下节上弦杆与斜撑的连接处，起固定节点的辅助作用

表格来源：刘玉洁、陈劬绘制　　参考：冯铭编著.木结构与木构造在建筑中的应用[M].南京：东南大学出版社，2015.

2.4.3 材料（表2-4-3）

建筑材料对照表　　　　　　　　　　　　　　　　表2-4-3

材料名称	位置	代表照片	材料介绍	材料名称	位置	代表照片	材料介绍
砖	墙体结构	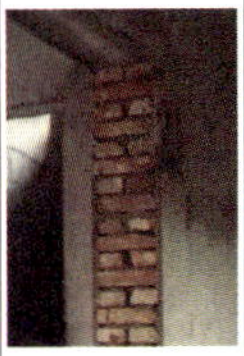 	墙体由红砖砌筑，根据《青岛取引所信托株式会社事务所用建物新筑工事式样书》记载，红砖来自天津制陶厂	拉毛灰	外墙面		拉毛灰是一种外墙面的装饰性砂浆，在抹灰面层上拉成无数的毛头，具有一定的质感和装饰性。拉毛灰工艺主要见于取引所旧址四层、五层建筑外墙处
钢筋混凝土	楼板梁门窗过梁	 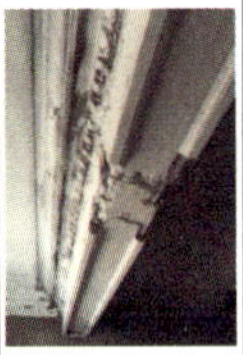	混凝土在当时较为稀少，主要用于大型公共建筑。根据建筑历史图纸和现场勘查，梁和楼板应采用钢筋混凝土建造	水刷石	窗台	 	水刷石指以水泥、小石子和石屑掺加颜料作为原料，搅拌施工而成的装饰性饰面，是石粒类立面材料饰面的传统做法，色泽美观，饰面坚固耐久，主要用于取引所旧址东立面窗台等部位
木材	屋架门窗楼地面	 	木材是近现代西方和中国的重要建筑材料，在取引所旧址中，用于屋架结构、门窗和楼地面等位置	斩假石	外墙面	 	斩假石又称剁斧石，在水泥基层上涂抹以水泥、白石屑和水拌合而成的水泥石碴浆，待硬化后用剁斧、凿子等工具剁制如石纹的装饰饰面，是取引所旧址外立面的主要材料
水泥砂浆	线脚灰缝	 	水泥砂浆是近代建筑中常见的装饰材料和砌体粘合剂，取引所旧址中，立面线脚与花饰多采用水泥砂浆预制，红砖墙体亦采用水泥砂浆砌筑	水磨石	室内地面	 	水磨石常用于室内地面，将碎石、玻璃、石英石等骨料拌入水泥粘结剂制成混凝土制品，然后经表面研磨、抛光而成，外表光滑美观，可制成各种图案，用于取引所旧址走廊等室内地面
油漆涂料	内墙裙外墙面栏杆	 	油漆涂料主要用于室内外装修，室内墙裙采用真石漆涂料，为后期装修改造时涂刷，东立面外墙面油漆涂料为后期添加	花岗石	勒脚科林斯柱	 	花岗石是一种建筑常用石材，因青岛地区为火成岩区，石材产量丰富，质感优美，为青岛近代建筑提供了丰富的天然石材。取引所旧址中，花岗石主要用于勒脚和主入口科林斯巨柱

材料名称	位置	代表照片	材料介绍	材料名称	位置	代表照片	材料介绍
黏土瓦	屋面		屋面采用红色黏土机平瓦，瓦面上有"胶州市毛家庄砖瓦二厂"印字，推测为后期修缮时所替换	条石	台阶		条石一般由致密的砂石、石灰石、花岗石等经机械加工而成，取引所旧址中主要用于室外台阶
彩色玻璃	门窗		彩色玻璃应为单层玻璃，采用几何形态构图，色彩丰富，使用玻璃着色剂着色，体现了较高的玻璃切割和镶嵌工艺水平	金属	门窗五金加固构件排水设施采光井楼梯栏杆附加物		金属主要用于建筑内的一些构件，例如门窗五金件、木屋架后期加固的杆件、栏杆、排水管道等，此外，室内装修中也常常采用金属构件，例如吊灯、门把手等
单色玻璃	新换门窗天窗		部分门窗采用铝合金门窗，多为后期改造时替换	塑料	设备管线老虎窗通风口		塑料多用于建筑后期加建、修缮的部分，例如设备管线、老虎窗百叶等

表格来源：刘玉洁、陈劭绘制

2.5 周边环境调研

2.5.1 调研范围

青岛取引所旧址位于青岛市市北区馆陶路22号，周边城市环境复杂，调研以取引所旧址为中心划定了1000m和500m两级调研范围（图2-5-1）。第一级以1000m为辐射半径（图2-5-2），作为步行可达的最大化范围，通过田野调查，考察周边交通通达度、道路层级、公共交通可达性、建筑肌理等信息，并结合相关上位规划探讨该区域发展走向。第二级以500m为半径（图2-5-3），作为取引所旧址周边日常活动范围，并以建筑周边街区作为重点调研区域，开展各时段周边道路车行、人行流量统计以及建筑肌理与高度、建筑功能业态、日常行为活动等方面的调研。

此外，青岛取引所旧址所处的馆陶路历史文化街区是青岛近代港口贸易发展最早的区域之一，最初作为中山路商业区北延的商业中心和日本侨民聚居区，后发展为以日本银行企业为主的外国金融商贸中心。该街区内尚保留有众多近代建筑遗产，形成了特征鲜明、极具特色的城市肌理和历史风貌。因此在调研中，街区肌理、街道建筑风貌也是重要的考察方面。

图 2-5-1 调研范围示意图

2.5 周边环境调研

图 2-5-2 青岛取引所旧址周边 1000m 半径范围航片图

图 2-5-4 青岛取引所旧址 1000m 半径范围内道路层级

图 2-5-3 青岛取引所旧址周边 500m 半径范围航片图

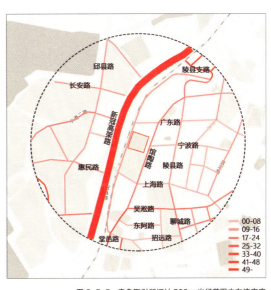

图 2-5-5 青岛取引所旧址 500m 半径范围内车流密度

2.5.2 交通与人群活动

1. 路网及车流密度

青岛取引所旧址位于新、老城区之间，周边道路环境复杂。在 1000m 范围内，包括了城市快速路、主干路、次干路、支路等道路层级，建筑北侧和南侧分别为长途汽车站和馆陶路公交站，是周围比较重要的交通节点（图 2-5-4）。在 500m 范围内，通过每分钟穿行车辆数据统计可知，建筑西侧新冠高架路车流密度较大，馆陶路也是建筑附近车辆密度比较大的一条道路，在后期修缮改造中要重点考虑馆陶路对取引所功能布局的影响（图 2-5-5）。

2. 基地四周人车流量

青岛取引所旧址基地周边有 5 条城市道路，包括基地东侧的馆陶路、西侧的莱州路、北侧的广东路、南侧的上海路以及正对建筑主入口的宁波路，其中馆陶路、莱州路为单行线。通过对各时段车行与人行流量统计可知，馆陶路人、车流量最大，且在傍晚下班时间会达到高峰，人们多经馆陶路自南向北经过建筑主入口。莱州路人、车流量次之，其他道路的人、车流量均较小，宁波路甚至极少有车辆和行人经过（图 2-5-6 ~ 图 2-5-8，表 2-5-1 ~ 表 2-5-4）。

2 青岛取引所旧址现状研究

图 2-5-6 青岛取引所旧址周边道路

青岛取引所旧址周边道路车行流量统计					表 2-5-1	
	馆陶路	宁波路	广东路	莱州路	上海路
08:00-08:15	26	1	12	24	17
10:00-10:15	48	2	9	16	15
12:00-12:15	51	6	15	24	18
15:00-15:15	36	9	7	11	16
17:00-17:15	80	8	16	50	29
21:00-21:15	32	2	5	19	18

表格来源：李进绘

青岛取引所旧址周边道路人行流量统计					表 2-5-2	
	馆陶路	宁波路	广东路	莱州路	上海路
08:00-08:15	54	8	25	20	14
10:00-10:15	14	7	13	12	10
12:00-12:15	32	12	21	18	16
15:00-15:15	30	11	18	15	12
17:00-17:15	34	13	23	2	15
21:00-21:15	12	6	9	3	5

表格来源：李进绘

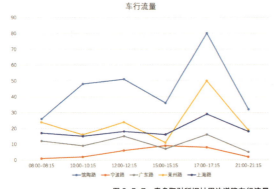

图 2-5-7 青岛取引所旧址周边道路车行流量

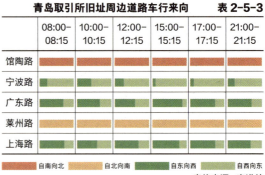

青岛取引所旧址周边道路车行来向						表 2-5-3
	08:00-08:15	10:00-10:15	12:00-12:15	15:00-15:15	17:00-17:15	21:00-21:15
馆陶路						
宁波路						
广东路						
莱州路						
上海路						

自南向北　自北向南　自东向西　自西向东

表格来源：李进绘

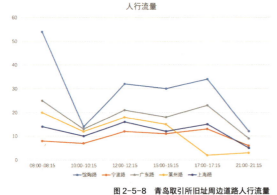

图 2-5-8 青岛取引所旧址周边道路人行流量

青岛取引所旧址周边道路人行来向						表 2-5-4
	08:00-08:15	10:00-10:15	12:00-12:15	15:00-15:15	17:00-17:15	21:00-21:15
馆陶路						
宁波路						
广东路						
莱州路						
上海路						

自南向北　自北向南　自东向西　自西向东

表格来源：李进绘

3. 基地周边人群活动

馆陶路街区往来行人、车辆较少，现状居住人口密度较小，居民以老年人为主。街区体现出一种较为宁静的生活氛围。通过现状调研发现，街区内人群活动大致分为休闲活动、商业活动、游览参观三类（图2-5-9、图2-5-10）。

休闲活动主要包括闲坐、打牌、健身等。人行道上有较多长椅，冬日里有老人晒太阳、聊天，附近居民还会聚集在街角打牌、娱乐，形成一个个小型社交节点，是一种街区活力的体现。取引所旧址东部有一处面积不大的活动场地，有简单的健身器械，附近居民常在清晨、傍晚聚集在这里活动。

图2-5-9 馆陶路街区人群活动分析

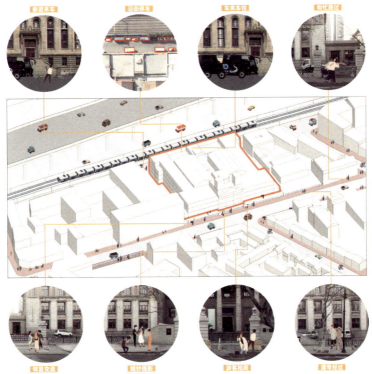

图2-5-10 青岛取引所旧址周边人群活动分析

商业活动主要包括购物、买菜等。因许多里院式建筑被征收,尚未完成修缮改造,街区内商业设施较少。东南部有一处简易的小市场,主要供周边居民购买果蔬食品。

游览参观活动以游客为主体,多在街道上驻足拍照。因街区历史建筑风貌保存较好,常有人拍摄婚纱及写真照。

总体而言,馆陶路街区人口密度较低,办公、商业、旅游等业态不足,街区缺乏足够的活力。以青岛取引所旧址为代表的诸多历史性建筑未能得到较好利用,无法使游客长时间驻留。

2.5.3 周边建筑与业态

1. 周边建筑肌理及高度

青岛取引所旧址东、西两侧呈现出不同的建筑肌理与风貌。取引所旧址东侧地势较高,现存建筑多为德占、日占时期所建的里院式住宅和商住混合式建筑,一般为3层以下的坡屋顶房屋,采用院落式布局,呈低层多密度布局态势,历史风貌保存较好。而胶济铁路与新冠高架路以西基本为现、当代所建的房屋,以高层住宅为主,建筑高度高、容积率大,基本遮挡住海面,呈现出现代化的城市肌理与风貌(图 2-5-11)。

2. 周边建筑业态

青岛取引所旧址周边建筑功能业态较为丰富,胶济铁路东侧以低层住宅、商住混合建筑为主,包括餐饮、旅馆等消费业态,并有小学、中学、中专等学校,成为配套设施较为完善的居住社区。胶济铁路西侧以高层住宅、公寓为主,并分布有大量商业设施,呈现出不同的功能业态特征(图 2-5-12)。

图 2-5-11 青岛取引所旧址周边建筑肌理与高度

图 2-5-12 青岛取引所旧址周边建筑功能与业态

3. 沿街立面（图 2-5-13）

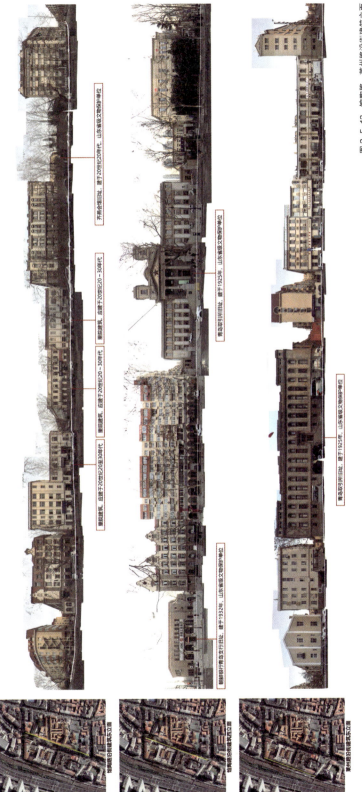

图 2-5-13　馆陶路、莱州路沿街建筑立面

2.5.4 上位规划与发展前景

1. 历史城区

青岛是国家历史文化名城，具有"山海相依、岛城一体"的空间环境格局和大量近现代建筑文化遗产。《青岛历史文化名城保护规划（2011-2020）》确立了南部滨海区域、胶州湾东岸区域、中山路—馆陶路—辽宁路商业发展轴三片重点保护区域以及依山傍海连续分布的13块历史文化街区，并基于"小单元、渐进式"的保护更新模式，制定分类保护与更新措施，划分高度控制区以及控制新建、改建活动（图2-5-14）。

图2-5-14 青岛历史文化街区分布图

2. 历史街区

馆陶路街区位于青岛市市北区，属三大重点保护区域中的"中山路—馆陶路—辽宁路商业发展轴"。根据《青岛历史文化名城保护规划（2011-2020）》，馆陶路历史文化街区核心保护范围西至莱州路、堂邑路，北至莱州路，东至陵县路、招远路、旅顺路，南抵市场一路、市场二路、吴淞路，总面积约为17.3hm²。保护对象包括以馆陶路为中轴的道路格局，馆陶路、宁波路、陵县路3条历史风貌道路的建筑界面连续性、贴线率、视廊与对景等，以及片区内的10处文物保护单位、2处历史建筑和71处传统风貌建筑。

在2018年9月的《青岛市北区历史文化片区控制性详细规划》中，馆陶路街区整体功能定位为集金融商贸、特色旅游、影视文化、休闲娱乐为一体的综合性商业街区，拟通过产业植入、片区活化、环境整治等方式提升历史街区的活力（图2-5-15）。通过对比各类型用地现状面积与控制性详细规划面积可知（图2-5-16），一类住宅用地、二类住宅用地和工业用地均有所减少，而居住商业混合用地、商业用地、文化设施用地、中小学用地、体育用地和公园绿地则有所增加。由此可知，该历史街区未来将增强商业功能的发展，同时与社区生活相关的基础设施建设也将进一步完善。

3. 建筑单体

青岛取引所旧址是馆陶路历史文化街区内最重要的建筑遗产，《青岛历史文化名城保护规划（2011-2020）》提出应当"积极保护、合理利用青岛取引所旧址，将其改造为展览展示、文艺演出场馆等公共服务设施"。在2017年1月的《馆陶路、上海路—武定路历史文化街区保护规划》中，该建筑属商业性质的"旅馆用地"（图2-5-17）。在2018年9月的《青岛市北区历史文化片区控制性详细规划》中，该用地性质为"图书展览用地"。因此，在取引所旧址的再利用环节中，其功能定位可趋向于商业与文化的复合类型，提高文物建筑的使用效率。

2.5 周边环境调研

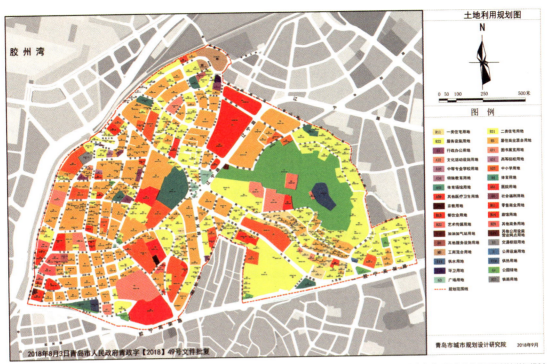

图 2-5-15 青岛市北区历史文化片区控制性详细规划

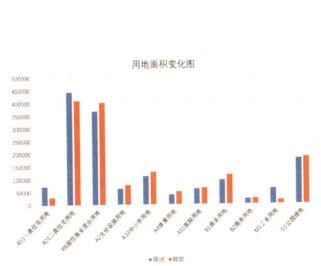

图 2-5-16 青岛市北区历史文化片区现状用地与规划用地面积对比图

图 2-5-17 青岛馆陶路历史文化街区保护规划

3 青岛取引所旧址价值评估

3.1 历史价值（表 3-1-1）

青岛取引所旧址历史价值评估表　　　　表 3-1-1

评估结果		具体阐释
青岛取引所旧址见证了近代青岛城市的变迁及馆陶路街区的发展	第一次日占时期（1914～1922年）	第一次世界大战爆发后，日本出兵占领青岛，为控制山东商品交易市场并掠夺资源，1920年在馆陶路创办青岛取引所，街区逐步成为中山路商业区北延的商业中心和日本侨民聚集区
	北洋政府及南京国民政府时期（1922～1937年）	1925年，青岛取引所新大楼建成开业，1931年"九一八事变"爆发前夕，东北各地取引所全数停办，而青岛取引所交易额却增加数倍，1933年随着中国商人创办的青岛市物品证券交易所股份有限公司成立，青岛取引所经营情况急剧下降，抗日战争全面爆发后，取引所停业。馆陶路街区进一步发展建设，逐步发展为以日本银行为主的外国金融商贸区
	第二次日占时期（1937～1945年）	全面抗战爆发后，日本第二次占领青岛，青岛取引所短暂复业并完成加改建，抗战胜利前夕再次停业
	国民政府时期（1945～1949年）	抗战胜利后，国民政府接管青岛取引所，先后作为国民党青岛警备司令部驻地、青岛第十一绥靖区基地驻地等
	中华人民共和国成立后（1949年～）	1949年中国人民解放军解放青岛后，青岛取引所旧址先后作为青岛海军基地筹备委员会、青岛海军基地俱乐部、海军政干校、北海舰队政治部军人俱乐部等
	结论	近百年时间里，青岛取引所旧址几经产权更迭，可谓历经沧桑，不仅见证了馆陶路街区的兴衰，也是近代青岛城市社会发展的缩影
青岛取引所旧址留下了近代以来众多历史人物的足迹	1949年之前	安藤荣次郎：日本商人，曾任青岛取引所（证券交易所）理事长、青岛兴产株式会社社长
		叶春墀：商人，与其父经营航运业，开办裕泰船行，曾任青岛取引所华人理事，著有《青岛概要》
		丁治磐：国民政府陆军中将，1945年12月国民政府军事委员会设立青岛警备司令部，由第二绥靖区副司令丁治磐任司令，司令部设在青岛取引所旧址
		刘安祺：国民政府陆军上将，1948年1月青岛警备司令部扩编为第十一绥靖区，同年7月刘安祺抵青接任第十一绥靖区司令兼行政长官
	1949年之后	肖劲光：中国人民解放军大将，1950年5月海军司令员肖劲光将青岛警备司令部改为海军青岛基地筹备委员会，设于青岛取引所旧址
		赵一萍：中国人民解放军少将，1950年5月原青岛警备司令赵一萍任海军青岛基地筹委会主任，办公地点位于青岛取引所旧址
青岛取引所旧址既见证了近代日本对华的经济侵略与扩张，也见证了民族工商业者的斗争与反抗	历史见证作用	日本在华取引所作为控制中国各地市场的经济制度，为日本商人的利益服务，是近代时期日本对华经济扩张和经济侵略的组成部分。"九一八事变"之后，青岛民族工商业者维护商权、抵制日商，不再在青岛取引所交易，并于1933年成立青岛市物品证券交易所股份有限公司。青岛取引所旧址见证了民族工商业者反抗外侮的历史
	历史稀缺性	青岛取引所旧址是为数不多的在日本经济对外扩张期建立并经营了较长时间，至今仍然保存较好的金融类建筑
青岛取引所旧址的组织模式、交易类型以及与之相适应的建筑空间具有历史典型性	组织机构的典型性	以青岛取引所为代表的日本在华取引所多数采用股份制，其组织形式以及与之相适应的建筑空间均具有典型性
	交易类型的代表性	青岛取引所是兼营物产交易和证券交易的大型交易所，这种物、券兼营的经营模式以及与之相适应的建筑空间格局具有历史典型性
青岛取引所旧址的设计者英资通和洋行是近代在中国执业的著名外国建筑师事务所		英资通和洋行（Atkinson & Dallas Architects and Civil Engineers Ltd.）是近代在中国执业的著名外国建筑师事务所，总部位于上海，在汉口、北京、南京、天津等地均设有分支机构，其作品分布地域较广且类型众多，涵盖上海、北京、天津、汉口、南京、青岛等地，包括金融、商业、办公、居住、工业等各种建筑类型，时人评价称："其设计作品之多、地位之重要，远东同行内没有几个能与其匹敌。"青岛取引所旧址是通和洋行在山东地区的代表作品，体现出该事务所精湛的古典建筑设计功底与技艺
青岛取引所旧址建筑空间形式体现了交易所建筑类型的代表性特征		交易所兴起于欧洲，是商品经济与金融业发展的产物。青岛取引所旧址体现了交易所建筑类型的一些标志性特征，包括以庄重而典雅的新古典主义风格彰显资本与权势、通过正立面高耸的塔楼和古典柱廊塑造城市地标、内部交易大厅与附属空间形成主从关系的空间格局等

续表

评估结果		具体阐释
青岛取引所旧址代表了本土营造业的较高的建造施工技术		20世纪初期，青岛本土建筑施工行业经历了从传统土木作坊向近代营造业的发展，呈现出组织规模化和技术现代化的转型。青岛取引所旧址施工方为新慎记营造厂，该厂由马铭梁创办于1919年，是青岛最早的华人营造商之一，在青岛的工程还有中国银行员工宿舍、大陆银行等。青岛取引所旧址的建造技术、工艺均体现出当时本土营造业的较高施工水平
青岛取引所旧址主体保存较好，体现出历史信息的唯一性、重要性和完整性以及岁月痕迹的沧桑感，具有较高的历史价值	历史信息的唯一性	青岛取引所是日本在山东地区最早设立的物券交易所，现存取引所大楼旧址建成后，不仅成为馆陶路上规模最大的单体建筑，也是当时国内规模最大的物券交易所之一
	历史信息的重要性	青岛取引所旧址是国内目前历史信息保存较为完整的交易所建筑之一，对研究近代交易所建筑类型的空间格局、建造技术等具有重要意义
	历史信息的完整性	青岛取引所旧址建成至今，曾作为日占时期的青岛取引所，国民政府时期的青岛警备司令部驻地、青岛第十一绥靖区基地，中华人民共和国成立后的中国人民解放军海军青岛基地筹备委员会、海军青岛基地俱乐部、北海舰队政治部军人俱乐部等，见证了近代以来青岛城市社会的发展变迁。在长期使用过程中，为适应不同的功能需求，建筑内外进行了一定程度的修缮、改建，留存下来大量的历史信息
	岁月痕迹的沧桑感	青岛取引所旧址建筑主体保存完好，部分脱落的墙面装饰、外墙立面及科林斯巨柱上的藤蔓植物、木屋架及室内墙体上的过火痕迹等，均体现出老建筑历经岁月洗礼的沧桑感
小结		青岛取引所旧址建成迄今已近百年，是青岛城市及馆陶路街区现代化发展的历史见证，承载着众多历史人物的足迹，既述说着近代中华民族遭受西方列强侵略的屈辱与灾难，也记录了中国人民自强不息、勇于反抗的历史。青岛取引所旧址作为近代中国出现的交易所建筑类型，其建筑规模、组织形式、空间特征、施工建造均具有历史典型性，体现出历史信息的唯一性、重要性和完整性以及岁月痕迹的沧桑感，具有重要的历史价值

表格来源：陈勐、刘玉洁、田静绘制

3.2 艺术价值（表3-2-1）

青岛取引所旧址艺术价值评估表　　　　　表3-2-1

评估结果		具体阐释
青岛取引所旧址是山东近代建筑中新古典主义建筑风格的代表性作品		近代，伴随着西方列强在军事、经济、文化等方面的入侵以及中国开明士绅的自主探索与发展，山东地区的城市与建筑发生现代化嬗变，建筑风格体现出多元化特征，既受到德、日、英等西方国家建筑风格的影响，例如新古典主义、德国青年风格派、装饰主义、折中主义、外廊式等，也有中西交融背景下的中国本土建筑风格形式的演绎，形成了传统与现代兼容并蓄的城市建筑风貌特征。青岛取引所旧址以其中轴对称的整体格局、几何比例的平立面构图、古典建筑元素的运用为主要特征，成为新古典主义建筑风格在近代山东的代表性建筑
青岛取引所旧址具有艺术风格的完整性特征，体现在比例构图、空间格局、立面色彩、装饰细部等方面	比例构图	建筑讲究对称、突出轴线，正立面为纵向五段式、横向三段式构图，以六柱式门廊、双塔楼和穹顶组成中段的视觉中心，柱式的柱高、柱径之比亦遵循古典形制。立面与平面则多采用黄金分割、等边三角形、圆形、正方形、相似矩形等几何比例构图，并运用古希腊、古罗马建筑的构图要素和形制，创造出庄重、典雅的艺术风格，具有古典意蕴
	空间格局	建筑平面为集中式布局，东、西临街建筑沿馆陶路和莱州路展开，中间以三段廊道相连通，围合出内部两个大中庭和两个小中庭，分别作为证券和物产交易大厅，从而形成主从分明的空间格局
	立面色彩	建筑外立面色彩统一，以工整分格的暗黄色斩假石作为主要材质，局部采用暗黄色花岗石、拉毛灰和水泥砂浆线脚，并点缀以暗红色窗框和彩色玻璃，使整栋建筑古朴而庄重，窗台、檐口处的岁月痕迹诉说着历史的沧桑
	装饰细部	建筑装饰细节丰富精美，多采用新古典主义建筑风格中常见的浅浮雕装饰手法，例如门廊山形墙的滴珠饰、腰线中的回形纹饰、檐口的波浪状纹饰和方形齿饰、多层叠涩的屋檐线脚等，门窗框多采用植物和几何状纹饰，塑造出精致典雅的建筑细部
青岛取引所旧址现状基本保持了初建时期的建筑风格与形态		建筑整体风貌保存较好，东立面主体部分一二层粉饰白色涂料，并增加了门廊山形墙上的五角星、馆陶路22号标志以及电话号码广告等构件，两翼女儿墙则进行了改造，南、北两侧各加建一层房屋。西立面的改动主要位于三层中部，初建时整体统一的女儿墙、线脚及开窗形式被改造为跌台式。南、北立面三层则为1940年代所加建。整体而言，建筑外立面基本保留了初建时的风格形式，延续了原有建筑的艺术风格和历史风貌

续表

评估结果	具体阐释
青岛取引所旧址是馆陶路城市历史景观的重要组成部分	馆陶路历史文化街区兴起于20世纪20年代，基于便利的港口和铁路设施，成为中山路北延的商业中心和日本侨民聚居区，之后发展为以日本为主的外国金融贸易区。街区内保留了朝鲜银行青岛支行旧址、齐燕会馆旧址、青岛取引所旧址等文物保护单位以及众多里院类历史建筑，沿街立面统一连续，房屋鳞次栉比，形成独具近代特色的城市景观，而取引所旧址是街区内最大规模、艺术风格独具代表性的建筑遗产，具有较高的艺术价值
青岛取引所旧址对于当代建筑研究与创作具有重要的参考价值	建筑基于黄金分割比、正方形、圆形、矩形等古典建筑的几何比例和构图原则，创造出均衡、合理的比例尺度和空间形态，对于西方新古典主义建筑的研究和当代建筑创作均具有重要的参考价值
小结	青岛取引所旧址是近代山东地区西方新古典主义建筑风格的代表性作品，以其对称式布局、几何比例构图、古典装饰细节为特征，建筑风貌保存较为完整，是馆陶路城市历史景观的重要组成部分，也是近代建筑史研究和当代建筑创作的研习对象，具有较高的建筑艺术价值

表格来源：陈劢、王瑜婷绘制

3.3 科学价值（表3-3-1）

青岛取引所旧址科学价值评估表　　　　　表 3-3-1

评估结果		具体阐释
青岛取引所旧址选址兼具近代化交通与配套设施的便捷性	交通设施的便捷性	建筑西侧邻近小港码头，是近代青岛港口贸易发展最早的区域之一，北侧有胶海关和胶济铁路大港火车站，兼具海洋与铁路运输的便利条件
	配套设施的便捷性	馆陶路南接中山路，是重要的金融、商贸区域，周边华洋杂处，金融业、运输业、餐旅业等配套设施齐全
青岛取引所旧址整体布局因地制宜，功能空间布局清晰合理	建筑整体布局适应地形地势	为适应东高西低的场地高差，建筑采用错层式设计，西侧局部设半地下空间，作为采光、通风需求不高的辅助功能区，如员工宿舍、厨房、设备间、储藏室等，从而形成东面主体三层、西面主体四层的整体布局，东、西立面正中分设入口
	建筑功能布局清晰合理	基于交易所建筑类型的功能空间需求，建成之初以中部的四个大空间作为核心，环绕四周为服务性空间。东侧两个交易厅为证券、钱钞交易大厅，靠近馆陶路正门。西侧为物产交易厅，由莱州路次门进入。东、西两侧高差不同，从而基于交易对象和场地条件形成水平向与竖向的功能空间划分，功能空间布局与流线清晰合理
青岛取引所旧址采用砖石、木、钢筋混凝土组成的混合结构体系，代表了当时较高的建造技术水平	混合结构体系	建筑采用砖石、木、钢筋混凝土混合结构体系，以砖墙、砖柱作为竖向结构，以钢筋混凝土梁与楼板作为横向结构，以西式木屋架组成大厅屋顶结构，从而发挥出砖石结构的抗压性能及钢筋混凝土、木材的抗弯性能，是20世纪初期中国近代建筑较为常见的结构体系
	砖石结构	建筑承重墙体由红砖砌筑，采用凹凸砌合法，墙体灰缝平直、结实敦厚，抗震性能较好，反映了当时较高的制砖工艺及施工水平；根据1922年的《青岛取引所信托株式会社事务所用建物新筑工事样书》记载，建筑基础为近代建筑中常见的砖石砌大放脚基础
	木结构	建筑屋顶采用西式木桁架结构，包括原东侧交易大厅的复斜式屋顶桁架、原西侧交易大厅的平行弦桁架和南侧的三角形木桁架，其中，复斜式屋顶桁架在一般性做法的基础上，基于对交易大厅功能需求和空间尺度的综合考量而进行了创新，塑造出了与空间形式相统一的结构类型。屋架杆件以木材为主，局部采用金属杆件，连接形式包括榫卯连接、齿连接、齿板连接、螺栓连接、钉连接、捆绑连接等，节点类型多样且设计精湛
	钢筋混凝土结构	钢筋混凝土结构是19世纪末由西方输入中国的结构类型，20世纪初期，以钢筋混凝土作为独立结构体系建造的公共建筑并不多见，在青岛取引所旧址中，钢筋混凝土主要用于楼板、梁等部位，作为水平向承重构件
青岛取引所旧址包含整体性的排水、通风系统设计，对于建筑长周期使用起到重要作用	排水系统设计	建筑占地面积较大且竖向形体高差变化较多，屋面排水主要采用女儿墙外排水和天沟内排水两种形式，巧妙利用形体高差，形成多个汇水区域，通过排水管流入室外地坪或地下排水管道，继而与市政排水管道相连通，形成完整的排水系统
	通风系统设计	建筑采用集中式布局，基于青岛当地的气候特征并利用建筑东、西两侧的气压差，通过开窗和设置通风口形成东西向的穿堂风，利用阳光照射所形成的竖向温差，实现大厅与屋架层的空气流通，使整栋建筑形成较为完善的自然通风系统

续表

评估结果	具体阐释
青岛取引所旧址建筑用材丰富多样,发挥出不同类型的材料性能	建筑用材丰富多样,除砖石、木、钢筋混凝土等结构性材料外,还应用了多类装饰性和功能性材料,前者包括斩假石、水泥砂浆抹灰、拉毛灰、水刷石等饰面砂浆以及木材、水磨石、铸铁等装修材料,功能性材料包括金属、塑料等,并就地取材,以花岗石、条石建造石柱、台阶等
小结	青岛取引所旧址选址体现出了建筑选址和功能空间组织的科学性、建筑结构和建造技术的典型性、排水和通风的整体性、工艺材料选用的适宜性等,是设计方和施工方营造智慧的实物见证,具有较高的科学价值

表格来源:陈劢、刘玉洁、于涵绘制

3.4 附属价值(表3-4-1)

青岛取引所旧址附属价值评估表　　表3-4-1

社会价值	
评估结果	具体阐释
青岛取引所旧址记述了近代时期青岛遭受日本侵略的屈辱史	1920~1945年间,随着日本对青岛的侵占,取引所作为日本管控青岛地方物产与证券市场、掠夺中国人民财产的经济制度,是近代时期日本对华经济扩张的组成部分,见证了近代时期青岛遭受日本侵略的屈辱史
青岛取引所旧址见证了中国商民反抗日本侵略与压迫的斗争史	"九一八事变"后,在全国反帝爱国运动的推动下,青岛民族工商业者发起抵制在取引所交易的活动,并在有关当局的支持下成立华商资本的青岛市物品证券交易所,沉重打击了日本当局的殖民经济统制,青岛取引所的兴衰也见证了中国民族工商业者反抗日本侵略的斗争史
小结	青岛取引所旧址见证了近代时期日本对青岛的殖民侵略和中国民族工商业者的奋勇反抗,既是一部屈辱史,也是一部斗争史,警示人们铭记历史、砥砺前行,具有重要的社会价值

文化价值	
评估结果	具体阐释
青岛取引所旧址所在的馆陶路街区是近代青岛都市文化的重要象征	馆陶路历史文化街区曾是近代时期青岛著名的金融商贸区,曾有"青岛外滩""老青岛华尔街""德国风情街""洋行一条街"等美誉,现今仍在老青岛市民中广为流传,代表了当地居民对于近代青岛都市文化的想象
青岛取引所旧址承载着当地居民的集体记忆	中华人民共和国成立后,青岛取引所旧址为中国人民解放军军产,曾用作青岛海军基地俱乐部、北海舰队政治部军人俱乐部等,容纳了舞台表演、电影放映、篮球、乒乓球等文体活动,承载着部队文工团、军人家属及周边社区居民的集体记忆
小结	青岛取引所旧址及馆陶路街区既述说着人们对近代化青岛的都市空间想象,也承载着地方民众的集体记忆,是青岛地方城市文化的重要组成部分

再利用价值	
评估结果	具体阐释
青岛取引所旧址具有较高的区位价值	青岛取引所旧址交通便利、商业繁荣且历史文化资源丰富,建筑西邻胶州湾,西南距青岛火车站约2km,周边公共交通便捷,处于"中山路—馆陶路—辽宁路商业发展轴"的核心区域。此外,馆陶路与上海路—武定路周边区域形成整体性历史文化街区,经中山路与半岛南岸的历史文化街区相连,具有较高的区位价值
青岛取引所旧址具有遗产环境的真实性价值	胶济铁路以东的馆陶路和上海路—武定路历史文化街区基本保留了近代时期的城市风貌,体现在城市肌理、道路空间环境、沿街立面、建筑形式等方面,馆陶路上有多处观览青岛取引所旧址的视点,宁波路向西正对建筑正立面六柱式门廊,具有较高的遗产环境真实性价值
青岛取引所旧址具备保存的完整性与安全性	青岛取引所旧址现状保存较为完整,建筑东、西立面和内部空间格局进行过不同程度的更新改造,可在修缮设计中考虑复原;由砖、木、钢筋混凝土组成的整体性结构现状安全性较好,未出现损坏严重的构件;外墙饰面、装饰线脚、门窗、檐口、屋面等构造出现不同程度的损坏,可在后期进行修缮维护
青岛取引所旧址具备更新再利用的可行性	青岛取引所旧址产权明晰且产权独立,具备更新与再利用的可行性和可操作性
青岛取引所旧址在上位规划中具有重要性	自《青岛历史文化名城保护规划(2011-2020)》提出"积极保护、合理利用青岛取引所旧址",《馆陶路、上海路—武定路历史文化街区保护规划》《青岛市北区历史文化片区控制性详细规划》等上位规划条例均针对该建筑的更新与再利用作出相关规定
小结	整体而言,青岛取引所旧址区位价值优越,周边历史文化街区遗产环境保存较好,建筑现状保存较完整、结构安全性较高且产权明晰独立,在上位规划中亦具有重要性,具备较高的再利用价值

表格来源:陈劢、刘颖绘制

4 青岛取引所旧址修缮保护设计

4.1 价值定位及修缮干预程度

通过建筑历史研究、现状调研与价值评估可知，青岛取引所旧址建筑现状保存较好，具有历史信息的完整性、唯一性和重要性，建筑的历史价值、艺术价值、科学价值、社会价值、文化价值与再利用价值较高。基于我国现行文物保护法律法规的规定，在修缮保护设计中应以不改变原状为前提，合理有效利用为目的，对文物建筑采取整体维修、加固、修缮等措施。

对青岛取引所旧址建筑以保护性修缮为主，建筑外立面、内部结构、室内装饰等损坏部分进行局部修缮，部分室内空间进行适当改造和复原，外部附属物与加建房屋进行改造和整治，建筑附属设备（排水设施、内部管线等）进行整体性的修理与更新。

4.2 原则与法规

4.2.1 基本原则

遵循文物保护的基本原则是文物建筑保护设计的基本要求。在2015年发布的新版《中国文物古迹保护准则》中，除继续坚持"不改变原状""最低限度干预""使用恰当的保护技术""防灾减灾"等基本原则外，还进一步强调了"真实性""完整性"等保护原则。

1. 不改变原状原则

"不改变原状：是文物古迹保护的要义。它意味着真实、完整地保护文物古迹在历史过程中形成的价值及其体现这种价值的状态，有效地保护文物古迹的历史、文化环境，并通过保护延续相关的文化传统。

文物古迹的原状是其价值的载体，不改变文物古迹的原状就是对文物古迹价值的保护，是文物古迹保护的基础，也是其他相关原则的基础。

文物古迹的原状主要有以下几种状态：

a. 实施保护之前的状态；

b. 历史上经过修缮、改建、重建后留存的有价值的状态，以及能够体现重要历史因素的残毁状态；

c. 局部坍塌、掩埋、变形、错置、支撑，但仍保留原构件和原有结构形制，经过修整后恢复的状态；

d. 文物古迹价值中所包含的原有环境状态。"

2. 真实性原则

"真实性：是指文物古迹本身的材料、工艺、设计及其环境和它所反映的历史、文化、社会等相关信息的真实性。对文物古迹的保护就是保护这些信息及其来源的真实性。与文物古迹相关的文化传统的延续同样也是对真实性的保护。

真实性包括了外形和设计，材料和材质，用途和功能，传统、技术和管理体系，环境和位置，语言和其他形式的非物质遗产，精神和感觉，其他内外因素。

真实性还体现在对已不存在的文物古迹不应重建；文物古迹经过修补、修复的部分应当可识别；所有修复工程和过程都应有详细的档案记录和永久的年代标志；文物古迹应原址保护等几个方面。"

3. 完整性原则

"完整性：文物古迹的保护是对其价值、价值载体及其环境等体现文物古迹价值的各个要素的完整保护。文物古迹在历史演化过程中形成的包括各个时代特征、具有价值的物质遗存都应得到尊重。

保护文物古迹的完整性的原则是指对所有体现文物古迹价值的要素进行保护。

文物古迹具有多重价值。这些价值不仅体现在空间的维度上，如遗址或建筑遗存、空间格局、街巷、自然或景观环境、附属文物及非物质文化遗产等的价值，也体现在时间的维度上，如文物古迹在存在的整个历史过程中产生和被赋予的价值。

在文物古迹认定、制定保护规划、保护管理、实施保护规划的过程中，要保护所有体现文物古迹价值的要素。要对各个时代留在文物古迹上的改动、变化痕迹的价值和对文物古迹本体的影响进行评估和保护。"

4. 其他原则

可读性原则：在文物建筑保护设计中，如需更换构件，应使用与原构件材料相同、相近或兼容的材料，新更换部分与原有部分有所区别，从而最大化保存原构件所承载的历史信息。

可逆性原则：文物建筑修缮、加固中所采用的技术手段原则上应为可逆的，既防止技术手段的介入对建筑本体历史信息造成损害，也为将来恢复原状提供可能性。

适应性原则：遵循"保护为主、合理利用"的基本方针，在文物建筑保护与利用之间寻求平衡，挖掘文物建筑的再利用价值，解决物质性老化、功能性衰退等问题，使文物建筑适应城市与社会发展，达到可持续发展的目的。

4.2.2 法律法规

2006年12月，青岛取引所旧址由山东省人民政府公布为第三批省级文物保护单位，需依据的主要法律法规包括《中华人民共和国文物保护法》《山东省文物保护条例》等，其中涉及文物保护单位保护设计的原则性与政策性内容主要如下：

1.《中华人民共和国文物保护法》(2017 年修正版)

第四条规定:"文物工作贯彻保护为主、抢救第一、合理利用、加强管理的方针。"

第十八条规定:"根据保护文物的实际需要,经省、自治区、直辖市人民政府批准,可以在文物保护单位的周围划出一定的建设控制地带,并予以公布。在文物保护单位的建设控制地带内进行建设工程,不得破坏文物保护单位的历史风貌;工程设计方案应当根据文物保护单位的级别,经相应的文物行政部门同意后,报城乡建设规划部门批准。"

第二十一条规定:"对不可移动文物进行修缮、保养、迁移,必须遵守不改变文物原状的原则。"

第二十六条规定:"使用不可移动文物,必须遵守不改变文物原状的原则,负责保护建筑物及其附属文物的安全,不得损毁、改建、添建或者拆除不可移动文物。"

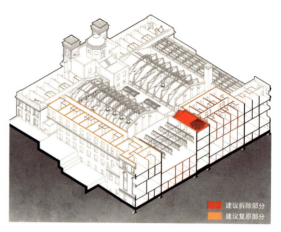

图 4-3-1 结构体系轴测图

2.《山东省文物保护条例》(2016 年修正版)

第十四条规定:"对社会开放的文物保护单位和有不可移动文物的参观游览场所,其管理、使用单位必须采取有效保护措施保证文物安全,禁止破坏自然环境和历史风貌。"

第十六条规定:"文物保护单位保护范围划定前已有的非文物建筑物和构筑物,危害文物保护单位安全的,应当拆迁;破坏或者影响文物保护单位自然环境和历史风貌的,应当结合城乡规划和文物保护规划逐步拆迁或者改造……"

第十九条规定:"文物保护单位辟为参观游览场所,应当符合国家和省有关规定,并由县级以上人民政府文物行政部门对其文物保护情况进行监督检查。"

4.3 分项保护设计策略

4.3.1 结构

1. 结构整体复原与修缮策略

青岛取引所旧址主体结构为砖混结构,由基础、墙、柱、梁、门窗过梁、楼板、屋架、穹顶等组成(图 4-3-1、图 4-3-2)。根据《青岛市馆陶路 22 号建筑安全鉴定报告》可知,建筑主体结构基本安全稳定,可满足正常使用,局部出现破损和老化等问题。本次保护设计的结构部分主要包括复原设计和修缮、加固设计两个方面。

建筑结构复原设计基于前期调研和价值评估展开,主要的后期加改建部分包括原西侧两个交易大厅内部加建的楼板和墙体、原交易大厅周围房间内加建的内隔墙、南北两翼推测为后期加建的三层等。其中南北两翼三层部分应为 1943 年前后加建,建

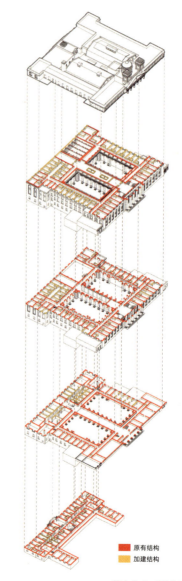

图 4-3-2 结构体系分解轴测图

议予以保留。原西南侧交易大厅改建为三层，原西北侧交易大厅改建为两层，对原基础、墙体产生附加荷载，造成不利影响，且破坏了取引所整体空间格局，建议复原。原交易大厅周围房间内，因改建为酒店房间而加建卫生间内隔墙和部分管道，破坏了原有墙体与楼板，建议拆除加建墙体，采用预制装配等可逆的改建手段。

建筑结构修缮与加固设计包括墙体、柱、梁、楼板、屋架等部分，基于不改变原状、真实性、完整性等原则，以改善结构安全性为导向，加固与修缮设计策略如下：

（1）基础加固：基础加固采用钢筋混凝土扩大截面积法，加固墙基础、柱基础、地圈梁等。

（2）墙体修缮与加固：墙体主要存在砌体风化、泛碱、裂缝、破损、承载力降低及面层脱落等问题，相应的修缮策略包括现制修复料修复砖砌体、喷射敷布法脱盐工艺、压力灌浆修补裂缝等，主要的加固手段包括钢筋网砂浆面层加固、增设构造柱或扶壁柱加固。

（3）柱修缮与加固：外立面柱以修缮为主，地下室钢筋混凝土柱应以加固为主，主要加固手段为扩大截面积法和外包钢加固。

（4）梁修缮与加固：钢筋混凝土梁修缮包括钢筋除锈、归位、浇筑聚合物砂浆以及压力灌浆处理裂缝等，加固方法包括扩大截面积法、钢板加固法和纤维增强复合材料加固三种。

（5）楼板修缮与加固：钢筋混凝土楼板修缮包括钢筋除锈、归位、浇筑聚合物砂浆等，具体加固手段包括新增钢梁加固、新增钢板加固、粘贴钢条加固、预张紧钢丝绳网片加固和纤维增强复合材料加固等。

综上所述，建筑结构修缮与加固应根据不改变原状、真实性、完整性等原则，在现状勘测与力学计算的基础上，优先选择可逆的修缮与加固手段，充分保护建筑的各项价值。

2. 结构修缮与加固做法（图 4-3-3～图 4-3-6，表 4-3-1）

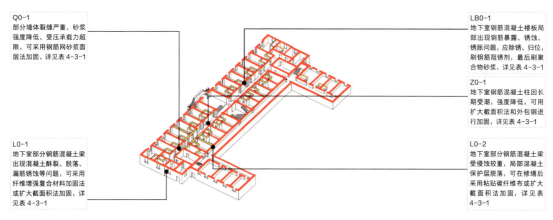

图 4-3-3　建筑地下一层结构修缮与加固做法索引

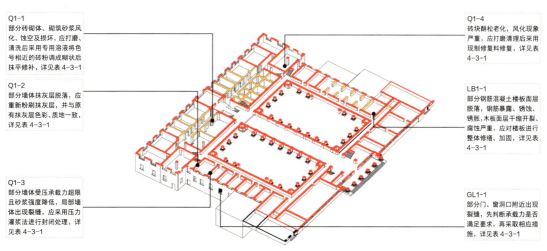

图 4-3-4　建筑一层结构修缮与加固做法索引

4 青岛取引所旧址修缮保护设计

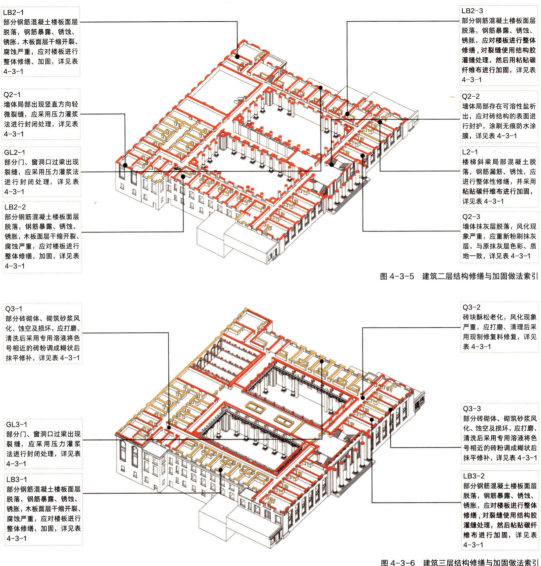

LB2-1 部分钢筋混凝土楼板面层脱落，钢筋暴露、锈蚀、锈胀，木板面层干缩开裂、腐蚀严重，应对楼板进行整体修缮、加固，详见表4-3-1

Q2-1 墙体局部出现竖直方向轻微裂缝，应采用压力灌浆法进行封闭处理，详见表4-3-1

GL2-1 部分门、窗洞口过梁出现裂缝，应采用压力灌浆法进行封闭处理，详见表4-3-1

LB2-2 部分钢筋混凝土楼板面层脱落，钢筋暴露、锈蚀、锈胀，木板面层干缩开裂、腐蚀严重，应对楼板进行整体修缮、加固，详见表4-3-1

LB2-3 部分钢筋混凝土楼板面层脱落，钢筋暴露、锈蚀、锈胀，应对楼板结构进行整体修缮，对裂缝使用结构胶灌缝处理，然后用粘贴碳纤维布进行加固，详见表4-3-1

Q2-2 墙体局部存在可溶性盐析出，应对砖墙体的表面进行封护，涂刷无痕防水涂膜，详见表4-3-1

L2-1 楼梯斜梁局部混凝土脱落、钢筋漏筋、锈蚀，应进行整体性修缮，并采用粘贴碳纤维布进行加固，详见表4-3-1

Q2-3 墙体抹灰层脱落，风化现象严重，应重新粉刷抹灰层，与原抹灰层色彩、质地一致，详见表4-3-1

图4-3-5 建筑二层结构修缮与加固做法索引

Q3-1 部分砖砌体、砌筑砂浆风化、蚀空及损坏，应打磨、清洗后采用专用溶液将色号相近的砖粉调成糊状后抹平修补，详见表4-3-1

GL3-1 部分门、窗洞口过梁出现裂缝，应采用压力灌浆法进行封闭处理，详见表4-3-1

LB3-1 部分钢筋混凝土楼板面层脱落，钢筋暴露、锈蚀、锈胀，木板面层干缩开裂、腐蚀严重，应对楼板进行整体修缮、加固，详见表4-3-1

Q3-2 砖块酥松老化，风化现象严重，应打磨、清理后采用现制复模修补，详见表4-3-1

Q3-3 部分砖砌体、砌筑砂浆风化、蚀空及损坏，应打磨、清洗后采用专用溶液将色号相近的砖粉调成糊状后抹平修补，详见表4-3-1

LB3-2 部分钢筋混凝土楼板面层脱落，钢筋暴露、锈蚀、锈胀，应对楼板进行整体修缮，对裂缝使用结构胶灌缝处理，然后粘贴碳纤维布进行加固，详见表4-3-1

图4-3-6 建筑三层结构修缮与加固做法索引

结构修缮与加固方法　　　　　　　　　　表4-3-1

部位	修缮与加固部位		现状问题	加固与修缮做法	对应编号
结构	基础（JC）加固		基础承载力基本满足荷载要求，地下室基础因长期受水侵蚀，强度降低	基础加固包括墙基础、柱基础和柱间地圈梁加固，采用钢筋混凝土增大截面积法，具体措施包括：①沿墙基、柱基开挖作业坑；②沿地圈梁和基础布置加固钢筋；③植入扩大基础锚固筋；④植入扩大基础箍筋并绑扎纵筋，砌砖支固；⑤支模浇筑加固型混凝土；⑥水泥砂浆找平	JC
	墙体（Q）修缮与加固	外墙	外墙承载力基本满足荷载要求	外墙需根据材料类型分别修缮，具体修缮做法详见立面篇章	Q
		内墙	砖墙及砌筑砂浆出现风化现象，部分砖体酥松粉化，灰缝接头损坏或蚀空	对于风化深度较浅的部位，采用磨光机将表面打磨至坚实层，再以水泥、细纸筋、氧化铁黑粉和氧化铁红粉、石灰膏等材料现制修复料修复，材料配比应经现场试验或试作样板确定，待砖修复料未终凝前划出灰缝，用砖修复料填实，再用嵌缝砂浆勾缝。对于损害较为严重的部位，应先预制砖细，在水中充分浸泡后镶嵌修缮	Q1-1、Q1-4、Q3-1、Q3-2、Q3-3
			墙体局部存在泛碱现象，即表面析出可溶性盐，产生较强的腐蚀性	墙体脱盐方法一般为表面敷设薄湿纤维素长条，干燥后重新拿开，对于泛碱现象严重的区域则采用喷射敷布法，但对墙体砂浆会产生破坏。脱盐施工结束后，在干墙表面涂刷无色透明防水涂膜，进行封护养护	Q2-2

续表

部位	修缮与加固部位		现状问题	加固与修缮做法	对应编号
结构	墙体（Q）修缮与加固	内墙	部分墙体抹灰面层表面出现起毛、起砂、掉皮、脱落等现象	清理墙体表面起毛、起砂、掉皮面层，现制水泥砂浆，经现场试验或试作样板确定使其与原抹灰层颜色、质地一致	Q1-2、Q2-3
			墙体局部出现轻微裂缝，裂缝多为竖直方向，上部较粗、下部较细	墙体裂缝一般采用压力灌浆进行封闭处理，修补裂缝材料的色彩、质地应与原砖一致	Q1-3、Q2-1
			部分墙体砌体强度和刚度降低，受压承载力超限，局部墙体裂缝严重，需进行整体加固	墙体加固包括钢筋网砂浆面层加固和增设构造柱或扶壁柱加固：①钢筋网砂浆面层加固法为不可逆的加固手段，施工工艺包括墙面清洗、墙体钻孔、水冲刷、锚固钢筋网和抹水泥砂浆，水泥砂浆分三层，第一层将钢筋网与砖墙间的空隙嵌实，第二层罩住钢筋网，第三层为面层砂浆，施工完成后需整体养护。②增设构造柱或增设扶壁柱为可逆的加固手段，一般采用扁钢、角钢、钢板与砖墙间采用聚合物砂浆和化学螺栓固定，主要用于承重墙承载力不足，但砖砌体尚未损坏或只有轻微裂缝的情况	Q0-1
	柱（Z）修缮与加固	室外科林斯石柱	入口门廊处花岗石砌筑的科林斯柱，水泥砂浆制柱头纹样，目前保存较好	针对装饰线脚局部损坏的问题，应打磨、清洗损坏处，用水润湿过后刷一道界面剂，然后再用相同色彩、质地的水泥砂浆进行原样修缮	Z
		地下室混凝土柱	地下室柱因长期浸水而受到侵蚀，强度较低，需加固处理	加固方法主要包括扩大截面积法和外包钢加固：①扩大截面积法是一种适宜于承载附加荷载的不可逆的加固手段，首先将原有混凝土表面凿毛并清洗干净，然后涂刷胶粘剂，布置锚筋和箍筋，最后浇筑混凝土；②外包钢加固是一种可逆的加固手段，先将角钢通过胶粘剂或打孔锚件固定在柱的四角，角钢之间以缀条焊接固定，用螺杆穿梁与角钢相焊接以增大节点部位的结构性能	Z0-1
	梁（L）修缮与加固	地下室混凝土梁	地下室钢筋混凝土梁受侵蚀较重，出现混凝土酥裂、脱落，钢筋漏筋、锈蚀等现象，承载力降低，需进行修缮和加固处理	钢筋混凝土梁修缮，先打磨至混凝土坚硬层，将锈蚀钢筋除锈、归位，再浇筑、喷涂、粉刷聚合物砂浆进行修补。加固方法包括扩大截面积法、钢板加固法和纤维增强复合材料加固三种：①扩大截面积法是一种不可逆的加固手段，工艺流程包括原钢筋混凝土结构梁表面凿毛、绑扎钢筋、支模、浇筑混凝土等，新植入的箍筋需打孔穿过原有楼板，形成闭合箍筋，完整包裹原有结构梁；②钢板加固法为可逆的加固手段，施工工艺包括外包钢加固梁底、打孔穿入螺杆并拧紧、焊接、焊接扁钢和缀条等；③纤维增强复合材料加固是一种较为便捷、可逆的加固手段，一般通过环氧胶在钢筋混凝土梁底面通长粘贴碳纤维布两层，再环向满裹碳纤维布一层	L0-1、L0-2
		楼梯斜梁	混凝土局部酥裂、脱落，出现钢筋漏筋、锈蚀等现象	先将锈蚀钢筋除锈、归位，粉刷聚合物砂浆，再采用纤维增强复合材料加固，在斜梁底面通长粘贴碳纤维布两层，提高结构整体性	L2-1
		门窗过梁（GL）	部分门、窗洞口过梁出现裂缝	采用改性环氧树脂灌缝胶压力灌浆进行封闭处理，达到加固受注层的目的	GL1-1、GL2-1、GL3-1
	楼板（LB）修缮与加固	钢筋混凝土楼板	钢筋混凝土楼板存在混凝土保护层酥裂、脱落，钢筋漏筋、锈蚀等问题，承载力降低，需进行修缮和加固处理	钢筋混凝土楼板修缮，先打磨至混凝土坚硬层，将锈蚀钢筋除锈、归位，再浇筑、喷涂、粉刷聚合物砂浆。加固方法包括新增钢梁加固、新增钢板加固、粘贴钢条加固、预张紧钢丝绳网片加固和纤维增强复合材料加固五种，均为可逆的加固手段：①新增钢梁加固是在原有梁间增设工字钢梁，可独立设置，亦可呈平行状、网格状布置，钢梁与楼板栓接，缩短原结构跨度并增加楼板承载力；②新增钢板加固是在原楼板上、下部增设错位排布的钢板，钢板间距由力学计算确定，以对拉螺栓穿板固定，提高楼板抗弯能力；③粘贴钢条加固是在楼板底部贴或栓接网格状钢条，提升结构整体承载力；④预张紧钢丝绳网片加固工艺流程包括处理基层、定位放线、裁切钢丝绳网片、安装张拉工具、锚固和张紧钢丝绳网片等，最后用聚合物砂浆喷涂养护，提高混凝土楼板的承载力、刚度、抗裂性和延性；⑤纤维增强复合材料加固与梁加固相似，在楼板底面敷设两层以上碳纤维布，碳纤维布在加固结构中承担拉应力，改善受力状态	LB0-1、LB1-1、LB2-1、LB2-2、LB2-3、LB3-1、LB3-2

表格来源：陈勐、于涵绘制　参考：叶斌，周琦，陈乃栋主编. 南京近现代建筑修缮技术指南 [M]. 北京：中国建筑工业出版社，2018.

3. 重点保护部位（图 4-3-7～图 4-3-10，表 4-3-2、表 4-3-3）

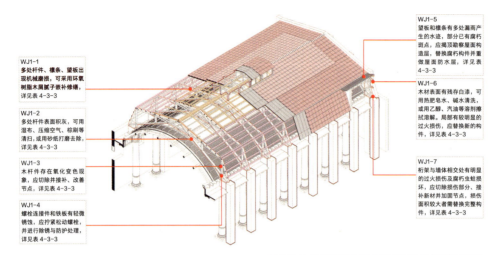

图 4-3-7　东北侧原交易大厅屋架（WJ1）重点修缮部位索引

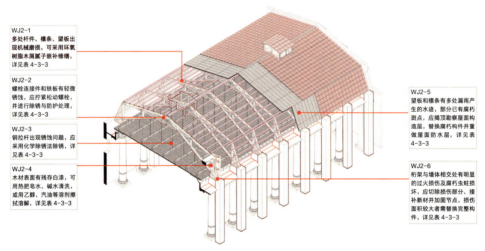

图 4-3-8　东南侧原交易大厅屋架（WJ2）重点修缮部位索引

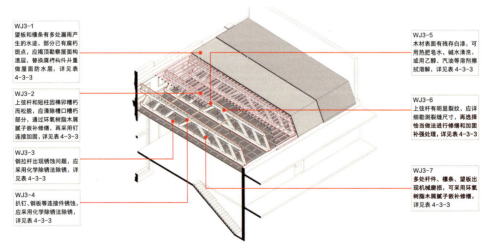

图 4-3-9　西北侧原交易大厅屋架（WJ3）重点修缮部位索引

4.3 分项保护设计策略

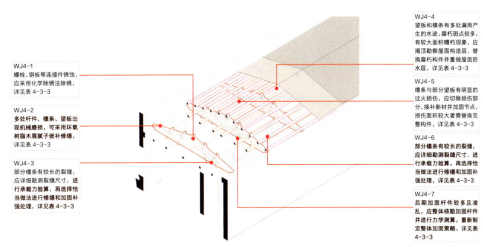

WJ4-1 螺栓、钢板等连接件锈蚀，应采用化学除锈法除锈，详见表4-3-3

WJ4-2 多处杆件、檩条、望板出现机械磨损，可采用环氧树脂木屑腻子嵌补修缮，详见表4-3-3

WJ4-3 部分檩条有较长的裂缝，应详细勘测裂缝尺寸，进行承载力验算，再选择恰当做法进行修缮和加固补强处理，详见表4-3-3

WJ4-4 望板和檩条有多处漏雨产生的水迹，腐朽斑点较多，有较大面积糟朽现象，应揭顶勘察屋面构造层，替换腐朽构件并重做屋面防水层，详见表4-3-3

WJ4-5 檩条与部分望板有明显的过火损伤，应切除损伤部分、接补新材并加固节点，损伤面积较大者需替换完整构件，详见表4-3-3

WJ4-6 部分檩条有较长的裂缝，应详细勘测裂缝尺寸，进行承载力验算，再选择恰当做法进行修缮和加固补强处理，详见表4-3-3

WJ4-7 后期加固杆件较多且凌乱，应整体核验加固杆件并进行力学测算，重新制定整体加固策略，详见表4-3-3

图 4-3-10 南侧屋架（WJ4）重点修缮部位索引

屋架保护修缮策略　　　　　　　　　　　　　　　　　　　　　　　　表 4-3-2

保护环节	保护步骤	具体内容		
勘察现状问题	勘察承重构件受力状态	承重结构现状勘察包括4个步骤，具体如下：①相关荷载及其分布，地基基础现状与不均匀沉降情况，整体结构的倾斜、位移、扭转及支承情况，结构承载力验算等；②屋架各构件尺寸及节点连接情况；③屋架梁、柱是否出现弯曲变形，构件是否出现折断、劈裂或沿截面高度出现的受力褶皱及裂纹；④梁架相互搭接部位、木梁梁头与墙体搭接部位是否出现松脱或变形。 根据《青岛市馆陶路22号建筑安全鉴定》所述，建筑主体结构受力形式与设计相符，整体结构基本安全稳定，未发现与地基不均匀沉降或建筑倾斜有关的裂缝，各结构构件未发现严重超出设计要求的附加荷载作用。混凝土结构、砌体结构承重构件外观状态整体良好，木结构承重构件外观状态一般，构造连接符合设计要求		
	勘察木材材质状态	木材现状勘察包括4个步骤，具体如下：①鉴定树种；②勘察木材糟朽、虫蛀、变质的部位、范围和程度；③勘察对构件受力有影响的木节、斜纹和干缩裂缝的部位和尺寸；④勘察部分树种特殊的构件、局部过度变形破坏的构件、火灾后残存的构件、老化变质的构件等，应测定木材强度和弹性模量。 根据《青岛市馆陶路22号建筑安全鉴定》所述，木屋架防腐性、防蛀性较好，结构形式保持完整，无过大变形，部分连接件有轻微锈蚀、松动现象，局部屋架过火损伤和较大变形		
	勘察历代维修加固措施	需勘察、判断后期改建、加固构件，勘察构件受力状态、新出现的变形或位移、原腐朽部分挖补后复又出现的腐朽问题、因维修加固不当而对建筑物其他部位造成的不良影响等。青岛取引所旧址除南侧原三角形木桁架因火灾而进行了后期修复和替换外，其他木屋架基本维持了原有形制，未作较大规模的更新替换		
建议保护策略	根据现状勘察情况、结构鉴定报告，结合屋架价值评估，为解决现状问题，应对远期使用、安全隐患及附加荷载，提出整体性保护策略	东侧原交易大厅复斜式屋顶桁架（WJ1,WJ2） ①该屋架结构为原有做法，屋架受力合理，形式与比例综合考虑了与室内空间需求、人体尺度和空间高跨比、设备及管线布置等的关系，具有较高的历史价值和科学价值； ②根据《青岛市馆陶路22号建筑安全鉴定》所述，现存屋架结构构造合理，仅有局部损伤，但考虑远期使用存在一定安全隐患。 综上所述，应局部修缮、整体加固	西北侧原交易大厅平行弦桁架（WJ3） ①该屋架结构应为原有做法，是典型的平行弦桁架，腹杆倾斜度随受力而变化，体现了建造技术的典型性，具有较高的历史价值和科学价值； ②根据《青岛市馆陶路22号建筑安全鉴定》所述，现存屋架结构构造基本合理，仅有局部损伤，但考虑远期使用存在一定安全隐患。 综上所述，应局部修缮、整体加固	南侧三角形桁架（WJ4） ①该屋架为三角形木桁架，体现出建造技术的典型性，具有一定科学价值，但因遭受过火灾，该屋架大量构件均为后期修缮时替换； ②根据《青岛市馆陶路22号建筑安全鉴定》所述，现存屋架结构构造基本合理，仅有局部损伤，但过火损伤构件为整体结构带来了安全隐患。 综上所述，应局部修缮、整体加固

续表

保护环节	保护步骤	具体内容
具体加固与修缮步骤	复原设计	基于历史研究和现状勘察结果,对屋架结构进行复原设计,去除后期加固不当或已失效的加改建处理
	分类	将屋架木构件分为"不可继续使用、必须更换的构件"和"局部损坏、通过维修加固后可以继续使用的构件"两类,前者应替换为新的构件,后者采取相应措施进行修缮和加固。必须更换的木构件包括如下几种情况: ①发现虫蛀的木构件、腐朽或老化变质区域占整个截面面积大于1/8时、内部或端部腐朽及老化变质的木构件; ②弯曲变形程度超过评定界限的木构件; ③中部有断纹的杆件,关键受力部位有过度挠曲产生的断裂或斜裂杆件,有新锯、开槽或按剩余截面验算不合格的杆件; ④过往修缮加固的杆件端部拼接部位变形或松脱的
	措施 — 整体加固	①抗震加固:增设水平支撑、柱间支撑等,加强结构整体性,提高结构侧向刚度和抗震能力,也可以采用减震、消能等措施; ②安全性加固:改善受力体系,增设水平杆件、竖向杆件等进行加固,针对承载力不满足要求的构件进行加固; ③卸荷及限制使用荷载加固:包括直接卸荷法和间接卸荷法,前者限制活荷载值,直观、准确掌握卸荷量,例如屋顶的保温防水层、瓦件等采用轻质材料,后者通过变形控制或施加反向作用力减少结构构件内力,如屋架跨中起拱等
	措施 — 替换不可继续使用的构件	不可继续使用的木构件应整体替换,基于不改变原状、真实性、完整性等原则,新构件的木材材质、树种、样式、尺寸、工艺等应与原有构件相同
	措施 — 修缮加固局部损坏的构件	①木屋架构件修缮加固时,应基于最低限度干预、可逆性原则,避免过度干预造成对文物古迹价值和历史、文化信息的破坏,并保留日后恢复到修缮加固之前的状态的可能性; ②木构件局部损坏需局部拆除、填补新构件时,新构件的木材材质、树种、样式、尺寸、工艺等应与原有构件相同; ③修缮加固前,木构件如有倾斜、位移、扭转、拔榫、下沉等问题时,应打牮拨正归正节点
	措施 — 节点加固	屋架节点如存在安全问题,特别是节点不够牢固、端头腐烂、蛀蚀等损坏问题,可用钢板、螺栓、圆钢、三角硬木块等进行加固
	措施 — 防虫防腐处理	①所有新、旧木构件均需进行防虫、防腐处理; ②所选取的防虫、防腐剂应具备强力持久的药效,包括:对人畜无害、不污染环境,对木材无助燃、起霜或腐蚀作用,基于真实性原则,药剂本身应无色或呈浅色,不影响木材本身的色彩和纹理

表格来源:刘玉洁、陈劢绘制

屋架修缮与加固措施表　　　　表4-3-3

项目	修缮部位		现状问题	修缮加固方法	对应编号
结构	屋架修缮	整体加固		首先进行结构承载力验算,如有倾斜、位移、扭转等问题,应先打牮拨正,再进行整体加固。打牮拨正在具体施工时,应先揭去瓦顶,拆下望板和檩条,拆除加固铁件、严重残损的构件等,再清理节点缝隙	WJ1~WJ4
		构件分类		对所有构件进行详细勘察、鉴定并进行分类,重点修缮和加固部位在索引中标明	WJ1~WJ4
		整体替换		南侧三角形屋架因经历火灾,木构件过火损害较为严重,可考虑整体替换,但需遵循原有屋架形制、尺寸等	WJ4
		修缮措施	多数木构件表面积灰,部分构件表面残存白漆	木材表面的灰、尘磨屑可用湿布、棕刷及压缩空气清扫,再用砂纸打磨去除,严重者可采用精刨处理; 木材表面白漆、胶迹、油脂等可用热肥皂水和碱水清洗,也可用乙醇、汽油或其他溶剂擦拭溶解	WJ1-2、WJ1-6 WJ2-4、WJ3-5
			木杆件局部有过火损伤	过火损伤较轻者可局部切除、接补、替换,损伤面积较大者则需整体替换	WJ1-6、WJ1-7 WJ2-6、WJ4-5

续表

项目	修缮部位		现状问题	修缮加固方法	对应编号
结构	屋架修缮	修缮措施	部分主要受力杆件存在较明显的裂缝	①裂缝宽度小于3mm时，可采用表面封闭措施处理，即在构件油漆或断白过程中，用腻子勾抹严实； ②当裂缝宽度在3～30mm且裂缝深度较小时，可采用环氧树脂木屑腻子嵌补，用木条和耐水性粘结胶将缝隙嵌补粘结密实，然后包裹碳纤维布进行重点加固； ③当裂缝深度不超过构件截面高度或宽度的四分之一、裂缝宽度不小于30mm时，除用木条和耐水性粘结胶补实粘牢外，还应在开裂段用钢箍或玻璃钢箍箍紧； ④当裂缝深度超过构件截面高度或宽度的四分之一时，应进行承载力验算，若承载力不足，在修缮裂缝处之后，还应采取加固补强措施，例如通过对拉贯穿螺栓加固的夹压法	WJ3-6、WJ4-3 WJ4-6
			部分木杆件出现氧化变色现象	木构件主要为化学性变色，即木材细胞中的内含物因为氧化或沉积物分解而出现变色现象。针对氧化面积较小的木构件，可局部切除并接补、改善节点，氧化面积较大的木构件应整体替换	WJ1-3
			部分木杆件出现初期腐朽斑点	针对木构件早期腐朽斑点，可将初腐部分刮除干净后，涂刷氟化钠溶液三遍，并在受剪范围内钻竖直孔槽，灌注氟化钠水溶液，使药液渗入孔槽周围的木材内部，以提高抗腐效能	WJ1-5、WJ2-5 WJ3-1
			部分木杆件出现大面积严重腐朽现象	针对木构件严重腐朽部位，如能根除造成木材腐朽的条件，可将朽材切除后接补、更换新材，如造成木材腐朽的条件无法根除，则在切除朽材后，用型钢节点或钢筋混凝土节点代替原有的木构造节点	WJ1-7、WJ2-6 WJ4-4
			部分杆件因榫卯糟朽而松脱	榫卯糟朽分为修缮和加固两部分，先清除槽口的糟朽部分，再采用环氧树脂木屑腻子嵌补修缮。若榫卯尺寸允许，可采用木钉、螺钉进行钉连接节点加固，钉的位置在卯穴的中央或穿榫的根部；若榫卯尺寸过小，则不宜使用钉连接，建议在榫卯接触面加抹防水结构胶进行粘结	WJ3-2
			多数杆件出现机械磨损现象	可在杆件机械磨损处采用环氧树脂木屑腻子进行嵌补修缮	WJ1-1、WJ2-1 WJ3-7、WJ4-2
			望板有渗水造成的腐朽痕迹	应揭顶勘察屋面构造层，更换腐朽、破损的挂瓦条、顺水条、望板等构件，新构件的木材材质、树种、样式、尺寸、工艺等应与原有构件相同，之后再重做屋面防水层	WJ1-5、WJ2-5 WJ3-1、WJ4-4
			螺栓、钢板、扒钉等连件有轻微锈蚀及松动现象	凡松动螺栓需拧紧，并进行除锈与防护处理。因连件锈蚀面积较小，宜采用化学除锈法除锈	WJ1-4、WJ2-2 WJ3-4、WJ4-1
			钢拉杆出现锈蚀现象	对钢拉杆进行除锈与防护处理，因连件锈蚀面积较小，宜采用化学除锈法除锈	WJ2-3、WJ3-3
	屋架加固	节点加固	屋架端节点不够牢固，存在安全隐患	针对屋架端节点的安全问题，特别是木构件端头腐烂、蛀蚀等损坏，可用钢板、螺栓、圆钢、三角硬木块等进行加固	WJ1、WJ2 WJ3、WJ4
			屋架端节点下弦出现轻微腐朽及损坏，存在安全隐患	首先应在卸荷后用临时顶撑把屋架抬高，然后锯掉端节点下弦腐朽部分，替换新的下弦头子，再用木夹板或钢夹板、螺栓加固固定。如果齿连接承压强度不足，可另加硬木枕块以增大其承压面积，施工时保证枕块与上、下弦紧密接触。采用钢夹板时，应调整力的作用线位置，尽量避免螺栓连接偏心受力	WJ1、WJ2 WJ3、WJ4
			屋架端节点上、下弦均出现腐朽，且损坏长度较大	首先应在卸荷后用临时顶撑把屋架抬高，用木板和螺栓将上、下弦临时连接牢固，再将端节点上、下弦腐朽部分全部锯掉，继而替换新的上、下弦头子，用木夹板和螺栓固定，下弦木夹板两端分别设置槽钢和角钢，其间以圆钢拉杆拉结，形成靴梁，最用螺栓连接上、下弦杆	WJ1、WJ2 WJ3、WJ4
			屋架端节点受剪范围内局部出现危险性裂缝	首先用铁箍箍紧受剪面，使裂缝不再继续发展，然后在裂缝附近完好部位设木夹板，通过钢拉杆与设在端部的抵靠角钢连接加固	WJ3
		防虫防腐		屋架所有的新、旧木构件均需作防虫、防腐处理，在打磨后喷防蚁药两遍，表面涂熟桐油两遍防腐。木构件裂缝处、屋架支座节点、檩条、木支柱与墙柱交接处等部位为重点保护部位，原有木构件在施工时应先清除表面污迹及旧漆，再用猪料灰进行填塞处理，对于孔洞和较大裂缝，需用同种木料的木屑进行填充嵌实。针对新的木构件，应将树皮全部剥除，避免防虫剂、防腐剂渗入端部，然后对木材进行干燥处理，再在木材表面涂抹防虫剂、防腐剂，再喷刷色漆，最后涂抹阻燃剂进行保护	WJ1、WJ2 WJ3、WJ4

表格来源：刘玉洁、陈勐绘制

4. 重点保护部位修缮加固大样图（图 4-3-11～图 4-3-19）

图 4-3-11　屋面转折处节点

图 4-3-13　屋架支座节点

图 4-3-12　钢板螺栓节点

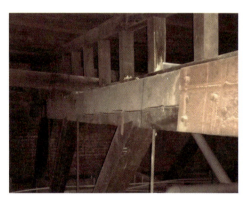

图 4-3-14　平行弦屋架裂缝部位

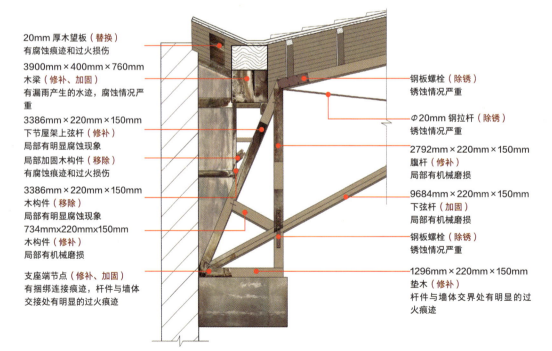

图 4-3-15　屋架重点保护部位现状图

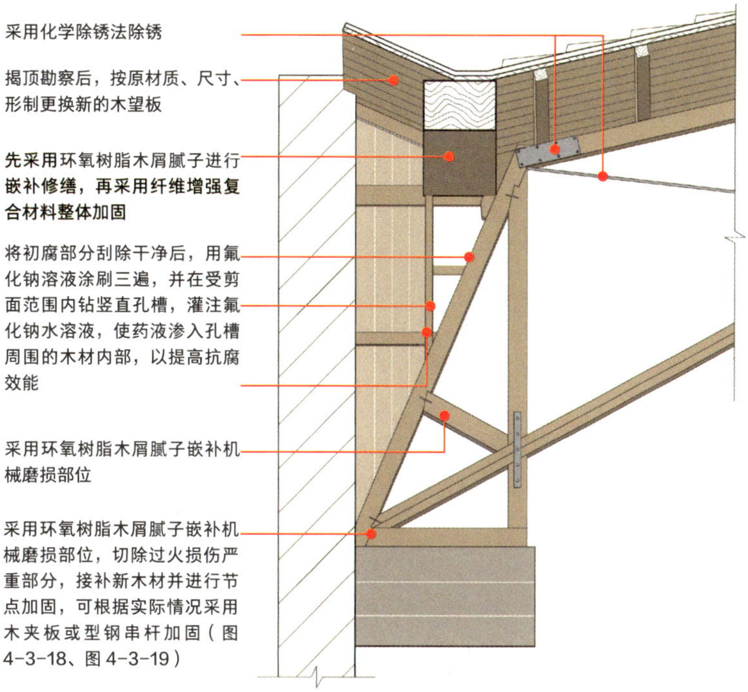

采用化学除锈法除锈
揭顶勘察后，按原材质、尺寸、形制更换新的木望板
先采用环氧树脂木屑腻子进行**嵌补修缮，再采用纤维增强复合材料整体加固**
将初腐部分刮除干净后，用氟化钠溶液涂刷三遍，并在受剪面范围内钻竖直孔槽，灌注氟化钠水溶液，使药液渗入孔槽周围的木材内部，以提高抗腐效能
采用环氧树脂木屑腻子嵌补机械磨损部位
采用环氧树脂木屑腻子嵌补机械磨损部位，切除过火损伤严重部分，接补新木材并进行节点加固，可根据实际情况采用木夹板或型钢串杆加固（图 4-3-18、图 4-3-19）

图 4-3-16　屋架重点保护部位修缮与加固设计图

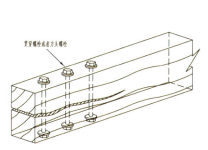

贯穿螺栓或者方头螺栓

图 4-3-17　夹压法修复木材裂缝

原有上弦
新加方木
新加木夹板
串杆
上弦
原有下弦
槽钢
新加硬木枕块

图 4-3-18　支座端节点木夹板串杆加固

原有上弦
新加槽钢
新加木夹板
销轴
下弦槽钢
串杆焊接在槽钢翼缘上
原有下弦

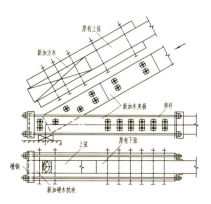

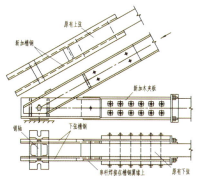

图 4-3-19　支座端节点型钢串杆加固

4.3.2 室内

1. 室内修缮设计（图 4-3-20 ~ 图 4-3-25，表 4-3-4）

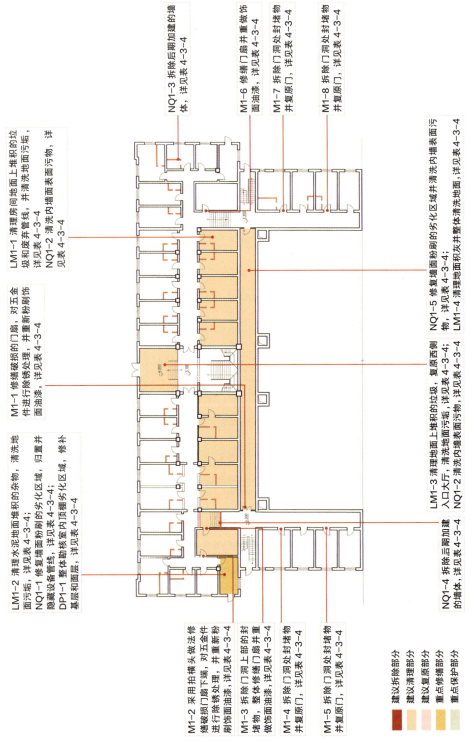

图 4-3-20 建筑地下一层修缮设计平面图

4.3 分项保护设计策略

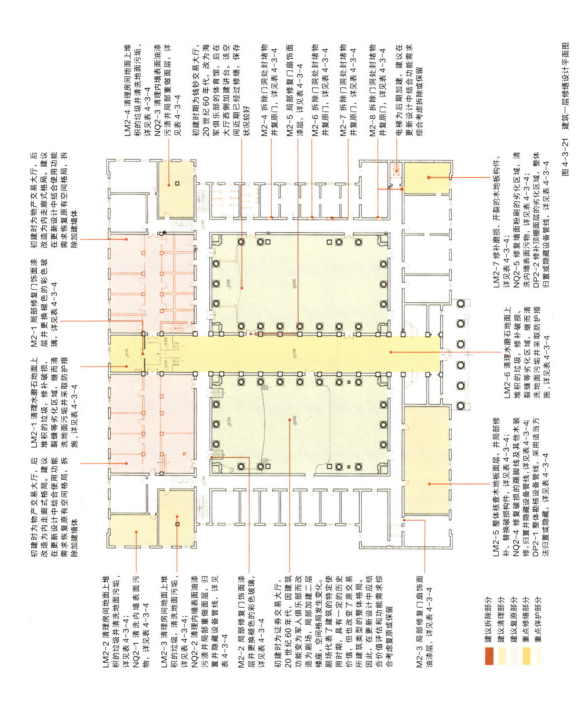

图 4-3-21 建筑一层修缮设计平面图

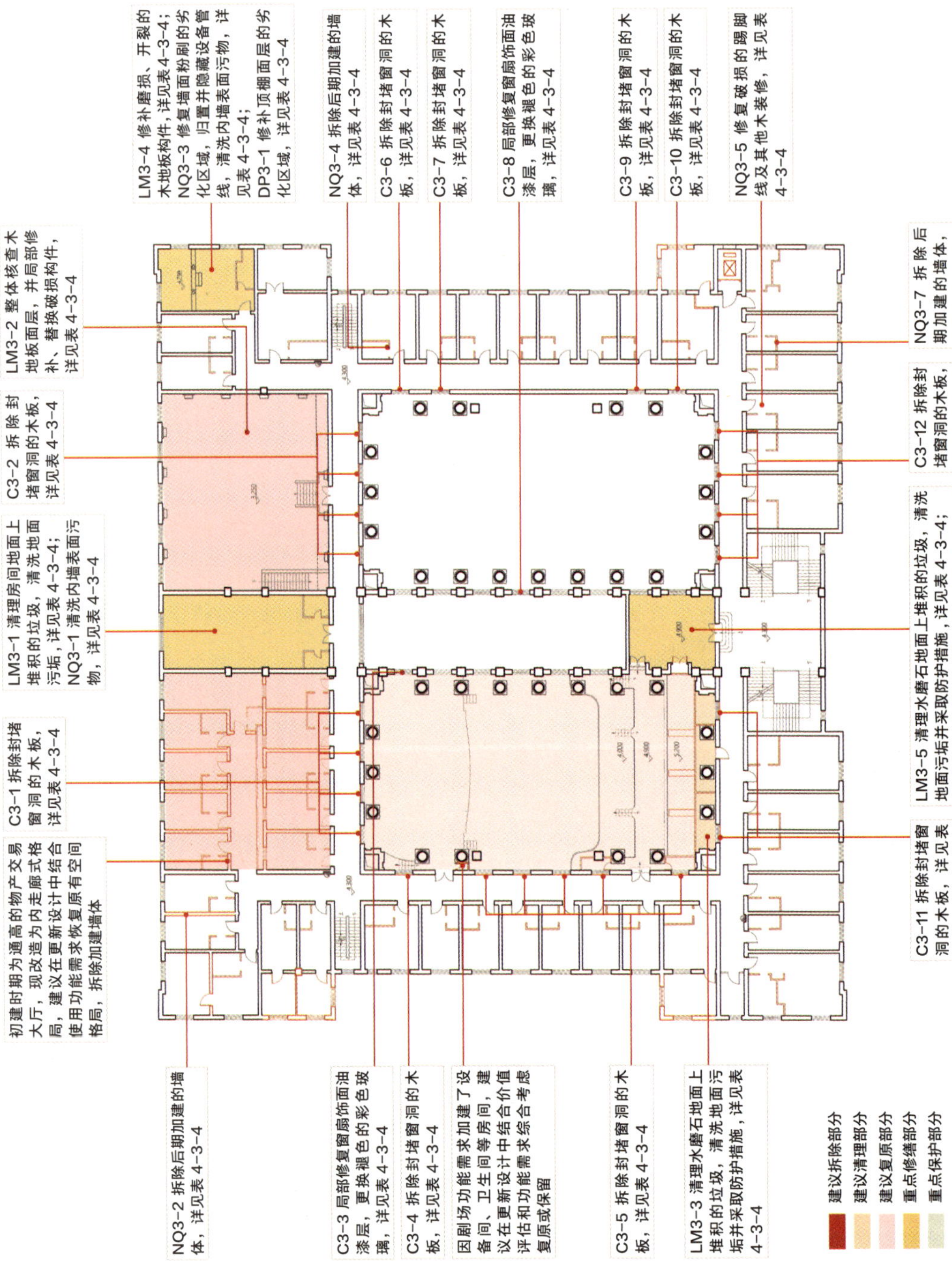

4 青岛取引所旧址修缮保护设计

LM3-4 修补磨损、开裂的木地板构件,详见表 4-3-4;**NQ3-3** 修复墙面粉刷的劣化区域,归置并隐藏设备管线,清洗内墙表面污物,详见表 4-3-4;**DP3-1** 修补吊顶棚层的劣化区域,详见表 4-3-4

NQ3-4 拆除后期加建的墙体,详见表 4-3-4

C3-6 拆除封堵窗洞的木板,详见表 4-3-4

C3-7 拆除封堵窗洞的木板,详见表 4-3-4

C3-8 局部修复窗扇装饰油漆层,更换褪色的彩色玻璃,详见表 4-3-4

C3-9 拆除封堵窗洞的木板,详见表 4-3-4

C3-10 拆除封堵窗洞的木板,详见表 4-3-4

NQ3-5 修复破损的踢脚线及其他木表修,详见表 4-3-4

LM3-2 整体核查木地板面层,并局部修补,替换破损构件,详见表 4-3-4

NQ3-7 拆除后期加建的墙体,详见表 4-3-4

C3-2 拆除封堵窗洞的木板,详见表 4-3-4

C3-12 拆除封堵窗洞的木板,详见表 4-3-4

LM3-1 清理房间地面上堆积的垃圾,清洗地面污垢,详见表 4-3-4;**NQ3-1** 清洗内墙表面污物,详见表 4-3-4

LM3-5 清理水磨石地面上堆积的垃圾,清洗地面污垢采取防护措施,详见表 4-3-4;**NQ3-6** 清洗内墙表面污物,详见表 4-3-4

C3-3 拆除封堵窗洞的木板,详见表 4-3-4

初建时期为通高的物产交易大厅,现改造为内走廊式格局,建议在更新设计中结合使用功能恢复原有空间格局,拆除加建墙体

C3-11 拆除封堵窗洞的木板,详见表 4-3-4

NQ3-2 拆除后期加建的墙体,详见表 4-3-4

C3-3 局部修复窗扇装饰油漆层,更换褪色的彩色玻璃,详见表 4-3-4

C3-4 拆除封堵窗洞的木板,详见表 4-3-4

因剧场功能需求加建了设备间、卫生间,建议在更新设计中结合价值评估和功能需求综合考虑复原或保留

C3-5 拆除封堵窗洞的木板,详见表 4-3-4

LM3-3 清理水磨石地面上堆积的垃圾,清洗地面污垢采取防护措施,详见表 4-3-4

建议拆除部分
建议清理部分
建议复原部分
重点修缮部分
重点保护部分

图 4-3-22 建筑二层修缮设计平面图

4.3 分项保护设计策略

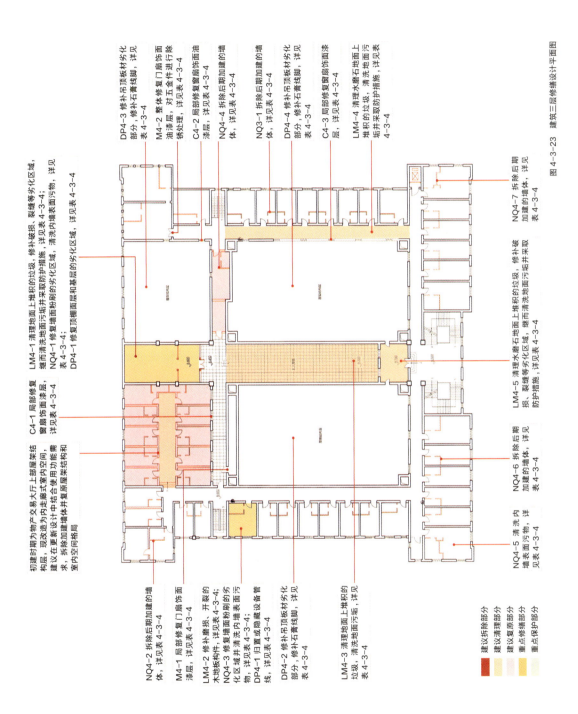

图 4-3-23 建筑三层修缮设计平面图

4 青岛取引所旧址修缮保护设计

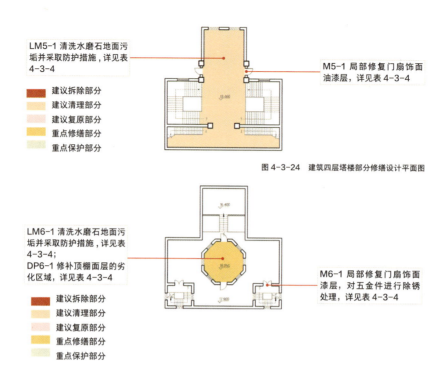

图 4-3-24 建筑四层塔楼部分修缮设计平面图

图 4-3-25 建筑五层塔楼部分修缮设计平面图

建筑室内修缮措施表　　　　　　　　　　　表 4-3-4

项目	修缮部位	现状问题	具体修缮方法	对应编号
室内	楼地面（LM）	室内水泥楼地面、木地板及屋顶平台堆积大量杂物，存留大量污垢	首先应清理楼地面杂物，检查楼地面破损情况，然后再采用专用地板清洁剂进行清洗。施工时先用拖布蘸取清洁剂整体清洁，对于顽固污垢，可用抹布、毛刷蘸取少量清洁剂用力擦拭。针对室内木地板，待清洁完毕，地面完全干燥后，使用不带绒毛的布或打蜡器进行地板打蜡处理，打蜡至少三遍，以使蜡油渗入木头。每次打蜡结束待其干燥后，用细砂纸打磨表面，擦干净后再进行下一遍打蜡	LM1-1、LM1-2、LM1-3、LM1-4、LM2-2、LM2-3、LM2-4、LM3-1、LM4-1、LM4-3
		水磨石楼地面积灰问题严重，存留大量污垢，破坏了原有图案饰纹	首先采用喷射法整体清洗水磨石地面，清洗后对地面污垢及损坏程度进行详细检查，对未喷射到位的区域及污垢严重区域进行补喷，继而打磨清洗，再均匀涂刷石材保护剂，降低石材吸水率、减缓风化作用并提高水磨石地面防污能力和抗碱能力	LM2-1、LM2-6、LM3-3、LM3-5、LM4-4、LM4-5、LM5-1、LM6-1
		水磨石楼地面局部存在破损、裂缝等问题	水磨石地面修缮旨在使修补后的材料与原有材料无色差或色差较小，主要包括裂缝修补、机械磨光、补色处理、涂保护剂等 4 个步骤。详述如下：①清洗水磨石地面并涂刷混凝土界面剂，选择与原水磨石地面水泥强度等级、石子粒径与色彩相同的材料配比调和成水磨石原料进行嵌缝处理；②待新嵌入的水磨石原料凝固牢固后，以高强度等级油石进行初级打磨和精细打磨，保证修补界面平整；③机械磨光后用草酸溶液进行整体清洗，修补区域色差较大处需进行调色修补；④水磨石地面干燥清洁后，涂刷石材保护剂进行整体养护	LM2-1、LM2-6、LM4-5
		木地板面层存在松动、磨损、开裂、大面积损坏等问题	原木地板板材为 1200mm 长、90mm 宽的条形木板，修缮时应先用木凿凿断、拆除损坏的板材并清理企口中的残木，检查木格栅和填充砂浆的完损状况，如有损坏应进行修补和加固，继而用钉子或胶水安装新的板材，新板材在材质、色彩、尺寸、纹理等方面应与原有板材一致，最后磨平新板材使其与原有室内地坪齐平	LM2-5、LM2-7、LM3-2、LM3-4、LM4-2

续表

项目	修缮部位	现状问题	具体修缮方法	对应编号
室内	内墙面（NQ）	墙面粉刷出现裂缝、脱落、弓凸、空鼓、酥松等问题，局部表面残存油漆渍、污垢等	首先应剥除墙面粉刷的劣化部位，铲除破损处底材腻子，再清理基层，保证基层干燥且无灰尘，之后进行基层找平并粉刷混凝土界面剂，然后刮2～3遍腻子，待干燥后采用细砂纸进行打磨处理，使表面平整光滑，最后进行面层涂料粉刷，保证材料色彩、质地与原有墙面一致	NQ1-1、NQ1-5、NQ2-2、NQ2-3、NQ2-5、NQ3-3、NQ4-1、NQ4-3
		墙面木装修如踢脚线、墙裙等局部出现破损	部分墙裙已改造为表面粉刷真石漆的水泥墙裙，本次修缮中予以保留。针对破损的木踢脚线及其他木装修，应替换新的构件，新构件的尺寸、形制、材质、色彩应与原有构件一致	NQ2-4、NQ3-5
		部分设备、管线等暴露，影响室内美观	整体勘核原有水、电等设备线路，统一归置室内管线，对于老化的设备线路进行整体性更新与扩容，尽量避免在墙体上钉钉、钻眼、打洞，管线和设备的安装位置宜隐蔽、安全，不应影响文物建筑的维修、保养和使用。可在管线外表面喷涂与室内空间风格、色彩相近的绝缘涂料，或采用与室内空间风格、色彩相近的金属导管、石膏线等隐藏管线，保持原有室内空间形貌的完整性。基于再利用设计中的功能需求，增设消防、空调、防雷接地等新的设备设施	NQ1-1、NQ2-2、NQ2-4
		后期改造中加建了部分墙体	首先应勘核墙体加建原因，明确是否为承重加固墙以及墙体内管线状况，在确定安全后拆除加建墙体，工程完工后及时将垃圾和杂物清运出场	NQ1-3、NQ1-4、NQ3-2、NQ3-4、NQ3-7、NQ4-3、NQ4-4、NQ4-6、NQ4-7
		内墙面存留积灰、油漆残余物等污物	采用砂纸、毛刷、钢丝刷及压缩空气等工具清除内墙表面油污、固体化合物、油漆涂料残留物等污物	NQ1-2、NQ2-1、NQ2-2、NQ2-3、NQ2-5、NQ3-1、NQ3-3、NQ3-6、NQ4-1、NQ4-3、NQ4-5
	顶棚（DP）	室内顶棚面层粉刷局部出现酥松、脱落、翘皮、变色等现象	首先应铲除顶棚面层粉刷劣化部分和底材腻子，再清理基层，保证基层干燥且无灰尘，之后进行基层找平，应将基层表面的缝隙、孔眼嵌填平整，继而粉刷混凝土界面剂并刮2遍腻子，应注意在第一道腻子干燥后再粉刷第二道，避免因腻子干燥收缩导致起皮脱落，最后进行底漆和涂料粉刷，保证面层材料色彩、质地与原有顶棚一致	DP1-1、DP2-2、DP3-1、DP6-1
		室内顶棚凹凸不平，面层严重破损	首先应铲除顶棚破损的面层和底材，勘核楼板凹凸不平的部位和原因。若楼板结构不存在安全性问题，则以石膏砂浆找平，保证基层平整，再粉刷界面剂、腻子、底漆和涂料，保证面层材料色彩、质地与原有顶棚一致；若楼板结构存在问题，另见结构篇章	DP1-1、DP4-1
		原交易大厅吊顶出现破损情况	吊顶破损情况较轻微者，可采用环氧树脂木屑腻子局部嵌补，再粉刷与原有吊顶色彩、质地一致的涂料；破损情况较为严重者，需拆除破损板条，根据原有板条的尺寸、材质、色彩等替换新的板条	DP4-2、DP4-3、DP4-4
		部分管线外露，破坏原有室内装修的风格特征，影响空间美观	整体勘核原有水、电等设备线路，对于老化的设备线路进行整体性更新与扩容，并基于再利用设计中的功能需求，增设消防系统、空调系统、防雷接地系统等新设备。统一归置室内管线，首先勘核室内空间尺度，若空间高度足够，可安装吊顶隐藏设备管线，若空间高度不足以安装吊顶，可喷涂与室内空间风格、色彩相近的绝缘涂料，或采用与室内空间风格、色彩相近的集线管、石膏线等隐藏管线，保持原有室内空间形貌的完整性	DP2-1、DP2-2、DP4-1
		石膏线脚局部出现起皮、裂缝、破损等问题	针对损坏较为严重的石膏线脚，可在现状测绘留档后，按照原有尺寸、式样、工艺、材质等进行加工更换；针对轻微损坏的石膏线脚，可用石膏纸筋浆或石膏腻子进行修补	DP4-2、DP4-3、DP4-4

续表

项目	修缮部位		现状问题	具体修缮方法	对应编号
室内	门窗	门（M）	饰面油漆出现脱层、空鼓、裂缝等问题，导致门扇色彩斑驳	在旧有饰面油漆上重新刷漆前，应首先勘核旧有涂膜的附着力和表面硬度，以确定起底程度，包括全起底（清除全部旧漆膜底）、半起底（铲清30%~70%旧漆膜底）和少起底（铲清30%以下旧漆膜底），当旧有油漆附着力强而难以铲除时，可用肥皂水或稀碱液清除油垢和灰尘，再用清水刷洗干净。起底工作完成后修补基层，使基层平整、光滑、干燥，再喷刷涂膜，之后刷底漆和饰面油漆，新油漆的色泽、质地应与旧有漆面保持基本一致，局部修缮时，应保证新漆面与整体色彩、质地协调一致	M1-1、M1-2、M1-3、M1-6、M2-1、M2-2、M2-3、M2-5、M4-1、M4-2、M5-1、M6-1
			门扇之间或门扇与门框之间缝隙过大，门扇木材糟朽，部分缺失	首先应勘核缝隙过大的原因，若因门扇糟朽严重，可以按原有门扇样式、尺寸、材料加工制作，替换原有门扇；若门扇糟朽程度较轻，可以采用调整高低缝、木门扇镶边或加钉盖缝条等方式解决木门缝隙过大的问题	M1-1、M1-2、M1-3、M1-6
			部分实拼门下端腐烂、损坏，影响门的正常使用	首先应现场勘察、测量实拼门下端腐烂、破损部位的高度，若下端损坏处高度大于400mm，则按原有门扇样式、尺寸、材料加工制作，替换原有门扇；若下端损坏处高度小于400mm，则应拆卸、替换门扇左右两外侧板，锯去实拼板下端腐烂部位，再用拍横头做法做榫卯与原有实拼板、两外侧板连接	M1-2、M1-3、M1-6
			部分彩色玻璃出现褪色、颜色不均匀等问题	根据原有彩色玻璃的样式、尺寸、色彩加工并替换原有玻璃	M2-1、M2-2
			部分五金件锈蚀、损坏及缺失	针对锈蚀的五金件进行除锈和防护处理，可根据现场具体锈蚀情况决定选用物理或者化学除锈法。物理除锈法是借助机械驱动力量以冲击与摩擦作用除去锈层，化学除锈法是利用酸、碱溶剂与锈蚀部位的铁的氧化物发生化学反应，将表面锈层溶解、剥离以达到除锈目的。除锈后再通过涂敷、电镀保护膜进行金属构件表面的防护。针对锈蚀、破损严重的执手、撑杆、铰链等五金件，应根据原有五金件的尺寸、材质、色彩进行加工定制并替换	M1-1、M1-3、M4-2、M6-1
			后期改造中部分门被拆除，门洞被封堵	首先应勘核门洞被封堵的原因，然后拆除封堵门洞的砖墙或木板，归位、维修因移位受损的门框，按照原有门的形制、尺寸、材质、色彩、细部等进行加工制作并复原	M1-3、M1-4、M1-5、M1-7、M1-8、M2-4、M2-6、M2-7、M2-8
		窗（C）	饰面油漆干裂脱落导致窗框色彩斑驳	在旧有饰面油漆上重新刷漆前，应首先勘核旧有涂膜的附着力和表面硬度，以确定起底程度，包括全起底（清除全部旧漆膜底）、半起底（铲清30%~70%旧漆膜底）和少起底（铲清30%以下旧漆膜底），当旧有油漆附着力强而难以铲除时，可用肥皂水或稀碱液清除油垢和灰尘，再用清水刷洗干净。起底工作完成后修补基层，使基层平整、光滑、干燥，再喷刷涂膜，之后刷底漆和饰面油漆，新油漆的色泽应与旧有漆面保持基本一致，局部修缮时，应保持新漆面与整体色彩协调一致	C3-3、C3-8、C4-1、C4-2、C4-3
			部分彩色玻璃出现褪色、颜色不均匀等问题	根据原有彩色玻璃的样式、尺寸、色彩加工并替换原有玻璃	C3-3、C3-8
			后期改造中部分窗被拆除，窗洞局部或整体被封堵，部分窗台堆积杂物	首先应勘核窗洞被封堵的原因，然后拆除封堵窗洞的砖墙或木板，清理窗台堆砌的杂物并清洗窗台，归位、维修因移位受损的窗框，按照原有窗户的样式、尺寸、材料等加工制作并复原	C3-1、C3-2、C3-4、C3-5、C3-6、C3-7、C3-9、C3-10、C3-11、C3-12

表格来源：陈勐、刘铮、王荃绘制

4.3 分项保护设计策略

2. 室内重点修缮保护部位（图 4-3-26 ～图 4-3-29）

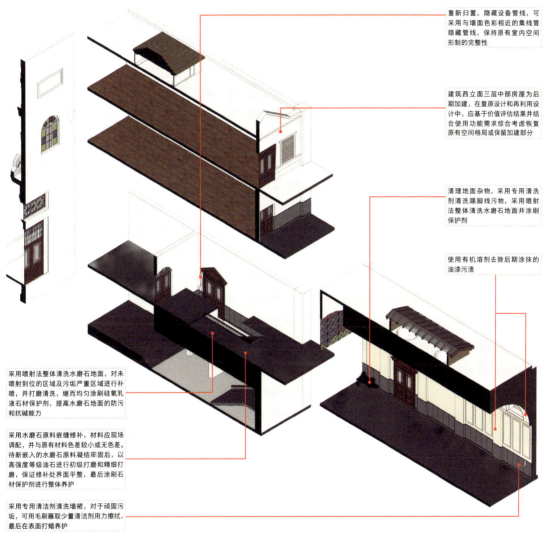

重新归置、隐藏设备管线，可采用与墙面色彩相近的集线管隐藏管线，保持原有室内空间形制的完整性

建筑西立面三层中部房屋为后期加建，在复原设计和再利用设计中，应基于价值评估结果并结合使用功能需求综合考虑恢复原有空间格局或保留加建部分

清理地面杂物，采用专用清洗剂清洗踢脚线污物，采用喷射法整体清洗水磨石地面并涂刷保护剂

使用有机溶剂去除后期涂抹的油漆污渍

采用喷射法整体清洗水磨石地面，对未喷射到位的区域及污垢严重区域进行补喷，并打磨清洗，继而均匀涂刷硅氧乳液石材保护剂，提高水磨石地面的防污和抗碱能力

采用水磨石原料嵌缝修补，材料应现场调配，并与原有材料色差较小或无色差。待新嵌入的水磨石原料凝结牢固后，以高强度等级油石进行初级打磨和精细打磨，保证修补处界面平整，最后涂刷石材保护剂进行整体养护

采用专用清洁剂清洗墙裙，对于顽固污垢，可用毛刷蘸取少量清洁剂用力擦拭，最后在表面打蜡养护

图 4-3-26 厅廊修缮设计图

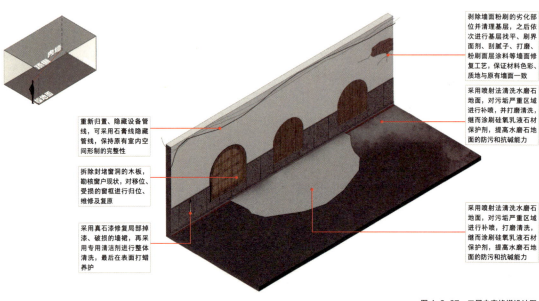

图 4-3-27　二层走廊修缮设计图

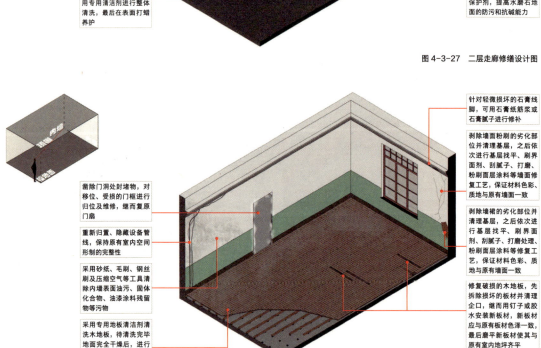

图 4-3-28　建筑东侧典型房间修缮设计图

4.3 分项保护设计策略

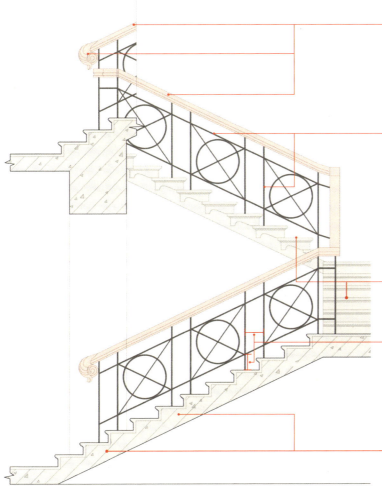

楼梯木制扶手出现局部破损、腐朽、掉漆等问题，需进行修复并重刷油漆。针对木制扶手局部裂缝、破损等问题，可采用**环氧树脂木屑腻子进行嵌补**。针对局部腐朽斑点，可将初腐部分刮除干净后，涂刷氟化钠溶液，然后钻竖直孔槽并灌注氟化钠水溶液，提高抗腐效能。最后再统一粉刷油漆，并保证新漆面与整体色彩、质地协调一致

楼梯栏杆铁艺构件局部出现损坏及锈蚀等现象，应局部修复、刷漆并作养护处理。针对孔洞、凹陷、裂纹等问题，可采用环氧树脂修补，该方式为可逆性的维修方法，可以通过喷砂去除。针对锈蚀问题，可根据现场情况选用物理除锈法或化学除锈法，除锈后再通过涂敷、电镀保护膜进行金属构件表面的防护。最后再统一粉刷油漆，并保证新漆面与整体色彩、质地协调一致

楼梯水磨石踏面局部损坏，整体积灰问题严重，存留大量污垢。针对踏面局部掉脚、凹陷、裂缝等问题，应通过裂缝修补、机械磨光、补色处理等方式进行修复，使修补后的材料与原有材料无色差或色差较小，整体协调一致。针对积灰及污浊等问题，可采用喷射法进行打磨清洗，再均匀涂刷石材保护剂，提高水磨石的材料性能

楼梯栏杆垂直铁艺杆件间距、下端斜杆与踏面的距离均较大，存在安全隐患。若再利用设计中涉及较多的瞬时性人流或承载少年儿童的使用功能，建议在栏杆内侧增设安全玻璃栏板，防止儿童攀爬，减少安全隐患

楼梯钢筋混凝土结构局部出现混凝土酥裂、脱落、钢筋漏筋、锈蚀等问题，应**先打磨至混凝土坚硬层，将锈蚀钢筋除锈、归位，再浇筑、喷涂、粉刷聚合物砂浆进行修补**。斜梁底面通过纤维增强复合材料进行加固，提高结构整体性

图 4-3-29 楼梯修缮设计图

123

4.3.3 屋顶（图 4-3-30～图 4-3-34，表 4-3-5）

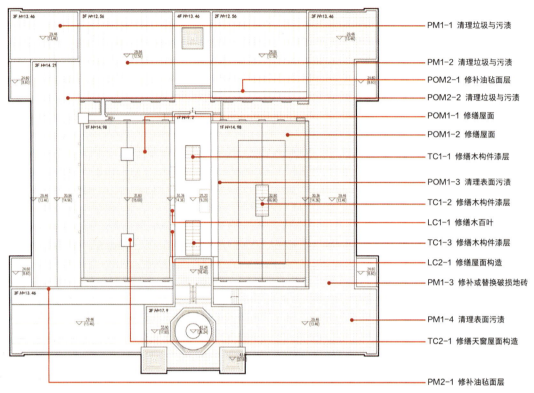

图 4-3-30 屋顶修缮设计索引图

屋顶修缮措施表　　　　　　　　　　　　　　　　　　表 4-3-5

项目	修缮部位	类型	现状问题	具体修缮方法	对应编号
屋面	平屋面（PM）	硬质面层（PM1）	表面污迹局部残损	清理表面杂物，修补地砖、勾缝等处的破损部位，替换破损较为严重的地砖，最后采用专用清洗剂清洗表面污渍	PM1-1、PM1-2、PM1-3、PM1-4
屋面	平屋面（PM）	油毡面层（PM2）	局部残损	局部修缮工程主要包括清理表面杂物、局部替换油毡面层等，整体性修缮工程包括增设外保温层、重做防水层等（图4-3-31）	PM2-1
屋面	坡屋面（POM）	机平瓦（POM1）	局部残损表面污迹	局部修缮工程主要为瓦件的替换和清理，整体性修缮工程主要针对漏雨、构造层损坏等问题进行揭顶修缮，整体勘核、替换破损的木挂瓦条、顺水条、木望板等构件，并重做防水层（图4-3-33）	POM1-1、POM1-2、POM1-3
屋面	坡屋面（POM）	油毡面层（POM2）	表面污迹面层开裂	局部修缮工程主要为清理表面杂物，修补女儿墙与屋面交接处的油毡面层，整体性修缮工程需重做防水卷材与保护层（图4-3-32、图4-3-34）	POM2-1、POM2-2
天窗	天窗（TC）	玻璃天窗（TC1）	基本完好漆层劣化	玻璃天窗为后期改造，现状整体保存较好，针对部分木构件出现的漆层脱落、开裂等问题，需重新粉刷底漆和面漆	TC1-1、TC1-2、TC1-3
天窗	天窗（TC）	双坡顶高侧窗（TC2）	基本完好	屋面后期更换为简易金属屋面，需加固节点以增强金属面层与屋面的固结度，并替换破损构件	TC2-1
老虎窗	老虎窗（LC）	木制百叶（LC1）	局部封堵损坏严重	拆除后期封堵老虎窗的铁皮，基于原有木制百叶的材料、形制、尺寸等进行复原。修复原有木制百叶的木构件，进行防腐处理并重做饰面油漆	LC1-1
老虎窗	老虎窗（LC）	屋面构造（LC2）	损坏严重	整体勘核、修缮屋面构造层，替换破损的挂瓦条、顺水条、望板等构件，在檐口处增设木制封檐板，保护屋面构造层	LC2-1

表格来源：李进、陈勐绘制

4.3 分项保护设计策略

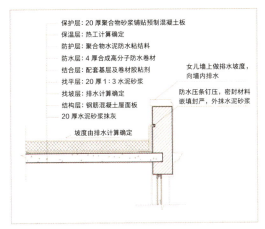

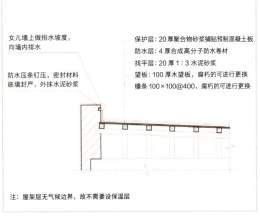

图 4-3-31 平屋面整体修缮设计构造大样

图 4-3-32 原西北侧交易大厅屋面整体修缮设计构造大样

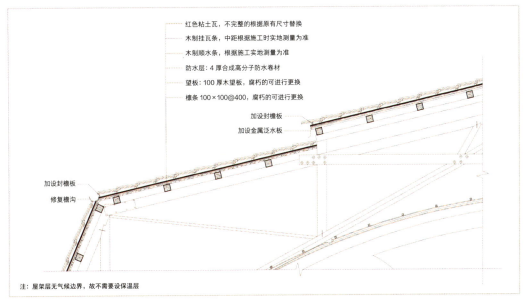

图 4-3-33 原东北侧交易大厅屋面整体修缮设计构造大样

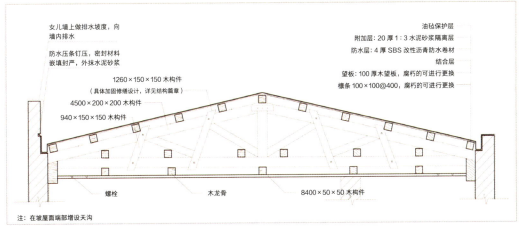

图 4-3-34 北侧双坡顶屋面修缮设计构造大样

4.3.4 立面

1. 立面修缮与复原设计（图 4-3-35～图 4-3-40，表 4-3-6）

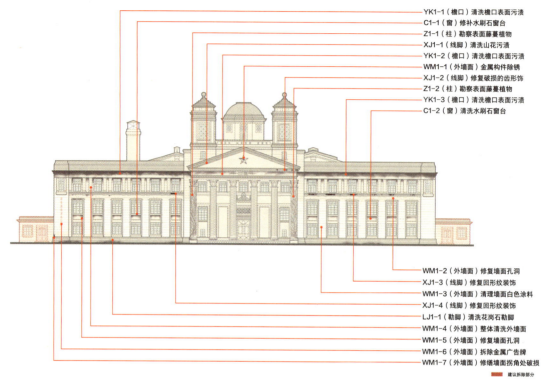

图 4-3-35 建筑东立面修缮设计索引图

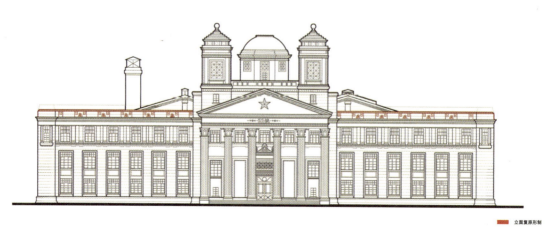

图 4-3-36 建筑东立面复原设计图

4.3 分项保护设计策略

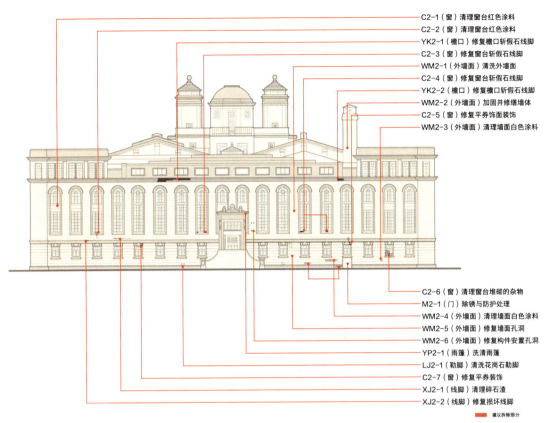

图 4-3-37 建筑西立面修缮设计索引图

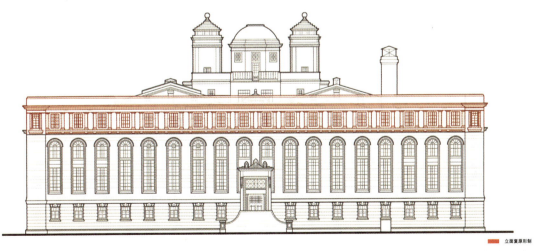

图 4-3-38 建筑西立面复原设计图

4 青岛取引所旧址修缮保护设计

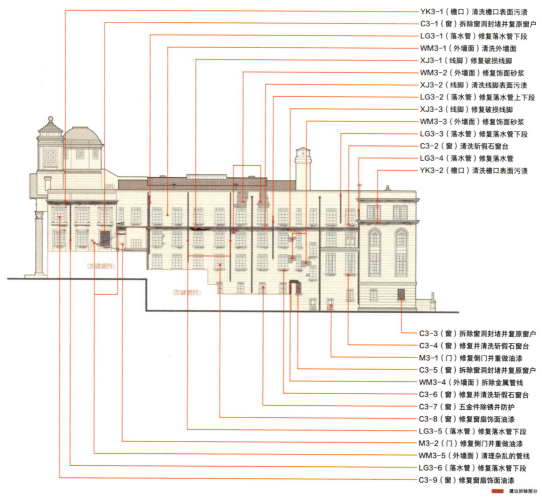

图 4-3-39 建筑北立面修缮设计索引图

4.3 分项保护设计策略

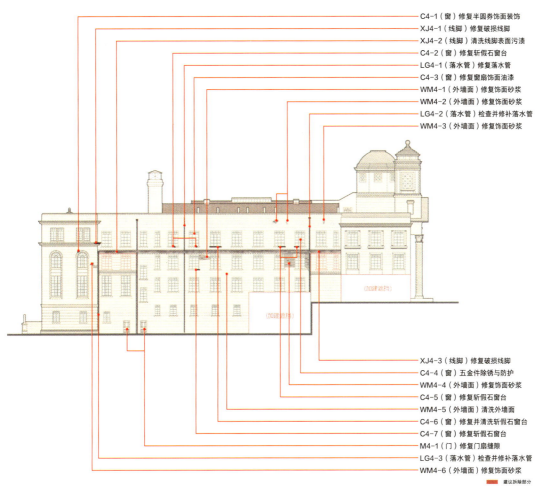

图 4-3-40　建筑南立面修缮设计索引图

建筑立面修缮措施表　　　　　　　　　　　　　　　　表 4-3-6

项目	修缮部位		现状问题	具体修缮方法	对应编号
立面	外墙	外墙面（WM）	外墙面局部存在饰面砂浆脱落、破损等问题，南、北立面外墙面破损最为严重，部分区域暴露出砖石砌块	建筑外墙面的主要材料为斩假石，斩假石是饰面砂浆的一种，又称剁斧石，常用于近代公共建筑中。斩假石工艺是在水泥砂浆基层上涂抹由水泥、白石屑和水拌合而成的水泥石碴浆，硬化后用剁斧、单刃或多刃斧、凿子等工具斩剁出如天然石材一般有规律的石纹。斩假石修复工艺的流程包括：①凿除破损处的砂浆并处理基层；②抹底层砂浆和中层砂浆；③弹线分格并粘贴分格条；④分两遍抹面层水泥石碴浆并洒水养护；⑤斩剁面层；⑥清洗墙面并修补分格缝。施工中水泥石碴浆的材料配比应经现场试验或试作样板确定，斩剁面层时应先试剁，保证石粒不掉，剁痕宜斜，修补后的斩假石墙面应与原墙面协调一致。最后在外墙表面整体涂刷憎水剂，憎水剂的选择应符合拒水、透气、无色透明和耐久的特点。此外，局部水泥砂浆、拉毛灰饰面砂浆墙面亦需根据原有工艺和材料配比进行修补，并涂刷无色透明憎水剂，使修补后的墙面与原有材质协调一致	WM1-7、WM2-2、WM3-2、WM3-3、WM4-1、WM4-2、WM4-3、WM4-4、WM4-6
			东、西立面墙体表面存在多处大小不一的残留构件安置孔	应整体填补残留构件安置孔，深度在 3mm 以下的孔洞采用聚合物水泥砂浆腻子修补找平，大于 3mm 的孔洞采用水泥砂浆修补磨平，之后再根据孔洞周边墙面材质进行修复	WM1-2、WM1-5、WM2-5、WM2-6
			东立面外墙面大部分区域涂有后期增添的白色涂料，西立面外墙面局部区域残留油漆污渍	去除东、西立面后期涂刷的涂料和油漆。针对东立面白色涂料，可涂刷外墙涂料去除液，先将涂料去除液均匀涂抹在待处理的涂层表面，待涂层表面膜起皱、剥离或成糊状后，用专用清洗剂冲洗清洁；针对西立面外墙油漆痕迹，可采用专用脱漆剂进行清理去除	WM1-3、WM2-3、WM2-4
			东立面山形墙上"22号"金属标志与红色五角星金属标志表面锈蚀，东南角电话号码构件为后期添置，破坏了立面风貌	首先应拆除东南角后期增设的电话号码标志，针对表面锈蚀的金属构件进行除锈和防护处理，可根据现场具体锈蚀情况决定选用物理或者化学除锈法。物理除锈法是借助机械驱动力量以冲击与摩擦作用除去锈层，化学除锈法是利用酸、碱溶剂与锈蚀部位的铁的氧化物发生化学反应，将表面锈层溶解、剥离以达到除锈目的。除锈后再通过涂敷、电镀保护膜进行金属构件的表面防护处理	WM1-1、WM1-6
			南、北立面存在多处外挂电线、支架、预埋铁件等，造成安全隐患并影响外立面美观	整体勘核原有水、电等设备线路，对于老化的设备线路进行整体性更新与扩容。统一规整清理外立面上的外挂电线，拆除支架、预埋铁件等后期添加的构件，重新规划设计建筑的用电线路，应规避外挂电线所带来的安全隐患，避免在墙体上钉钉、钻眼、打洞，管线和设备的安装位置宜隐蔽、安全，不应影响文物建筑的维修、保养和使用。基于再利用设计中的功能需求，增设外立面泛光照明、消防系统、空调系统、防雷接地系统等，满足建筑遗产的可持续利用需要	WM3-4、WM3-5
			外墙面长期受到雨水侵蚀，局部产生污渍，影响外立面美观	对受雨水侵蚀部位进行清洗，施工流程包括小面积试样、确定清洗剂、安装登高器械、高压水冲洗、检查并处理特殊污垢、墙面酸碱性检测、移位继续作业等	WM1-4、WM2-1、WM3-1、WM4-5
		檐口（YK）	檐口水泥砂浆材料出现局部脱落、损坏、残缺等问题	首先将损坏部分清除干净，再洒水润湿并刷界面剂，针对小面积脱落、损坏的区域可直接使用水泥砂浆进行修补，针对损坏、残缺较为严重的部位需支模修复，材料配比应经现场试验或试作样板确定，保证檐口形式、色彩和质地协调统一	YK2-1、YK2-2
			檐口局部长期受到雨水侵蚀，形成黑色污渍，与外墙立面整体色泽不协调	采用反推法清洗受雨水侵蚀较为严重的檐口区域，首先应进行初步清水冲洗，然后针对清洗部位材料性质与污染程度配置不同种类的清洗剂，包括去油剂、石材清洗剂、砂岩清洗注等干湿结合的方法，先进行小面积试验，从中遴选清洗效果最好的清洗剂。涂刷清洗剂后采用高压水冲洗，保证外墙立面没有残余清洗液，特殊污垢则需另行配制特殊清洗剂清洗，清洗完毕后的檐口部分与整体立面协调统一且略带沧桑感	YK1-1、YK1-2、YK1-3、YK3-1、YK3-2
		勒脚（LJ）	部分勒脚表面被鸽子粪便污染，影响立面美观	清理勒脚表面的杂物与污垢，使用专用清洁剂清洁花岗石勒脚表面的鸟粪并进行相应的消毒处理	LJ1-1、LJ2-1

4.3 分项保护设计策略

续表

项目	修缮部位	现状问题	具体修缮方法	对应编号
外墙	勒脚（LJ）	勒脚表面受雨水侵蚀，存在大量污渍，影响整体美观	使用石材墙面清洗剂去除勒脚表面污渍，清洗完成后，涂刷有机硅系列树脂憎水剂进行表面防护，降低石材吸水率，减缓风化作用，并提高石材表面的防污和抗碱能力	LJ1-1、LJ2-1
外墙	线脚装饰（XJ）	立面线脚装饰出现不同程度的脱落和破损，东立面三角形山形墙斜檐、飞檐局部脱落和破损，回形纹装饰大量脱落	建筑线脚花饰主要采用水泥砂浆制作，针对线脚花饰局部破损的部位，将损坏部分清除干净后，洒水润湿并刷界面剂一道，再采用水泥砂浆进行局部修补；针对线脚花饰破损严重的部位，小心拆除完整花饰并翻做模具，基于线脚复杂度选择现制花饰制作或预制花饰制作方法。水泥砂浆材料配比应经试作样板确定，修补后的线脚花饰应与原有构件协调一致	XJ1-2、XJ1-3、XJ1-4、XJ2-2、XJ3-1、XJ3-3、XJ4-1、XJ4-3
外墙	线脚装饰（XJ）	线脚纹饰表面受雨水侵蚀，存在大量污渍，局部堆积少许碎石碴	清理线脚纹饰表面堆积的碎石碴，对受雨水侵蚀部位进行清洗，施工流程包括小面积试样、确定清洗剂、安装登高器械、高压水冲洗、检查并处理特殊污垢、墙面酸碱性检测、移位继续作业等，使清洗后的线脚部分与整体立面协调统一并略带沧桑感	XJ1-1、XJ2-1、XJ3-2、XJ4-2
门廊	柱子（Z）	东立面部分柱子上缠满藤蔓植物	东立面巨柱上缠绕的藤蔓植物具有历史价值和景观价值，但攀援类植物有时会损害建筑结构，带来安全隐患。因此应首先对藤蔓植物进行危害评估，若不影响建筑结构的安全性，则予以保留，但需定期勘核并加强维护	Z1-1、Z1-2
门廊	雨篷（YP）	西立面雨篷受雨水侵蚀，存在大量污渍	洗清雨篷表面污渍，施工流程包括小面积试样、确定清洗剂、安装登高器械、高压水冲洗、检查并处理特殊污垢、墙面酸碱性检测、移位继续作业等，使清洗后的雨篷与整体立面协调统一并略带沧桑感	YP2-1
立面	门（M）	饰面油漆出现脱层、空鼓、裂缝等问题，导致门扇色彩斑驳	在旧有饰面油漆上重新刷漆前，应首先勘核旧有涂膜的附着力和表面硬度，以确定起底程度，包括全起底（清除全部旧漆膜底）、半起底（铲清30%~70%旧漆膜底）和少起底（铲清30%以下旧漆膜底），当旧有油漆附着力强而难以铲除时，可用肥皂水或稀碱液清除油垢和灰尘，再用清水刷洗干净。起底工作完成后修补基层，使基层平整、光滑、干燥，再喷刷涂膜，之后刷底漆和饰面油漆，新油漆色泽应保持与旧有漆面基本一致，局部修缮时，应保持新漆面与整体色彩协调一致	M3-1、M3-2
立面	门（M）	门扇之间或门扇与门框之间缝隙过大，门扇木材糟朽，部分缺失	首先应勘核缝隙过大的原因，若因门扇糟朽严重，可以按原有门扇样式、尺寸、材料加工制作，替换原有门扇；若门扇糟朽程度较轻，可以采用调整高低缝、木门扇镶边或加钉盖缝条等方式解决木门缝隙过大的问题	M3-1、M4-1
立面	门窗	部分五金件锈蚀、损坏及缺失	针对锈蚀的五金件进行除锈和防护处理，可根据现场具体锈蚀情况决定选用物理法或者化学法除锈，再通过涂敷、电镀保护膜进行金属构件的表面防护处理。针对锈蚀、破损严重的五金件，应根据原有五金件的尺寸、材质、色彩进行加工定制并替换	M2-1
立面	窗（C）	饰面油漆出现脱层、空鼓、裂缝等问题，导致窗扇色彩斑驳	在旧有饰面油漆上重新刷漆前，应首先勘核旧有涂膜的附着力和表面硬度，以确定起底程度，包括全起底（清除全部旧漆膜底）、半起底（铲清30%~70%旧漆膜底）和少起底（铲清30%以下旧漆膜底），当旧有油漆附着力强而难以铲除时，可用肥皂水或稀碱液清除油垢和灰尘，再用清水刷洗干净。起底工作完成后修补基层，使基层平整、光滑、干燥，再喷刷涂膜，之后刷底漆和饰面油漆，新油漆色泽应保持与旧有漆面基本一致，局部修缮时，应保持新漆面与整体色彩协调一致	C3-8、C3-9、C4-3
立面	窗（C）	部分五金件锈蚀、损坏及缺失	针对锈蚀的五金件进行除锈和防护处理，可根据现场具体锈蚀情况决定选用物理法或者化学法除锈，再通过涂敷、电镀保护膜进行金属构件的表面防护处理。针对锈蚀、破损严重的五金件，应根据原有五金件的尺寸、材质、色彩进行加工定制并替换	C3-7、C4-4

续表

项目	修缮部位		现状问题	具体修缮方法	对应编号
立面	门窗	窗（C）	窗台、窗框、过梁等处饰面砂浆局部出现脱落、开裂、破损等问题，劣化严重者暴露出墙体内部红砖	建筑外立面窗台的主要材料为水刷石和斩假石，水刷石通过水泥、石子、石屑混合颜料搅拌加工而成，是石粒类立面材料饰面的传统做法，常用于近代建筑外立面细部。水刷石修复工艺的流程包括：①凿除破损处的水刷石并处理基层；②抹底层、中层砂浆，中层砂浆表面进行划毛处理；③弹线分格并粘贴分格条；④刷素水泥浆和面层石粒浆；⑤分两遍刷洗面层，使石粒清晰可见且分布均匀；⑥起出分格条并修补分格缝。施工中面层石粒浆的材料配比应经现场试验或试作样板确定，修补后的窗台应与原有窗台协调一致。此外，斩假石窗台、窗框及过梁等部位的修复工艺与斩假石外墙面相同	C1-1、C2-3、C2-4、C2-5、C2-7、C3-4、C3-6、C4-1、C4-2、C4-5、C4-6、C4-7
			窗洞局部或整体被封堵，部分窗台堆积杂物	拆除窗洞口处的封堵物，按照原有窗户的样式、尺寸、材料加工制作并复原，清理窗台堆砌的杂物并清洗窗台污物	C2-6、C3-1、C3-3、C3-5
			窗台表面受雨水侵蚀，存在大量污渍，局部有油漆污渍	采用反推法清洗窗台，首先应进行初步清水冲洗，然后针对清洗部位材料性质与污染程度配置不同种类的清洗剂，先进行小面积试验，从中遴选清洗效果最好的清洗剂，涂刷清洗剂后用清水冲洗，保证外墙立面没有残余清洗液，特殊污垢则需另行配制特殊清洗剂清洗	C1-2、C2-1、C2-2、C3-2、C3-4、C3-6、C4-6

表格来源：陈勐、邹邦涛、李超绘制

2. 立面重点修缮保护部位

东立面作为建筑的主要立面，直接面向馆陶路，是青岛取引所旧址的主要观赏面。东立面保存较为完整，基本保留了历史原貌，山形墙和楣构处后期增设的五角星和"22号"金属构件具有重要的历史价值，予以保留。两翼后期改造的女儿墙部分，可考虑原状复原。修缮设计以修补、清洗为主，包括整体清理、修复、清洗外墙面，修复并清洗装饰线脚、窗台和檐口等部位。

东立面的重点保护部位包括腰线处的回形纹装饰、塔楼与穹顶、六柱式门廊等。回形纹装饰细部精美，现状出现局部脱落、破损等问题，应整体勘核后采用替换、修复及清洗的方式修缮。替换时可采用预制花饰修复方法，先按预制块大小拆除完好纹饰，再制作模具并以水泥砂浆浇筑成形，继而整块铲除损坏部分，将预制花饰安装于原处。材料配比应经试作样板确定，修复后的回形纹装饰应与原有构件协调一致。

东立面屋顶的塔楼和穹顶近期进行过修缮，整体保存状况较好，室内装修已焕然一新。修缮设计主要包括修复装饰线脚、清洗外墙面等。对门窗中出现破损、褪色现象的彩色玻璃及时进行更换。

东立面主入口的六柱式门廊设计精湛，具有较高的艺术价值。修缮设计中，应严格保护整体风格与建造工艺，主要包括修复破损的齿形饰和檐部线脚，整体清洗檐部、横饰带等处的污渍，铁构件除锈等。此外，还应定期检查巨柱上缠绕的藤蔓植物，若不影响建筑结构安全性，则予以保留，以延续植物的历史价值和景观价值。在日后的保护工作中，应加强门廊部分的日常维护，针对柱、大门、檐口、装饰线脚等部位进行定期检查及清洗（图4-3-41、图4-3-42）。

西立面面向莱州路，是青岛取引所旧址的次要观赏面。西立面整体保存较为完整，三层以下立面基本保留了历史原貌，但三层中段改造为阶台式造型，两翼改造为二联窗，破坏了原立面由水平线脚、女儿墙以及统一形式的窗和壁柱形成的韵律节奏。本次修缮设计中，可根据历史图纸进行立面原状复原设计。其他的修缮内容包括整体修复、清洗外墙面，修复并清洗装饰线脚、檐口、勒脚、雨篷等部位，修复并清洗窗台、圆拱券和平券装饰等。

西立面的重点保护部位包括次入口大门、竖向带形长窗、半地下室的矩形窗等。此外，建筑西南角烟囱外墙面有大面积水泥砂浆面层脱落，露出红砖墙体，也是本次修缮设计的重点保护部位。

西立面门窗近期已进行过修缮改造，整体保存状况较好。次入口大门形制与主入口相似，但装饰细节更为丰富，门扇与亮子的彩色玻璃、大门两侧壁柱、门框上的植物装饰和细节纹样等均体现出精湛的设计和制作技艺，具有较高的艺术价值。修缮设计主要包括修复并清洗斩假石窗台线脚、修复并清洗半圆拱券和平券装饰等。在日后的保护工作中，应加强门窗部分的日常维护，检查门扇、窗扇及五金件的完损状况，定期清洗窗台、窗框等处线脚。

建筑西南角烟囱高起于主体之上，直通原位于地下一层的锅炉房，现已废弃不用。修缮设计中应首先核查烟囱的结构安全性问题，可采用压密灌浆的方法进行局部加固，继而修补表面水泥砂浆，使修补后的墙面与原有材质协调一致（图4-3-43、图4-3-44）。

4.3 分项保护设计策略

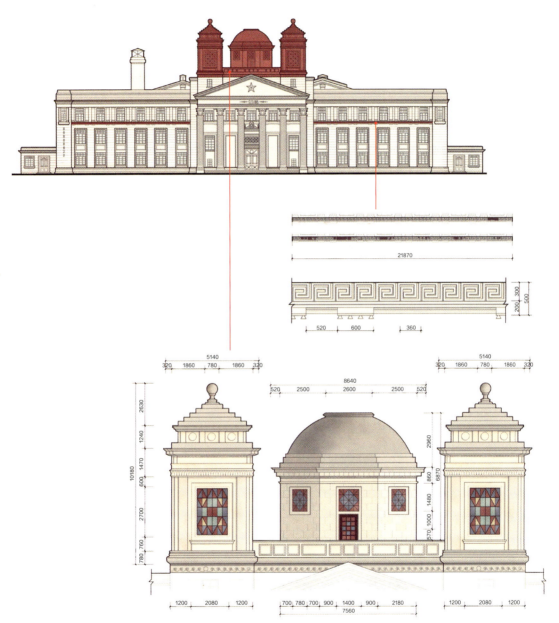

图 4-3-41 建筑东立面重点修缮保护部位图一

4 青岛取引所旧址修缮保护设计

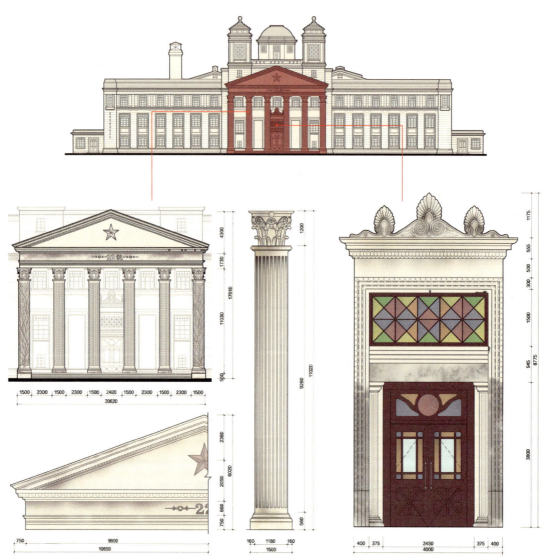

图 4-3-42 建筑东立面重点修缮保护部位图二

4.3 分项保护设计策略

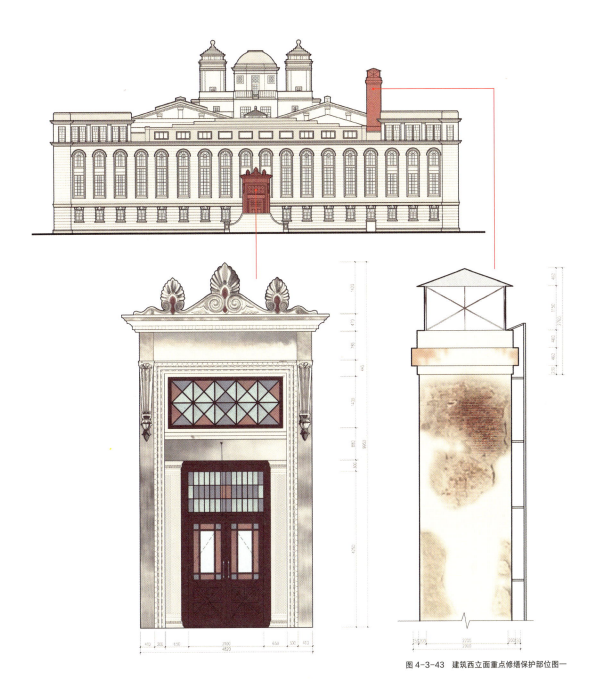

图 4-3-43 建筑西立面重点修缮保护部位图一

4 青岛取引所旧址修缮保护设计

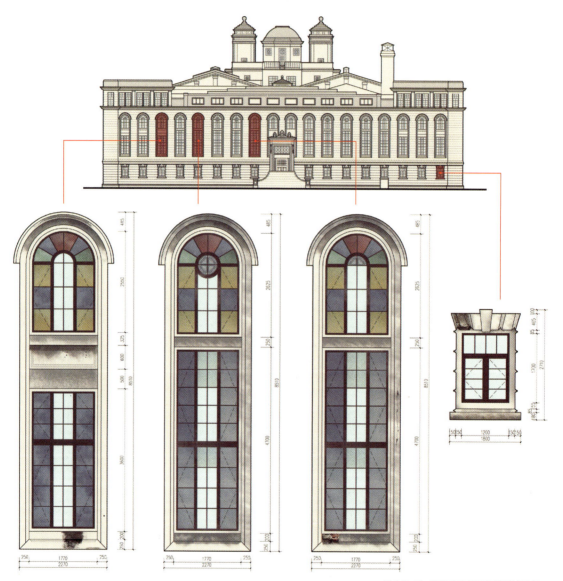

图 4-3-44 建筑西立面重点修缮保护部位图二

4.3.5 附属设施（图4-3-45，表4-3-7）

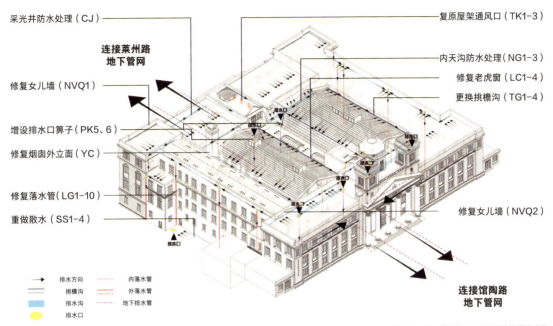

图4-3-45 建筑排水、通风设施修缮设计图

部位	修缮部位	现状问题	具体修缮方法	对应编号
排水设施	内天沟	保存状况较好，基本满足使用要求	加强防水措施，在檐沟底部加铺一层油毡	NG1-3
	挑檐沟	铸铁挑檐沟局部脱落、破损，无法满足正常使用	根据原有铸铁挑檐沟形制、材料、尺寸等加工替换	TG1-4
	女儿墙	墙皮脱落，暴露内部结构	修补女儿墙破损处	NVQ1
			修补女儿墙破损处并处理好防水层封口	NVQ2
	排水口	保存状况较好，满足使用要求	排水口上部可做金属箅子，美观又不妨碍排水，旁边水管做除锈处理	PK5、6
	落水管	部分铸铁落水管损坏严重，部分替换为塑料落水管	根据原有铸铁落水管的材料、形式、色彩等整体修缮、更换外立面落水管	LG1-10
	散水	建筑周边地坪升高，散水已埋入地下	勘核建筑勒脚周边地坪，重做混凝土散水，并结合绿地和透水地面等进行雨水排放	SS1-4
暖通设施	烟囱	烟囱局部墙皮脱落，暴露内部结构	修复烟囱外表面砂浆面层，在顶部设置雨篷，以防止雨水侵蚀	YC
	通风口	原西北侧交易大厅屋架侧墙通风口被水泥封堵	拆除通风口的封堵物，设置排气扇以加强屋架层和室内空间通风	TK1-3
	老虎窗	老虎窗百叶损坏严重，现已用铁皮封堵	拆除老虎窗外的铁皮，按原有样式、材质、色彩修复并替换破损的百叶	LC1-4
	采光井	井底水泥抹灰，加强防水处理	采光井采取防水措施，井底加铺一层油毡	CJ

表格来源：刘雨轩、陈勋绘制

4.3.6 周围环境（图 4-3-46，表 4-3-8）

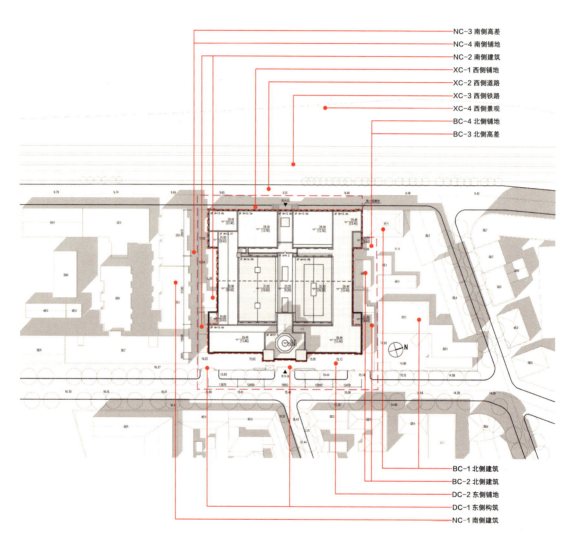

图 4-3-46 建筑周边环境整治索引图

4.3 分项保护设计策略

周边环境整治措施表　　表 4-3-8

环境整治点			现状问题	具体整治方法
建筑东侧场地	构筑物	DC-1	现有大门由门柱和门卫亭组成,为后期加建	建议拆除大门和门卫亭,在建筑内另设值班室或门卫室
	围栏	DC-1	现有围栏为后期加建,降低了建筑东侧场地的公共性	建议拆除后期加建的围栏,将东侧场地作为开放性广场
	地面铺装	DC-2	东侧场地为水泥地面,人行道铺设地砖	通过史料研究确定原东侧场地地面材质,若无确切信息则保留现有水泥地面
建筑南侧场地	与南侧建筑之间的关系	NC-1	与南侧居民楼之间距离约为8m	建筑间距不影响采光,且满足防火间距的要求
	加建房屋	NC-2	紧贴南立面有后期加建的构筑物,破坏整体立面且影响室内采光和通风	拆除后期加建的房屋,打通东西向交通
	场地高差	NC-3	东西向高差较大,现状为台地,车辆及行人均无法通行	结合消防疏散和功能流线需求重新规划整理场地
	地面铺装	NC-4	现状主要为泥土路,局部为水泥地面	根据场地设计实际情况重做地面铺装
建筑北侧场地	与北侧建筑之间的关系	BC-1	北侧房屋与主体建筑之间有一定距离,相距较近的房屋均已废弃	拆除部分距离较近的北侧建筑,设计消防回车场地
	加建房屋	BC-2	北侧有多栋后期加建的房屋,影响建筑室内采光和通风	拆除后期加建的房屋,打通东西向交通
	场地高差	BC-3	东西向高差较大,现状为台地,车辆及行人均无法通行	结合消防疏散和功能流线需求重新规划整理场地
	地面铺装	BC-4	北侧场地主要为水泥地面,西北侧局部相邻建筑场地为塑胶地面	根据场地设计实际情况重做地面铺装
建筑西侧场地	地面铺装	XC-1	西侧紧邻人行道,为水泥地面	重做人行道地面铺装
	车辆乱停	XC-2	西侧莱州路车辆乱停乱放现象较为严重	加强行政管理措施,划定停车位和禁停线,避免车辆乱停现象
	噪声源	XC-3	西侧邻近胶济铁路和新冠高架路,会产生一定的噪声干扰	西侧房间内部装修可采用隔声材料,西侧一层、负一层房间可用于对安静度要求不高的功能
	景观视线	XC-4	西侧面向新城区,高楼林立	西侧二层以上房间具有较好的景观视野,可植入客房、办公室等功能

表格来源:刘颖、陈勐绘制

5 青岛取引所旧址再利用设计

5.1 可行性分析

5.1.1 功能植入

青岛取引所旧址建筑功能适应性分析　　　　　表 5-1-1

建筑类型	建筑区位 ×1				建筑形象×3	功能空间布局 ×1				设施需求 ×1				经营模式×3	可复合度×3	综合评价
	交通	噪声	人群	景观		空间格局	流线组织	空间形式（主空间）	空间尺度（主空间）	给水排水	采光	通风	声学			
公寓建筑	⋯	⋯	·	··	⋯	··	··	·	··	··	⋯	⋯	⋯	··	⋯	42
商务办公	⋯	··	··	··	⋯	⋯	⋯	··	⋯	··	⋯	⋯	··	⋯	⋯	53
政务办公	⋯	··	·	··	⋯	··	··	··	⋯	··	⋯	⋯	··	⋯	··	47
金融建筑	⋯	··	··	··	⋯	··	··	··	⋯	··	⋯	⋯	··	⋯	⋯	52
文化建筑	⋯	··	⋯	··	⋯	··	··	⋯	⋯	··	⋯	⋯	··	⋯	⋯	55
博览建筑	⋯	··	··	··	⋯	··	··	··	··	··	··	⋯	··	··	⋯	48
观演建筑	⋯	·	··	··	⋯	·	·	··	··	··	··	··	·	··	··	44
餐饮建筑	⋯	··	⋯	··	⋯	··	··	··	··	·	··	··	··	⋯	··	51
旅馆建筑	⋯	··	⋯	··	⋯	⋯	··	⋯	⋯	··	··	··	··	⋯	⋯	57
商业建筑	⋯	··	⋯	··	⋯	··	··	··	··	··	··	⋯	··	⋯	⋯	52

表格来源：李进、陈勐绘制

1. 类型分析

2019 年 12 月由国家文物局正式印发的《文物建筑开放导则》第三条提到："文物建筑开放应有利于阐释文物价值、发挥文物社会功能、保持文物安全、提升文物管理水平，在不影响文物建筑安全的前提下，依托文物建筑进行参观游览、科研展陈、社区服务、经营服务等活动。"基于该导则的要求，本节从建筑区位、形象、功能布局、设施需求、经营模式、可复合度等方面进行青岛取引所旧址既有建筑功能空间的适应性再利用方面的探讨（表 5-1-1）。

居住类建筑类型与原有建筑的集中式空间格局不符，且生活用水、用电、暖通、空调等设施更新将会破坏原有建筑墙体、楼板等结构，惟统一经营的公寓类型存在可行性，适宜作为复合性功能。

办公及金融类建筑可以有效利用原建筑主空间和单元空间并置的整体格局，发挥区位优势，利用原有建筑的地标性外观，具有较高的适应性。

文化类建筑在区位、形象、功能布局等方面均具有较高的适应性，但多功能厅、图书阅览等空间对于采光、声学等方面具有较高要求，对原有建筑结构和构造会产生一定程度的破坏。

博览类建筑可以发挥原有建筑在区位、形象等方面的优势，但集中式格局不利于博览空间序列的设计，可在原交易大厅中设置展览空间，作为复合性功能使用。

观演类建筑与原建筑空间格局不符，在噪声、疏散等方面会存在较大问题，可作为复合性功能，将原东侧交易大厅及周围部分房间用作观演空间，但现代化设备更新会对原建筑产生一定影响。

餐饮类建筑在区位、形象、功能布局等方面均具有一定的适应性，但后厨的相关功能用房会对原有建筑产生一定破坏，同时消防疏散也是再利用环节中的重要问题。

旅馆类建筑既符合上位规划的业态定位，也可以有效利用原建筑主空间和单元空间并置的整体格局，形成具有近代历史文化特色的精品酒店，具有较高的适应性。再利用环节中，应重点关注如何在存续建筑价值的基础上，解决消防疏散、设备设施更新等问题。

商业类建筑虽然在区位、形象等方面具备一定优势，但原建筑的整体格局难以适应当代商业空间的发展需求，可以与文化、博览等体验性商业活动相结合，作为复合性功能使用。

综上所述，旅馆类、文化类、办公及金融类、商业类以及餐饮类建筑与青岛取引所旧址原有空间格局的适应性较高，博览、观演、公寓等其他空间类型亦具有一定的复合性。再利用环节中，应综合考虑建筑遗产的价值存续和开发的经济性，进行合理的业态选择。

2. 空间分析

根据空间尺度、形态和围合度的不同，青岛取引所旧址建筑主要空间分为 4 类，即大尺度空间、小尺度空间、走廊空间和屋顶平台。本节阐释各类型空间初建时和现状使用情况，讨论尺寸、采光、通风等空间的基本属性和空间组合、流线等基本特征，并针对各主要类型空间在公寓、办公、金融、文化、博览、观演、餐饮、旅馆、商业等不同建筑类型中的功能植入进行适应性评价，为建筑再利用设计提供参考依据（图 5-1-1）。

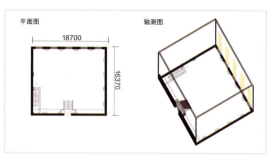

图 5-1-2 原西侧交易大厅空间形式分析

2）大尺度空间之二：原东侧交易大厅

原东侧交易大厅包括东北侧、东南侧两个交易大厅，初建时分别为钱钞和证券交易场所，拱脚处高约 8.8m，面积约为 628m²。20 世纪 60 年代，该两个大厅分别改造为体育馆和剧场，现状东北侧交易大厅基本保留了原有格局，东南侧交易大厅吊顶改造为平屋顶，室内局部增设夹层，作为剧场楼座（图 5-1-3）。

原东侧交易大厅为建筑内面积、尺度最大的核心空间，四面均有门，沿内墙设有柱廊，空间内向性较高。但因没有窗户，通风、采光条件较差，只能通过人工照明、机械通风、空调等设施改善空间环境。

原东北侧交易大厅保留了筒拱形吊顶，结合室内柱廊，可以形成具有方向性、仪式性的内部空间，不宜用作对声环境要求较高的剧场、报告厅等功能。建议使用功能如下：

办公建筑：企业展厅；

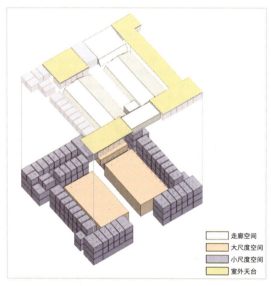

图 5-1-1 主要建筑空间类型分析

1）大尺度空间之一：原西侧交易大厅

原西侧交易大厅包括西北侧、东北侧两个交易大厅，初建时为物产交易场所，室内两层通高，每个大厅面积约为 306m²。现西南侧交易大厅内部改建为三层，为内走廊式格局，西北侧交易大厅改造为两层，一层为内走廊式平面，二层为宴会厅（图 5-1-2）。

原西侧交易大厅空间尺度较大，西墙有竖向长窗，屋架层设对外通风孔，采光及通风状况较好，但莱州路一侧高架桥遮挡视线，且西晒阳光会对内部功能空间产生影响，不宜用作图书阅览、展厅等功能。建议使用功能如下：

公寓建筑：活动室、健身房等；
办公建筑：150 人左右的会议室；
文化建筑：150 人左右的报告厅；
餐饮建筑：10 桌左右的宴会厅；
旅馆建筑：自助餐厅；
商业建筑：品牌专营店、旗舰店等。

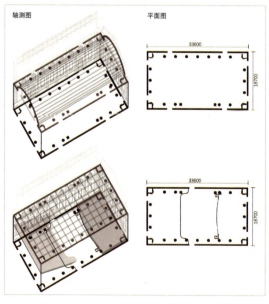

图 5-1-3 原东侧交易大厅空间形式分析

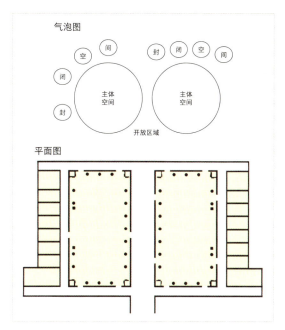

图 5-1-4 原东侧交易大厅空间组合分析

金融建筑：交易大厅；
文化建筑：陈列厅；
博览建筑：展厅；
餐饮建筑：20 桌左右的宴会厅、婚宴厅；
旅馆建筑：大堂吧、咖啡厅、餐厅等；
商业建筑：新品展示区、主题卖场、主题秀场等。

原东南侧交易大厅后期改造为剧场，具有历史的见证价值。再利用设计中，可以结合现有空间格局更新为观演空间。建议使用功能如下：

办公建筑：多功能厅；
文化建筑：报告厅；
博览建筑：多媒体展厅；
观演建筑：300 座左右的影院、剧场、音乐厅等；
商业建筑：新品展示区、拍卖大厅等。

原东侧交易大厅两侧的功能用房可作为主体空间的辅助用房或配套用房，形成主次空间关系（图 5-1-4）。建议使用功能如下：

办公建筑：办公室、管理室、卫生间等；
金融建筑：办公室、接待室、卫生间等；
文化建筑：办公室、管理室、卫生间等；
博览建筑：储藏室、小展厅、卫生间等；
观演建筑：后台功能如化妆室、候场室、更衣室、办公室等，其他附属功能如售票、管理用房、卫生间等；
餐饮建筑：包间、雅间等；
商业建筑：商铺、储藏室等。

3）小尺度空间

小尺度空间是青岛取引所旧址中主要的建筑空间类型，位于南、北、东三面，多由单侧走廊连接起各个单元。原西南侧交易大厅还改建为双面布房式格局，东面一侧形成黑房间。小尺度空间面积为 23～57m² 不等，多为单面采光，形成并列关系，适宜作为单元式空间，如办公、住宿、餐饮等（图 5-1-5）。建议使用功能如下：

公寓建筑：公寓、管理用房等；
办公建筑：办公室、管理用房等；
金融建筑：接待室、办公室、库房、管理用房等；
博览建筑：办公室、小型展厅等；
餐饮建筑：包间、雅间等；
旅馆建筑：客房如标准间、大床房、套间等，服务用房如布草间、管理用房等；
商业建筑：办公室、管理用房等。

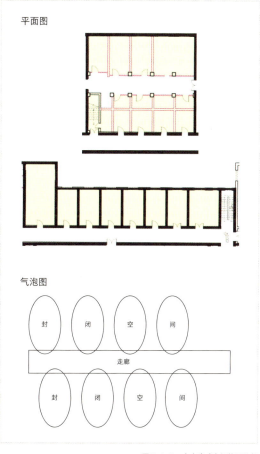

图 5-1-5 内走廊式空间格局分析

4）走廊空间

走廊空间是青岛取引所旧址中的主要交通空间，形成环状和十字交叉相结合的线形空间格局。一般的单侧布房和双侧布房走廊宽约 2.65m，一层中部厅廊为两层通高，宽约 7.4m，长约 61.8m，自东侧主入口直达西入口前厅，筒拱吊顶局部开设圆形天窗，形成具有仪式感的空间。厅廊构成入口的空间序列，在更新设计中应加以利用，作为展廊、前厅、休憩等功能（图5-1-6）。建议使用功能如下：

办公建筑：企业文化展廊、宣传展廊等；
金融建筑：前厅走廊、自助服务区等；
文化建筑：展廊、休息厅等；
博览建筑：展廊；
观演建筑：前厅走廊、等候区等；
餐饮建筑：前厅走廊、等候区等；
旅馆建筑：前厅走廊、服务台等；
商业建筑：商品展廊、秀场等。

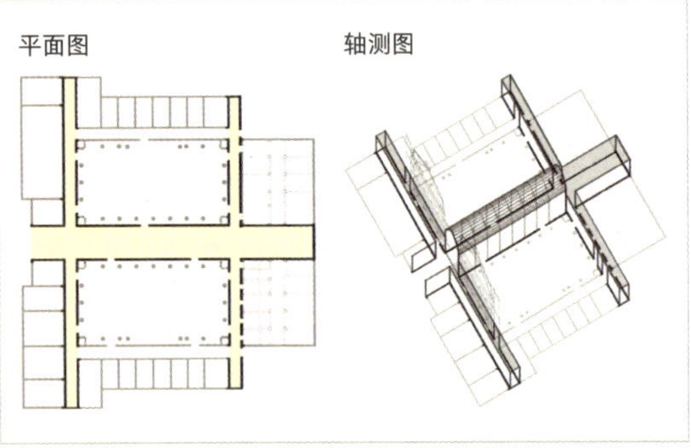

建筑三层屋顶平台位于厅廊顶部，呈东西向展开，西端向南通过室外走廊与建筑南翼相连，东端与前厅楼梯间相连。平台南、北两侧由原交易大厅复折屋顶限定，中部有厅廊的玻璃天窗，空间较为局促，可作为一处较为安静、私密的室外场所（图5-1-8）。建议使用功能如下：

公寓建筑：屋顶花园；
办公建筑：员工休息区；
餐饮建筑：室外茶座、咖啡座等；
旅馆建筑：屋顶花园；
商业建筑：室外茶座、咖啡座等。

图5-1-6 走廊空间形式分析

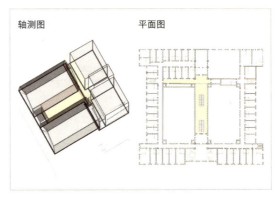

图5-1-8 三层屋顶平台空间格局分析

5）屋顶平台

青岛取引所旧址位于历史街区中，海风和煦、景色宜人，屋顶平台具备再利用的可行性。建筑中共有三处上人屋面，分别位于五层塔楼外、三层中部以及四层东北侧。其中，建筑五层屋顶平台居于建筑最高点，经塔楼内楼梯可达，东邻历史街区，具有较好的视野，可用于观景、休憩、茶饮等（图5-1-7）。建议使用功能如下：

办公建筑：员工休息区、沙龙等；
文化建筑：观景平台；
餐饮建筑：室外茶座、咖啡座等；
商业建筑：室外茶座、咖啡座等。

建筑四层屋顶平台位于东翼和北翼，由三个矩形天台组成，可经塔楼部分的楼梯间到达。其中，北翼区域原为双坡屋顶，后改造为平屋顶，并整体铺设地砖。该平台是建筑中最大的上人屋面，总面积约合1176m²，东侧面向历史街区，向西可眺望海边的新城区，具有较好的视野和景观。在更新设计中，应在荷载计算的基础上，结合建筑结构荷载规范的相关要求，进行合理妥善的利用（图5-1-9）。建议使用功能如下：

公寓建筑：屋顶花园；
办公建筑：休息区、沙龙、屋顶花园等；

图5-1-7 塔楼屋顶平台空间格局分析

图5-1-9 四层屋顶平台空间格局分析

文化建筑：社区休闲活动、观景平台；
博览建筑：室外展场；
餐饮建筑：室外酒廊、茶座、咖啡座、餐吧等；
旅馆建筑：室外酒廊、茶座、咖啡座、餐吧等；
商业建筑：室外酒廊、茶座、咖啡座、餐吧等。

5.1.2　设备设施更新

青岛取引所旧址建成迄今已近百年，既有设备设施的安全性、适宜性已难以满足当今社会发展的需求。为合理地保护文物建筑并更好地利用，需要对原有建筑的设备设施进行整体性更新改造，主要包括防火设计、暖通空调系统、给水排水系统、配电管线、外立面亮化设计等5个方面。

1. 防火设计

文物建筑的防火设计是加强文物建筑消防安全、预防并减少火灾发生的重要环节。青岛取引所旧址作为山东省省级文物保护单位，应遵照《文物建筑防火设计导则（试行）》（2015年发布）的要求，并以《建筑设计防火规范》GB 50016-2014（2018年版）作为参照，妥善利用现有消防设施，开展适宜性的防火设计，避免对建筑本体和历史环境造成影响和破坏。防火设计主要包括消防总体布局、消防灭火设施、重点防护区域、消防疏散、消防自动化系统等方面。

1）消防总体布局

防火间距： 青岛取引所旧址南、北两侧后期局部加建了1~2层的平屋顶房屋，导致与南北侧建筑间距较小，不利于火灾预防和扑救（图5-1-10）。建议通过如下几种方法进行改造：

（1）拆除后期加建的低层房屋，增大与周边建筑的防火间距，整理地形并增设消防车道；

（2）南、北面门窗保存状况较差，需修缮、替换的门窗应采用耐火等级较高的材料，如防火玻璃等；

（3）统一规整清理南、北立面上的外挂电线，重新规划设备线路，降低安全隐患。

消防车道： 根据《建筑设计防火规范》GB 50016-2014（2018年版）的要求，针对高层民用建筑及占地面积大于3000m²的商业建筑、展览建筑等单、多层公共建筑应设置环形消防车道，确有困难时，可沿建筑的两个长边设置消防车道。青岛取引所旧址东、西两侧靠近城市道路，所处地形东高西低，若拆除南侧加建房屋并整理地形，可沿居民楼挡土墙北垣做1∶12的坡道，既可形成场地内的后勤道路，亦可在紧急情况下作为消防通道使用。若拆除东北侧部分加建房屋，可规划一坡道与馆陶路相连通，内部形成12m见方的消防车回车场（图5-1-11）。

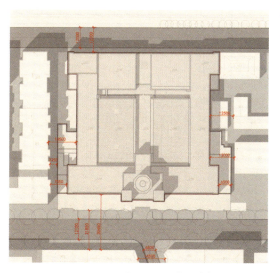

图5-1-10　周边街道宽度及建筑间距示意

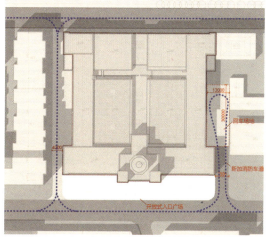

图5-1-11　消防车道改造示意

2）消防灭火设施

市政消火栓： 宜设置在靠近十字路口的道路一侧，便于消防车靠近的人行道、公共绿地等区域，且不应妨碍公共交通。市政消火栓间距不应大于120m，距路边不宜小于0.5m，并不应大于2.0m，距建筑外墙或外墙边缘不宜小于5.0m（图5-1-12）。

建筑室外消火栓： 室外消火栓数量应根据设计流量和保护半径计算确定，并沿建筑周边均匀分布，不宜集中布置在建筑一侧，消防扑救面一侧的室外消火栓数量不宜少于2个。经调研发现，青岛取引所旧址现状西立面有2处消防水泵接合器，因建筑距离西侧道路较近，可借助市政消火栓。东侧场地中部建议增设 2 处室外消火栓，南、北场地各增设 1 处（图 5-1-13、图 5-1-14）。

建筑室内灭火设施： 文物建筑宜采用室内消火栓室外设置，减小对文物保护单位本体的影响与破坏。建筑室内可设置自动喷淋灭火系统、灭火器等消防灭火设施，自动喷淋系统喷头布置应使气体灭火剂在喷放后均匀分布，每层楼层灭火器数量不应少于 2 个。

3）重点防护区域

青岛取引所旧址东侧的两个交易大厅及之间的厅廊为主要的公共空间，均采用木桁架结构屋顶和室内木装修，未作有效的防火处理。历经多年使用，木材含水量较低，较易燃烧，致使该区域低于建筑耐火极限要求，危害文物建筑的安全。在修缮保护设计与再利用设计中，应对既有木构件进行防火剂浸渍处理和阻燃剂涂覆处理，需要替换、更新的构件应采用高耐火等级的材料。

4）消防疏散

青岛取引所旧址的再利用设计中，涉及瞬时性及历时性人群较多的功能业态，在加强日常管理、限制使用人数的同时，应通过适应性的更新改造解决消防疏散问题。

安全出口： 建筑四个立面均有出入口直通室外，其中南、北、西侧的出入口位于地下一层，东侧正门位于一层。出入口处分别有楼梯可直达各个楼层。

安全疏散距离： 参照《建筑设计防火规范》GB 50016-2014（2018 年版）中在使用自动喷淋灭火系统时有关疏散距离的规定，对建筑各层房间疏散距离进行评估。经分析可知，一层至三层东南角、东北角几间房间不满足现行规范中疏散距离的要求，存在安全隐患。建议在再利用设计中，加强日常管理，在该处房间设置储藏、库房等使用频率较低的功能。若实际使用功能、人数较多，亦可在建筑东南角、东北角处增设一部疏散楼梯，降低安全隐患，但会对建筑本体产生一定的破坏（图 5-1-15）。

针对位于建筑东侧的两个原交易大厅，现状四面均设门，可以满足室内任一点至最近疏散门或安全出口的直线距离不应大于 30m 的要求（图 5-1-16）。

疏散楼梯： 根据《建筑设计防火规范》GB 50016-2014（2018 年版）的规定，多层公共建筑的疏散楼梯，除与敞开式外廊直接相连的楼梯外，均应采用封闭楼梯间。青岛取引所旧址现有楼梯间均非封闭楼梯间，可在原楼梯处设置防火墙和乙级防火门，与其他走道和房间分隔，形成封闭楼梯间。该方式为可逆的改造工程，不会对建筑本体产生破坏（图 5-1-17）。

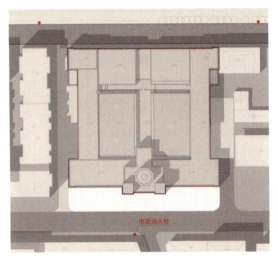

图 5-1-12　市政消火栓建议设置位置示意

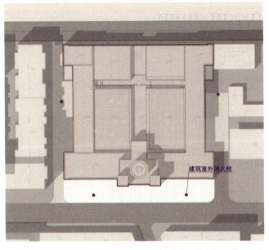

图 5-1-13　建筑室外消火栓建议设置位置示意

图 5-1-14　建筑西侧消防水泵接合器照片

5.1 可行性分析

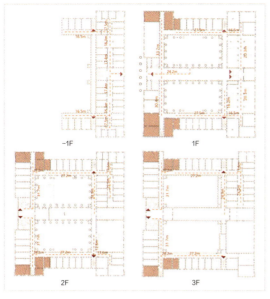

图 5-1-15 安全出口分布及疏散距离示意

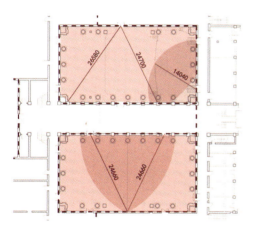

图 5-1-16 房间最远点与疏散门距离分析

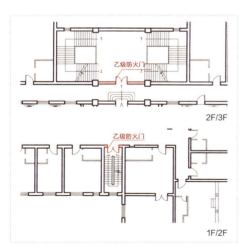

图 5-1-17 疏散楼梯改造示意

5）消防自动化系统

火灾自动报警系统： 应根据现行《火灾自动报警系统设计规范》GB 50116-2013 的要求设计火灾自动报警系统，采用重点保护与区域监测相结合的方式，选用烟感探测器、火焰感光探测器等，加强文物建筑的火灾预防。

消防联动系统： 设置消防联动系统，通过自动报警与附近消防站相联动，及时发现火情。

火灾应急广播系统： 可以利用公共广播系统的扬声器、馈电线路及扩音器等设施，及时播报火情。

消防应急照明和疏散指示标志： 在走廊内设置疏散指示和疏散照明灯具，针对消防控制室、配电室、值班室等火灾时仍需正常工作的场所，应设置备用照明设施。

2. 暖通空调系统

青岛地处北温带季风气候区域，四季分明，再利用设计中应进行整体性的供暖系统和空气调节系统设计。

1）供暖系统

青岛取引所旧址所在区域拥有城市集中供暖，可考虑直接接入建筑内，但应尽量减少对文物建筑的破坏。

2）中央空调新风系统

可采用中央空调与中央新风系统，多联机中央空调机组一般适用于 2 万 m^2 以下的商业、酒店、办公等建筑类型，具有灵活满足不同用户及不同时段的运行需求、运行维护费用低、制冷制热温度范围宽、对建筑本体改动较小等优点。中央新风系统可以促进建筑室内空气流通，改善室内空间环境。

室外设备处理： 中央空调室外机的布置包括如下两种方式：

（1）将室外机放置于建筑西侧或北侧承载力相对较高的钢筋混凝土结构屋顶平台上，但需要对屋面承载力进行计算，并采取结构加固措施，对建筑本体会产生一定影响。

（2）将室外机设置在建筑南侧或北侧室外场地内，并用格栅进行围挡。

室内设备处理： 室内设备主要包括各类管道和出风口设备，可以结合吊顶布置。

（1）管道布置：中央空调机组主要包括送风管道和回风管道，后者可与新风系统合用。建筑标准层层高约为 4.3m，可将管道设置在局部或整体的吊顶层内，若室内顶棚等处存在精美装饰线脚，为保护工艺与材料的真实性，可以将木地板架空 0.2～0.4m，用于管道铺设。在东侧两个原交易大厅中，可将管道布置在屋架与墙体连接处的吊顶内（图 5-1-18）。

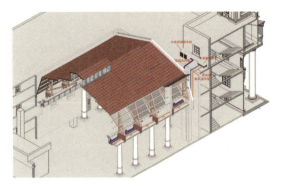

图 5-1-18 大厅暖通系统改造示意

（2）送风设施：基于最小干预原则，尽量隐藏出风口，不破坏原有室内空间的形制，出风口形态可以根据原有墙面或吊顶构成元素进行灵活设计，或同照明设施一起隐藏在吊顶中，也可将出风口与室内家具如展柜、书架等相结合设置。

3. 给水排水系统

建筑给水排水系统包括给水、排水、消防供水等方面，主要注意事项如下：

给水系统： 铺设引水管时，从室外管网引入室内的路径应尽量简短，便于水表的安装和检修，宜由最大用水量处接入建筑中。管道布置不宜穿越设备间、配电间等易发生事故的房间，不得敷设在风道、电梯井、排水沟内。为保持建筑整体风貌，宜采用暗装式，可与暖气管、热水管等管道同沟敷设，但要注意相对位置。

排水系统： 排水立管宜靠近排水量最大的排水点，尽量避免管道转弯。不得敷设在对卫生有特殊要求的房间，如厨房、食品仓库以及设备间、配电间等易发生事故的房间。

消防供水系统： 应基于文物建筑的火灾危险性、火灾特性、环境条件等因素综合确定。消防供水系统应充分利用给水管网，可与生产、生活用水合用，但应防止用水污染。因青岛冬季寒冷，还应采取防冻措施。消防泵房的设置应使消防水泵能自灌吸水，泵组吸水管不少于 2 条，消防泵房与消防给水管网相连接的出水管不少于 2 条，当其中一条关闭时，其余出水管仍能通过全部用水量。

4. 配电管线

根据《文物建筑防火设计导则（试行）》（2015 年发布）的要求，文物建筑内应严格用电管理，主要注意事项如下：

对于老化的设备线路进行整体性更新与扩容，当既有配电设备、线路等不符合现行规范要求和消防要求时，应进行改造设计，尽量避免在墙体上钉钉、钻眼、打洞，管线和设备的安装位置宜隐蔽、安全，不应影响文物建筑的维修、保养和使用。

配电线路应设置短路保护和过负荷保护，可设置电气火灾监控系统，并将报警信息直接传入消防控制室。

设备管线宜明装，配电线路应穿金属导管保护，配电箱应采用金属外壳，配电线路埋地敷设时，应穿过壁厚不小于 2mm 的热镀锌金属导管。

设备管线的安装固定应采取有效、可逆的措施，宜采用箍、戗、卡等形式，避免对文物本体造成损坏。

设备管线的铺设需要穿越原有墙体、基础或构件时，应在穿孔处按原工艺修补并封堵，不应对洞口周围区域产生损伤。

文物建筑设有防雷击保护装置时，配电线路的 PE 线与防雷装置应做可靠的等电位连接。

5. 外立面亮化设计

青岛取引所旧址是西方新古典主义建筑风格在山东地区的代表性建筑，结合以办公、商业、文化为主的建筑活化利用的功能定位，通过整体性的夜间亮化设计凸显建筑风貌。亮化设计包括照明方式选择、设计原则和设计策略等三个方面。

1）照明方式选择

建筑形式庄重典雅、装饰细节精美，可通过投光照明法和轮廓照明法彰显建筑端庄静谧的氛围。

投光照明法： 是一种将投光灯安装在建筑物底部，自下而上照射建筑物的外立面，重塑并渲染建筑物整体形象的照明方式。该方式有利于展现建筑物全貌，并且将建筑物的造型、立体感、材料色彩和质地、装饰细节等整体呈现出来，多采用大型投光灯具，光源包括卤钨灯、金卤灯、高压钠灯等。

轮廓照明法： 是一种点式光源连续、线性安装的方式，整体勾勒建筑物外轮廓。多采用单个光源、串灯、镁耐灯、线性光纤、镭射管等，间距一般为 0.3～0.5m。

2）设计原则

突出主光，兼顾辅助光。 确定好建筑立面各部位的照度和亮度，体现建筑风貌特征的部位应重点照明，塑造出主次分明、层次感强的亮化效果。

合理选择投光方向和角度。 一般不采用垂直投光，应强化照明的立体感和光影感。

投光设备应尽量隐蔽。 应降低照明设备对建筑外观的影响，设备及线路安装应尽量隐蔽。

投光色彩应符合建筑风貌特征。 灯光色彩应淡雅、简洁、明快，以彰显建筑本体的风貌、色彩、质地为前提。

避免光线污染。 投射光的设计应避免产生眩光、白亮、混光等光线污染。

避免对建筑本体的损害。 应选择合理的光源，避免灯光热辐射对建筑本体的损害，避免热辐射造成的安全隐患。

照明设备应节能高效。 结合节能设计的要求，应使用耐久性强、光效高的优质节能光源。

3）设计策略

建筑的东、西立面为临街主要立面，遵循西方新古典主义建筑的几何构图形式，形成庄重、典雅的外观风格，是亮化设计的重点部位。

东立面： 建筑东立面采用横向三段式、纵向五段式构图，中段的古典建筑门廊和上部的塔楼、穹顶装饰细节精美。亮化设计中首要考虑中部门廊，通过投光照明法、轮廓照明法相结合的方式亮化门廊，使三角形山花成为视觉中心。南、北翼通过投光灯自下而上照亮实墙面，强化节奏感和韵律感。腰线、檐口、女儿墙等部位则通过水平向灯带勾勒提亮（图 5-1-19、图 5-1-20）。

西立面： 建筑西立面采用横向三段式构图，由基座、墙身和檐部组成，墙身处设两层通高的半圆拱窗。亮化设计的重心为装饰精美的西侧入口，南、北两端的实墙体通过自下而上的投光照亮，强化外立面的节奏感，基座、檐口、女儿墙等部位则安装水平向 LED 灯带，勾勒出西立面的整体构图（图 5-1-21、图 5-1-22）。

图 5-1-19 东立面亮化设计图

图 5-1-20 东立面夜景效果图

图 5-1-21 西立面亮化设计图

5 青岛取引所旧址再利用设计

图 5-1-22 西立面夜景效果图

5.2 再利用设计

5.2.1 方案一

1. 前期调研与功能植入分析

通过对建筑本体的价值评估，结合上位政策解读、周边业态调研、使用人群调研、景观视线分析、交通状况分析、功能植入的可行性分析可知，青岛取引所旧址适宜以图书阅览售卖、历史展览与旅馆客房为核心的三组功能组团复合而成的综合体（图 5-2-1，表 5-2-1）。

2. 运营主体与经营模式

基于前期调研和功能植入分析所得出的复合式功能组合，形成了由独立书店、主题酒店、私人博物馆和其他工作者共同经营使用的组织模式（图 5-2-2）。

1）独立书店

独立书店拟由成熟的品牌文化企业经营，一方面注重线下实体经济的业态跨界，实现书店、品牌原创产品、体验式消费的融合，打造一套完整的美学生活体验；另一方面打造线上平台的宣传与销售，并与线下的体验式消费相融合。综合而言，其经营模式有如下特点：

（1）着力打造线下的综合性体验消费。以体验

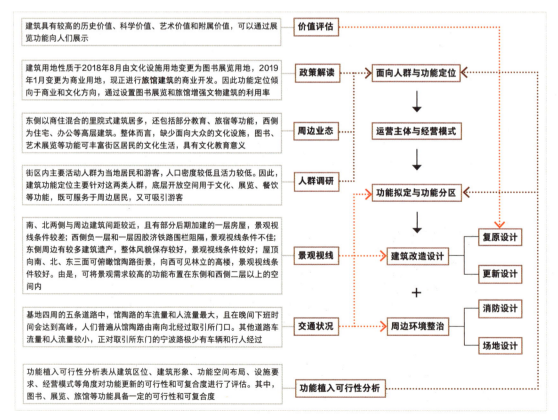

图 5-2-1 前期调研与更新设计的关联性探讨

152

功能植入可行性分析表　　　　　　　　　　　　　　　　表 5-2-1

建筑类型	建筑区位 ×1				建筑形象 ×3	功能空间布局 ×1				设施要求 ×1				经营模式 ×3	可复合度 ×3	综合评价
	交通	噪声	人群	景观		空间格局	流线组织	空间形式（主空间）	空间尺度（主空间）	给水排水	采光	通风	声学			
公寓建筑	...	...	.	..	...	.	.	..	..	.	..	..	..	..	...	42
商务办公	...	...	..	..	...	..	..	..	..	..	..	..	..	..	..	53
政务办公	...	...	..	..	...	..	..	..	.	..	..	..	..	..	..	47
金融建筑	...	...	..	..	...	..	..	..	.	..	..	..	..	...	..	52
文化建筑	...	...	...	...	...	..	..	...	...	.	...	...	..	..	...	55
博览建筑	...	...	..	...	...	..	..	..	...	.	..	..	..	..	..	48
观演建筑	...	.	..	..	...	.	.	.	.	.	..	..	.	..	.	44
餐饮建筑	...	..	..	..	...	..	..	..	..	..	..	..	..	..	..	51
旅馆建筑	...	...	...	...	...	...	..	...	...	.	...	...	..	...	...	57
商业建筑	...	..	...	..	...	..	..	..	.	..	..	..	..	..	..	52

表格来源：刘玉洁、王瑜婷、李进绘制

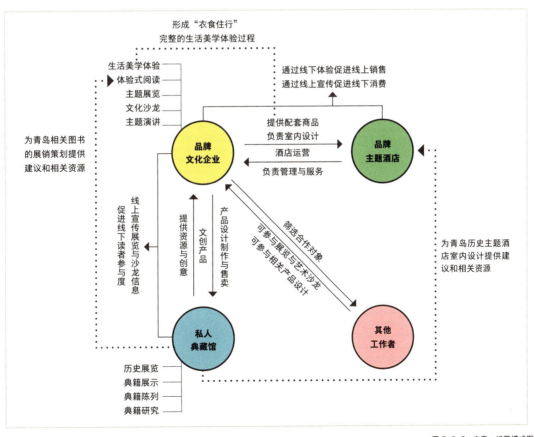

图 5-2-2　方案一经营模式图

式阅读为核心，提供影音、茶饮、创意产品、摄影、展览等休闲式服务，打造完整的生活美学体验过程。

（2）彰显文化品位与地域特色。筛选两类高品质图书，一类为人文社科类书籍，一类为青岛及山东地区地域性文化、历史、旅游类书籍，分别对应两个图书展销大厅，形成书店特色品牌。

（3）举办展览、沙龙等主题活动。基于建筑内的临时展厅、图书展销大厅等功能空间，定期与策展机构合作，邀请著名文艺工作者举办主题展览、主题演讲、文化沙龙、图书发布等活动，塑造品牌文化。

（4）线上、线下相结合的宣传与销售渠道。所有的线下商品都可以在线上直接购买，适应当下大众的消费特点。同时，通过线上平台对书店的各种活动进行宣传，带动线下的读者参与交流活动。

2）主题酒店

基于建筑空间结构的修缮保护设计结果，结合青岛近代历史文化，形成具有鲜明主题特色的酒店品牌。在价值评估的导向下，酒店的环境营造以及空间气氛围绕空间主题展开，通过原创性的空间设计以及个性化的定制服务，提供独具特色的生活方式体验和文化体验，使顾客得到精神与情感上的满足。

此外，主题酒店也可与独立书店的品牌企业合作，由企业提供所有住宿配套商品，酒店本身只负责日常管理与服务。在实现书店体验式消费的同时，也可以促进主题酒店品牌的塑造。

3）私人博物馆

结合建筑的历史价值，引入一个包括近代青岛历史典籍、文物、照片等收藏品的私人博物馆，展出与近代青岛城市、馆陶路历史街区以及青岛取引所旧址相关的历史资料。

4）其他工作者

建筑部分空间还可对外承包给其他工作者。一部分是临时展览，既可用于品牌文化企业举办的主题展览，也可用于私人收藏品展示等。另一部分是创意工作室，由品牌文化企业进行筛选确定，形成独立的创作空间，也可参与主题展览、主题演讲、艺术沙龙等文化活动。

3. 功能拟定与功能分区（表5-2-2，图5-2-3～图5-2-5）

方案一功能拟定　　　　　　　　表5-2-2

功能拟定		
功能植入	具体划分	建议面积
阅读体验区		
开架书库	新书推荐	≥60m²
	文史哲类图书	自定

续表

功能拟定		
功能植入	具体划分	建议面积
开架书库	艺术设计类图书	自定
	外文原版图书	自定
图书长廊	文史哲类图书	自定
	艺术设计类图书	自定
阅读休闲	阅读休息区	≥100m²
	咖啡厅	≥60m²
	交流区（多媒体）	≥50m²
	自习阅读区	≥100m²
服务区域	收银台	自定
	吧台	≥10m²
餐饮区域	咖啡简餐（含厨房）	≥100m²
文创产品	图书相关文创产品售卖	≥60m²
	青岛相关文创产品售卖	≥40m²
其他	品牌服饰体验区	≥20m²
	开放摄影体验区	≥20m²×4
	植物美学体验区	≥20m²
	生活美学体验区	≥20m²
展览区域		
展览区域	近代历史展览	≥200m²
	临时主题展览	≥200m²
	过渡空间展览	≥50m²
服务区域	导览服务台	≥10m²
其他区域	休息区	自定
	多功能报告厅	≥150m²
	接待室	≥40m²
后勤辅助	展品储藏室	自定
	卫生间	≥40m²
典籍区域		
开放展示	典籍展示区	自定
典籍陈列	安检区	≥10m²
	服务台	≥10m²
	典籍陈列区	≥150m²
	阅览区	自定
典籍研究	研究工作室	≥40m²×2
	小型会议接待室	≥40m²
后勤辅助	茶水间	≥20m²
	卫生间	≥40m²

5.2 再利用设计

续表

功能拟定		
功能植入	具体划分	建议面积
后勤辅助	储藏库房	自定
酒店区域		
客房区域	单人间	≥20m²×6
	双人标准间	≥20m²×18
	豪华双人间	≥40m²×10
	豪华套房	≥60m²×9
公共区域	大堂吧	≥50m²
	前台接待寄存	≥10m²
	会议区	≥20m²
	休息区	自定
	健身娱乐	≥100m²
	餐饮区	≥200m²
	屋顶花园	≥800m²
后勤辅助	办公区	≥50m²
	员工区	≥150m²
	设备房	≥20m²
	布草间、洗衣房	≥100m²
	厨房	≥150m²
	其他附属用房	自定

续表

功能拟定		
功能植入	具体划分	建议面积
办公区域		
管理办公	开放办公区	≥100m²
	总监办公区	≥20m²×1
	会议区	≥20m²
	茶水间	≥20m²
	档案室	≥20m²
创意办公	创意工作室	自定
后勤辅助	卫生间	≥40m²
	储藏室	自定
设备区域		
设备用房	通信机房	≥20m²
	配电室	≥20m²
	给水排水用房	≥20m²
	智能化设备用房	≥20m²
	消防控制室	≥20m²
其他区域		
入口区域	入口大厅	≥50m²
	传达室	≥20m²
屋顶区域	杂物间	≥100m²

表格来源：刘玉洁、王瑜婷绘制

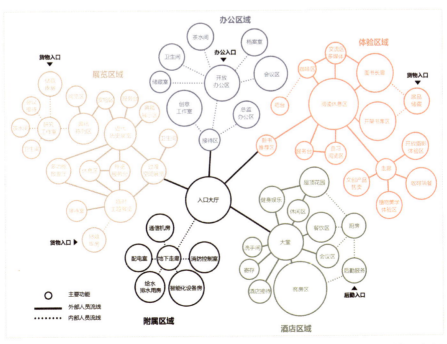

图 5-2-3　方案一功能关系气泡图

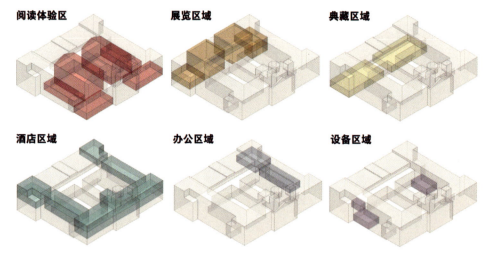

图 5-2-4　方案一功能分区示意图

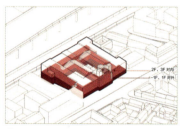

①一层和负一层为入口层,设置较为开放的公共空间,包括书吧、展厅等功能。二、三层较为私密,设置酒店标准间、大床房等私密性较强的功能。

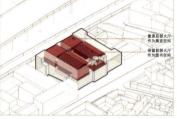

②基于历史研究和价值评估,将原西侧两个交易大厅复原为大空间,作为展厅使用,将原东侧两个交易大厅作为图书展销、阅读空间,面向公众开放。

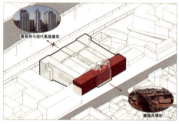

③建筑东立面面向馆陶路历史街区,具有较好的景观视野,西立面面向高架桥和现代高层建筑,形成视线遮挡,因此将咖啡厅、餐厅、豪华套房等功能设置于建筑东侧的房间内。

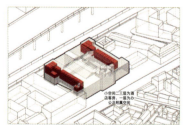

④建筑南、北立面距周边建筑较近,景观视野较差,因此南北侧呈序列排布的单元式房间适于对空间品质要求相对较低的功能,包括一层的体验区,二、三层的普通客房,办公室及后勤辅助房间等。

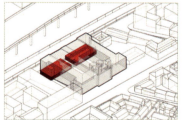

⑤建筑负一层直接面向莱州路,但因莱州路人流量较小,不作为主要入口,将私人典藏馆及其他附属功能置于负一层,包括北侧的典籍陈列展示区和员工宿舍区、南侧的研究室等。

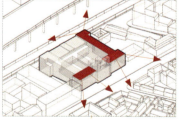

⑥建筑屋顶具有良好的景观视野,南、北、东三面均可俯瞰馆陶路历史街区,因此将屋顶平台设置为休闲场所,包括北侧屋顶平台作为派对场地和行政酒廊,南侧屋顶平台作为写生场所及游客观景场所等。

图 5-2-5　方案一功能分区推导过程

4. 周边环境整治（图 5-2-6）

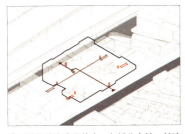

①因馆陶路人流量较大，包括公交站、长途汽车站等公共交通设施，且建筑东立面具有重要的标识性和特征性，将主入口设于东侧，次入口位于西侧，南、北原有入口供后勤人员和疏散使用，并增设两个疏散出口。

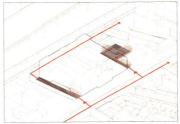

②结合文物建筑防火设计要求，拆除东南侧、东北侧后期加建的房屋并设置消防车道。南侧整理地形，通过坡道连通馆陶路与莱州路，形成消防通路，北侧设置消防车回车场地。

③建筑南侧消防车道与南立面之间设置1.5m宽的人行道，结合绿化形成台地式园林景观，消防车道与南侧居民楼前的平台之间用绿化带进行分隔。后勤入口旁预留出停车场地，供后勤货车装卸货物。

④建筑北侧消防车道与北立面之间设置1.5m宽的人行道，结合绿化形成台地式园林景观。回车场地周边区域种植树木，形成供人休憩乘凉的场地。

⑤建筑位于历史街区内，周边建筑密集，缺少停车场地。应加强历史街区内的交通管制，限制机动车停放，消防通道禁止停车，少数货车及旅游大巴可临时停放在建筑西侧车流量较少的莱州路。

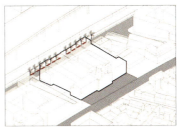

⑥建筑西立面具有较高的艺术价值和观赏价值，可在莱州路西侧种植绿化和设置休闲座椅，供人们驻足观赏建筑立面，绿化也可隔绝高架桥上的噪声。

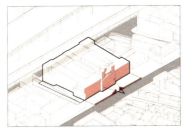

⑦建筑东立面构图比例精美、尺度和谐、细部考究，具有较高的艺术价值。为创造东立面的完整观赏效果，形成自宁波路面向建筑的视线通廊，拆除原有场地大门和栏杆，复原原有东侧场地布局。

⑧保留建筑东侧场地内的古树，布置低矮花坛、坐凳等城市家具，形成供人驻足停留、休憩活动的场所，提升主入口前场地的活力。

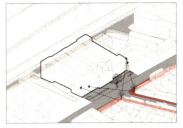

⑨建筑主入口正对宁波路，车流与人流量均较少，在街角空间设置绿植、坐凳等，吸引人们驻足停留，提升街道公共空间的活力。

图 5-2-6　方案一周边环境设计分析

5. 保护设计（图 5-2-7）

①建筑负一层基本保留了初建时期的整体格局，首先拆除后期加建的隔墙，保留原有墙体，当局部非承重墙体与新植入功能发生冲突时，建议根据实际需求进行拆改建；

②西入口楼梯应为后期改建，但无法判断其改建时期，因具有一定价值且适宜于新植入的整体功能布局，故建议保留；

③将南北立面的封堵窗洞拆除，按原窗的尺寸、工艺样式等进行复原。

负一层平面图

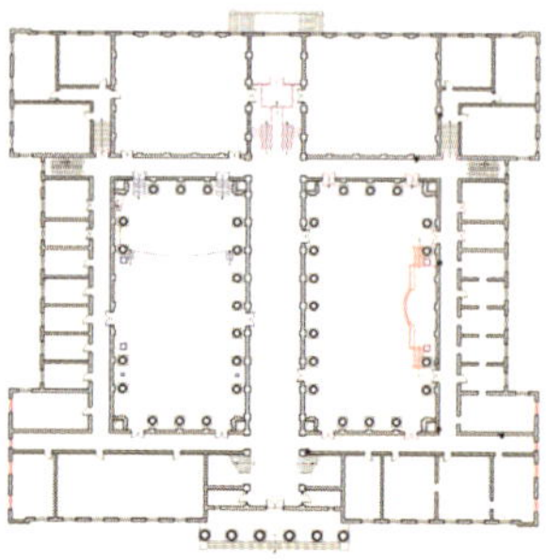

①由于4个原交易大厅具有重要的历史价值、科学价值、艺术价值和社会文化价值，拆除大厅中后期加建部分，复原整体空间格局；

②原东南侧交易大厅在1960年代被改建为剧场，具有历史价值和社会价值，因此保留剧场舞台及纵深向的空间形式；

③原东北侧交易大厅初建时的室内布局与陈设体现了证券交易大厅的空间特征，具有历史价值，因此在原位置复建讲台，形成面向讲台的横向空间形式。

一层平面图

①由于拆除了原东南侧交易大厅后期加建的夹层部分，将交易大厅在二层的出入口也一并拆除；

②原东南侧交易大厅的吊顶为1960年代改建，可将吊顶拆除，暴露屋架层，有利于室内空间通风采光；

③厅廊顶部东侧房间为后期加建，但无法判断加改建时期，该房间距离东入口楼梯较近，可作为酒店前台使用，故予以保留。

二层平面图

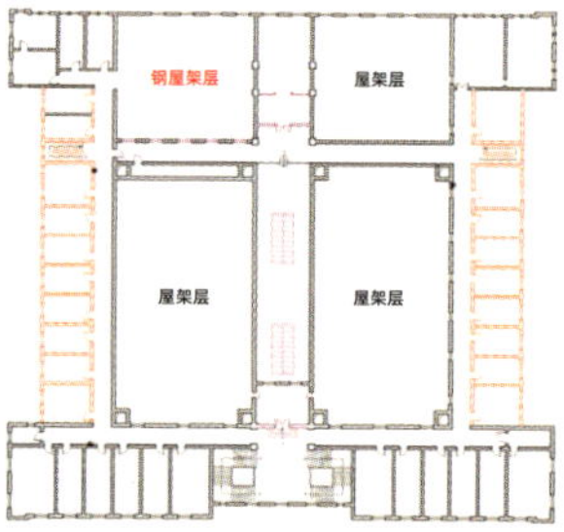

①原西侧交易大厅均采用平行弦木桁架结构，现状西北侧交易大厅保留了原有结构。保护设计中，拆除原西侧大厅的内隔墙和楼板，复原原有通高式空间格局，并以现代化钢结构复建西南大厅的平行弦桁架；

②厅廊顶部东侧房间为后期加建，但无法判断加改建时期。通过该房间既可进入屋架层，有利于屋架层的后期勘察和维护，也可直接观赏到屋面构造，因此予以保留。

三层平面图

①屋顶部的两座塔楼和罗曼阁是体现建筑形貌的重要符号，具有较高的历史价值、科学价值、艺术价值和社会价值；

②塔楼顶层西侧楼梯为后期改造，但无法判断其改建时期，因具有连接屋顶平台和观景的作用，故予以保留。

■ 1925 年建成初始部分
■ 1943 年加建部分
■ 1960 年改建部分
■ 不确定时期的改建部分
■ 复原设计部分

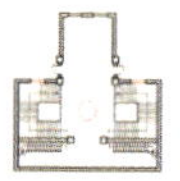

四层平面图

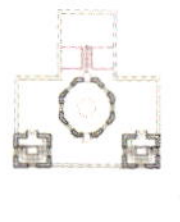

五层平面图

①原东南侧交易大厅屋顶后期进行了改造，与初建时差异较大，应将大厅屋顶复建为原结构和构造形式，并结合采光需求将中部屋面改造成天窗，既具有可识别性，也改善了室内环境；

②中部厅廊屋顶天窗应为1960年代改建，具备一定的历史价值，也增强了厅廊空间的采光和通风性能，因此予以保留；

③西立面檐部后期进行了改造，破坏了原西立面的风格和比例，应进行复原。

屋顶平面图

图 5-2-7　方案一保护设计各层平面图

6. 主体空间再利用策略（图 5-2-8）

原东北侧交易大厅：
作为青岛及周边地区地域性文化、历史、旅游类书籍的展销、阅读区域。拆除现状讲台，基于历史图纸上交易大厅的讲台形制复建讲台。整体空间恢复到初建时的横向序列，在二层增建U形环廊以强化序列感，并增强竖向视线交流。

原东南交易大厅：
作为文、史、哲、艺术类书籍的展销和阅读区域。拆除后期加建的吊顶，暴露原有木屋架结构，将屋面中部改造为玻璃天窗，为大厅提供充足采光。保留原有纵向空间序列形式，在二层增建U形环廊以强化序列感，三层局部设置自习阅读区。

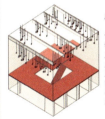

原西北侧交易大厅：
作为近代青岛历史典籍、文物、照片等私人藏品的展厅，首先复原为原有通高大厅的空间形式，一层设环形展廊，并与地下一层的典藏陈列室连通，二层中部设置平台，原木屋架上悬挂历史照片。

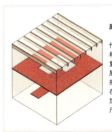

原西南侧交易大厅：
作为临时展厅使用，因内部和屋顶结构改动较大，首先复原为原有通高的大空间，屋顶结构采用与原有木桁架形式相同的钢结构屋架，并在墙体上增设钢构柱进行加固。室内一层为主体展厅，二层设置环形展廊。

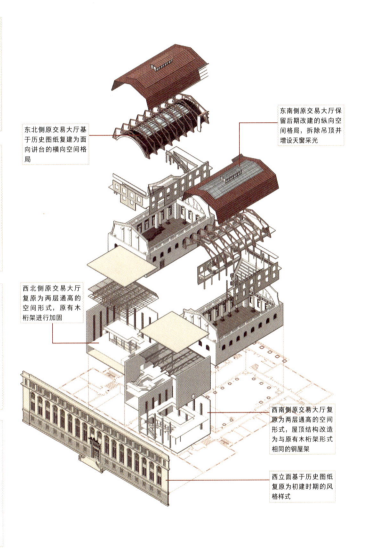

东北侧原交易大厅基于历史图纸复建为面向讲台的横向空间格局

东南侧原交易大厅保留后期改建的纵向空间格局，拆除吊顶并增设天窗采光

西北侧原交易大厅复原为两层通高的空间形式，原有木桁架进行加固

西南侧原交易大厅复原为两层通高的空间形式，屋顶结构改造为与原有木桁架形式相同的钢屋架

西立面基于历史图纸复原为初建时期的风格样式

图 5-2-8 方案一主体空间再利用设计策略

7. 成果表达（图 5-2-9～图 5-2-14）

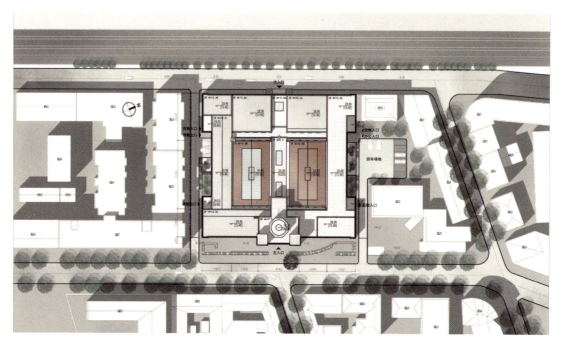

图 5-2-9　方案一总平面图

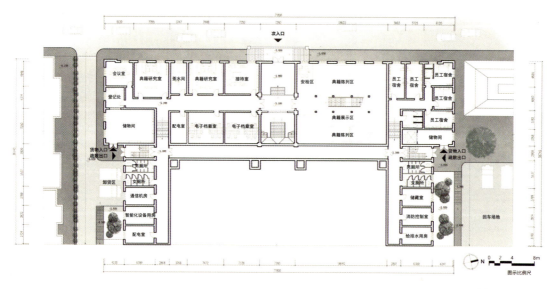

图 5-2-10　方案一负一层平面图

5.2 再利用设计

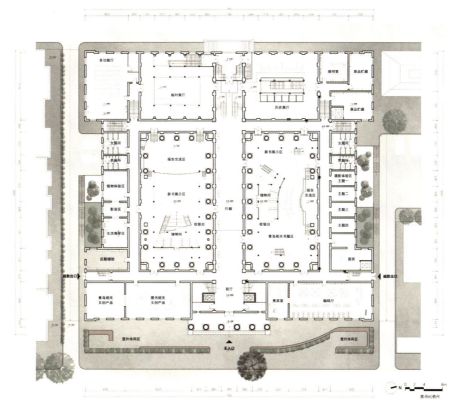

图 5-2-11 方案一一层平面图

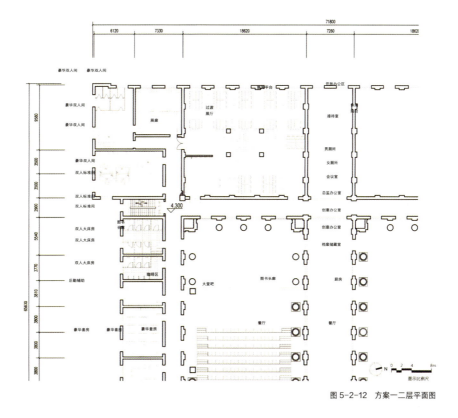

图 5-2-12 方案一二层平面图

5　青岛取引所旧址再利用设计

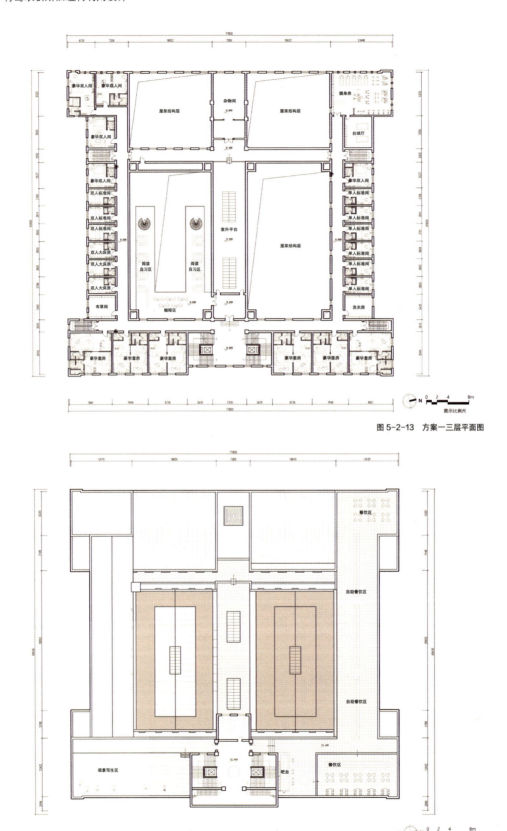

图 5-2-13　方案一三层平面图

图 5-2-14　方案一屋顶平面图

8. 场景表现（图 5-2-15 ~ 图 5-2-30）

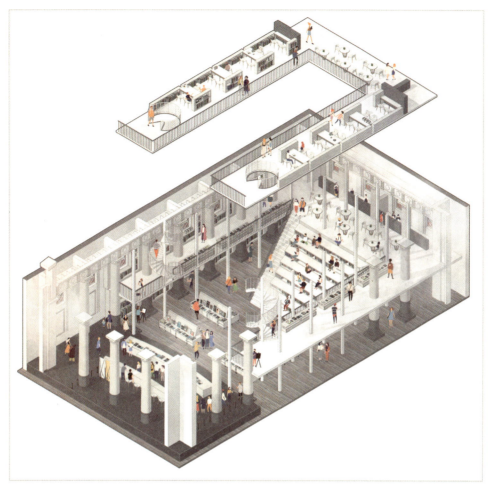

图 5-2-15　方案一原东南侧交易大厅轴测图

图 5-2-16　方案一原东南侧交易大厅透视图

5　青岛取引所旧址再利用设计

图 5-2-17　方案一原东北侧交易大厅轴测图

图 5-2-18　方案一原东北侧交易大厅透视图

5.2 再利用设计

图 5-2-19　方案一原西北侧交易大厅轴测图

图 5-2-20　方案一原西北侧交易大厅透视图

165

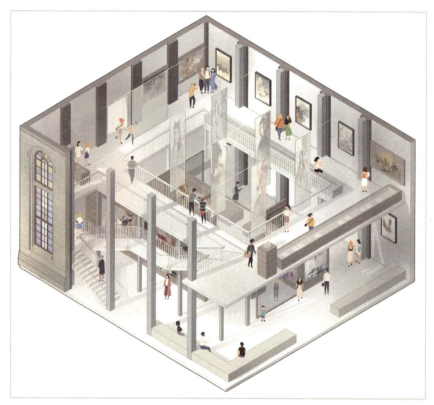

图 5-2-21 方案一原西南侧交易大厅轴测图

图 5-2-22 方案一原西南侧交易大厅透视图

5.2 再利用设计

图 5-2-23　方案一单人间轴测图

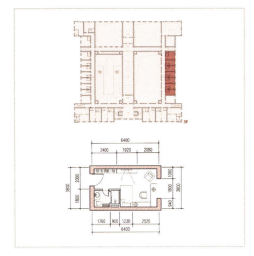

图 5-2-24　方案一单人间位置示意及平面图

图 5-2-25　方案一双人标准间轴测图

图 5-2-26　方案一双人标准间位置示意及平面图

图 5-2-27　方案一双人大床房轴测图

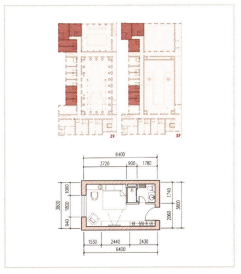

图 5-2-28　方案一双人大床房位置示意及平面图

167

5 青岛取引所旧址再利用设计

图 5-2-29 方案一豪华套房轴测图

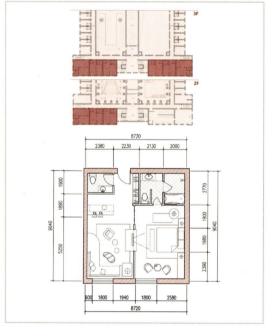

图 5-2-30 方案一豪华套房位置示意及平面图

5.2.2 方案二

1. 再利用策略探讨

促进青岛旅游业的发展。 青岛是一座旅游资源丰富的历史文化名城，提升文化旅游品质并打造自助游、深度游文化产品是当前旅游部门的主要发展方向。近年来，青岛游客数量迅速增加，但旅游服务尚存在一些问题，例如游客服务设施较少且功能不够完善，无法为快速发展的旅游业提供优质配套服务。

发展体验性旅游模式。 当前旅游业正由传统的景点观光型模式向休闲消费、度假旅居型模式转变。体验性旅游是将当地历史文化资源融入生活情境中，塑造感官体验与思维认同，吸引游客驻留并带动消费行为。本案基于文物建筑及历史文化街区的资源，塑造生活体验性的观览情境。

增进游客与当地居民的交流。 在旅游业发展的同时，游客与当地居民间也常发生不和谐事件，既影响了当地居民的日常生活，也降低了游客的游览体验。因此，增进游客与当地居民的交流，构建他们之间的和谐关系，对旅游资源的可持续发展具有重要意义。

建筑遗产保护的经济性策略。 建筑遗产具有商品与公共物品的双重经济属性，既可带来经济效益，也可为人们提供文化愉悦。因此，在建筑遗产的保护与利用中，应当充分挖掘其经济效益，突出历史、文化等营销主题，提供个性化产品，使投资方获取利益，实现遗产保护工作的长效动力（图 5-2-31、图 5-2-32，表 5-2-3）。

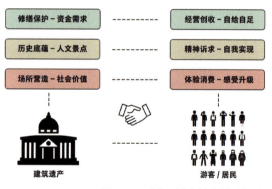

图 5-2-31 方案二建筑遗产保护的经济性理念

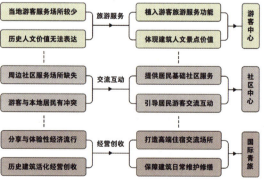

图 5-2-32 方案二功能植入策略图

方案二功能植入可行性分析表　　　　　　　　　　　　　　　　　　　　　　　　　表 5-2-3

建筑类型	建筑区位×1				建筑形象×3	功能空间布局×1				设施要求×1				经营模式×3	可复合度×3	综合评价
	交通	噪声	人群	景观		空间格局	流线组织	空间形式（主空间）	空间尺度（主空间）	给水排水	采光	通风	声学			
公寓建筑	··	··	··	··	··	··	··	··	··	··	··	··	··	··	··	42
商务办公	···	···	···	···	···	··	··	···	··	···	···	···	···	···	···	53
政务办公	··	··	··	··	··	··	··	··	··	··	··	··	··	··	··	47
金融建筑	··	··	··	··	··	··	··	··	··	··	··	··	··	··	··	52
文化建筑	···	···	···	···	···	···	···	···	···	··	··	··	··	···	···	55
博览建筑	··	··	··	··	··	··	··	··	··	··	··	··	··	··	··	48
观演建筑	··	··	··	··	··	··	··	··	··	·	·	·	·	··	··	44
餐饮建筑	··	··	··	··	··	··	··	··	··	··	··	··	··	··	··	51
旅馆建筑	···	···	···	···	···	···	···	···	···	···	··	··	··	···	···	57
商业建筑	···	··	··	·	·	·	·	·	·	··	··	··	··	···	···	52

表格来源：邹邦涛、李进绘制

2. 再利用设计理念

设计理念一：历史文化场景消费

文化价值与商业价值是遗产保护工作的重要驱动力，二者互为动机，又在行为模式中转化。建筑遗产特有的场所内涵既存在于实体空间里，也凝练在长久形成的、引发人们共鸣的环境氛围中。本方案通过静态的展陈设施和动态的活动企划，营造出体现馆陶路历史街区文化特色的场景，使人们沉浸其中，获得心理及精神上的满足。

设计理念二：公共活动情景消费

恢复和再造活力是建筑遗产再利用设计中的核心问题之一。通过历史文化场景的挖掘，设计多个特色化的交流空间，植入才艺表演、趣味比赛、服装走秀、新品体验等表演与参与性活动，增进当地社区居民与游客的交流。由商业活动主导转向公共活动主导，是体验性经济导向下的建筑遗产活化更新的主要特征，在多样化的休闲、娱乐活动中融入商业行为，使人们体味丰富多彩的城市公共生活。

3. 经营模式与功能模块

建筑功能主要包括旅游服务和社区服务两部分，以旅游业基础设施为主，带动周边产业的发展，并反哺周边社区。旅游服务是建筑的核心功能组团，由游客中心、工艺展销、商务办公和国际青旅四部分组成，既为各类旅行团、散客提供基本的门票预订、旅游咨询、线路规划、导游讲解、旅游纪念品购买、餐饮美食、住宿等服务，也依托相关职能空间并针对不同游客人群设置地方曲艺及现代剧演出、非物质文化遗产的互动参与性体验、婚纱摄影等功能，使文物建筑既作为旅客的始发点，也成为游览的目的地。社区服务功能包括教育、休闲、展示、办公等，既为当地居民及社会团体提供休闲娱乐的场所，也可向游客展示地方风土人情，增进游客与当地居民的交流，维持文物建筑的长期活力（图5-2-33）。

游客中心模块： 采用旅游服务、商业、展览相结合的经营模式，为游客提供票务服务、旅游咨询、线路规划、导游讲解等基本功能，并提供非物质文化遗产展销、青岛特产及相关文创产品售卖等。游客休息区综合了休闲、娱乐、展览等体验性空间，设专人介绍青岛和馆陶路历史及当季旅游特色，可以为游客提供旅游线路规划、导览讲解器租赁等相关服务。售卖区可与文创公司合作，展销各类旅游

5 青岛取引所旧址再利用设计

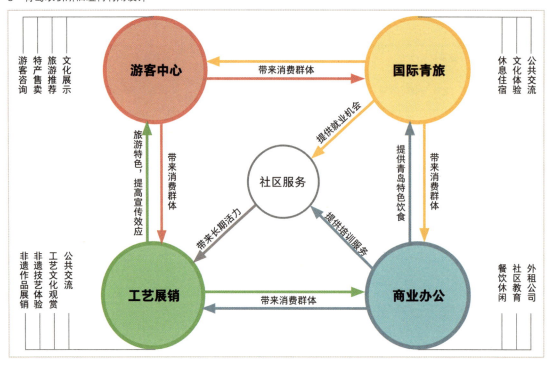

图 5-2-33　方案二运营模式图

周边产品，包括青岛、馆陶路及青岛取引所旧址相关文创产品，各类青岛特色物产等，打造品牌文化。

工艺展销模块： 采用"非遗+文创""非遗+演艺"的经营模式，植入非物质文化遗产相关的演艺活动、展览、文创产品等，促进游客的参与性与互动性体验。在非遗技艺工坊中，各类非物质文化遗产项目均包括展示、互动参与、售卖3个部分，人们既可以观摩非遗传承人的技艺，也可以切身参与其中，领略传统文化艺术的魅力。演艺厅不仅上演话剧、歌剧等中西方现代戏剧，也定期上演柳腔、茂腔、八角鼓等传统曲艺，领略青岛的地方文化风俗。

商业办公模块： 商业办公由餐饮、酒吧等商业场所以及办公区组成，其中办公部分包括内部使用和对外出租两种。内部使用的办公区域主要具有游客中心，涵盖接待、会议、休息等功能。对外出租部分包括文创广告公司、婚纱摄影写真工作室、旅行社及教育培训机构等，既可满足游客中心的配套服务需求，通过婚纱、摄影、文创等业务增加客源，也服务于周边的社区居民，带来长久的活力，并通过一些趣味性的互动参与活动增进游客与当地居民的交流。

国际青旅模块： 打造适于青年人需求的多种精品主题客房，满足不同旅客的需要，包括适合单人背包客的单人间、适合情侣及朋友居住的双人间、适合家庭或朋友集体住宿的四人间与拼宿式的多人间以及两间豪华大床房。位于东侧、景观较好的房间设置独立卫生间，南、北翼的房间使用集中设置的淋浴间和卫生间，以减小卫生间上下水管道对文物建筑的影响和破坏。在保证居住品质的同时，设置简餐与交流场所，并开放屋顶平台以供露天晚宴及各类聚会使用，营造轻松欢快的住宿及交流氛围。

社区服务： 由休闲、展示、办公等功能区域组成，包括棋牌室、阅览室、社区展览馆等功能房间，并专设办公场所，利于日常管理，既可供当地居民及各类社会团体日常使用，也可出租给其他团体举办演出、交谊会等活动。社区服务区的设置一方面可以为当地居民提供休闲、娱乐、创收的平台，另一方面可以增进游客与居民之间的交流互动，向游客展示良好的城市人文景象，并为旅游淡季提供活力。

4. 功能拟定与功能分区（表 5-2-4，图 5-2-34、图 5-2-35）

方案二任务书拟定　　　　　　　　　　　表 5-2-4

植入功能	功能细分	面积
游客中心		
接待区域	服务前台	25m²
游客服务中心	票务中心/酒店预订	100m²
	行李寄存处	130m²
	休息室	560m²
	医疗急救室	20m²
服务办公	办公室	310m²
	会议室	50m²
后勤辅助	库房	30m²
	卫生间	200m²
活动中心		
接待区域	接待大厅	30m²
剧院/礼堂	观众厅	600m²
	服装间	45m²
	化妆间	40m²
	道具间	50m²
	休息室	20m²
旅游/文化展厅	旅行社	145m²
	展品区	50m²
	宣传区	40m²
公共交流区	团建活动区	300m²
	休息区	130m²
	展示区	300m²
展销区域	旅游用品展销	50m²
	地方特产展销	105m²
	地方特产展销	105m²
后勤辅助	展品储藏	50m²
	卫生间	100m²
国际青旅		
接待区域服务区域	前台接待	50m²
	客房	950m²
	简餐	300m²
	公共卫浴	260m²
休闲区域	公共娱乐	150m²
	公共休息	150m²
	露天休闲吧	—
	屋顶花园	—
后勤办公	办公	40m²
	洗衣房	120m²
	职工住宿	120m²
商业办公		
出租办公	外部公司	490m²
	旅行社	145m²
	多功能厅	100m²
社区教育	培训班	145m²
	书吧	160m²
餐饮区域	餐厅	300m²
	酒吧	150m²
后勤辅助	库房	100m²
	卫生间	100m²
设备用房		
设备房	机房	120m²
	消防控制室	80m²
	配电室	80m²
	水泵房	80m²
附属区域		
社区中心	居民休息	300m²
	活动室	120m²
	茶室	125m²
后勤办公	社区办公	50m²

表格来源：田静绘制

5 青岛取引所旧址再利用设计

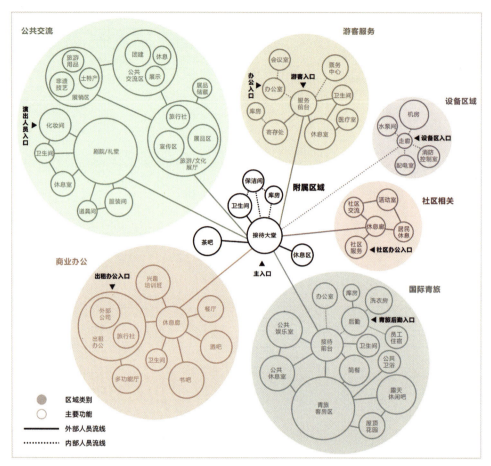

图 5-2-34 方案二功能气泡图

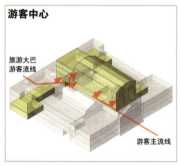
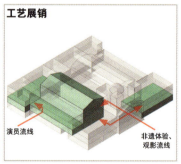
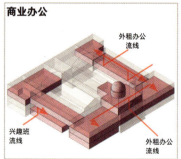
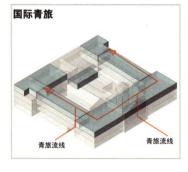
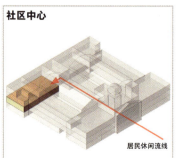

图 5-2-35 方案二功能分布与流线分析图

5. 外部空间整治（图 5-2-36）

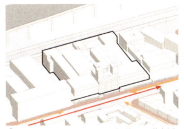

① 馆陶路为北向单行机动车道，因北侧有公共汽车站，大量行人由基地北侧穿行而过。

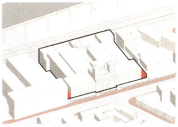

② 建筑南、北两侧的加建房屋与整体不和谐，破坏了原有建筑的立面形式。

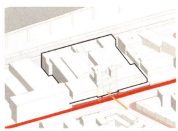

③ 场地东面围栏将建筑与城市空间相分隔，降低了东侧场地的公共性。

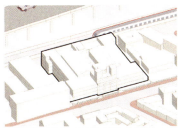

④ 建筑西侧为高架桥和铁路，人们在车里可以观赏到建筑西立面全貌。

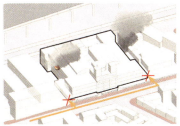

⑤ 建筑南、北两侧的加建房屋压缩了道路宽度，加之围栏的阻隔，影响了建筑南、北侧房间的消防疏散。

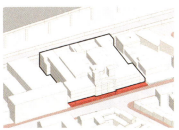

⑥ 建筑东侧场地较为狭长，没有明确的空间划分，缺少供人们驻足、休憩的城市家具。

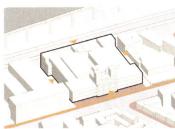

⑦ 将建筑主入口设在东立面，西侧设旅游大巴乘客出入口，南、北侧入口主要服务于内部工作人员。

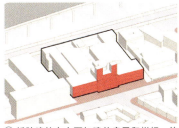

⑧ 拆除建筑东立面加建的房屋和栏杆，使人们获得较好的观赏视野。

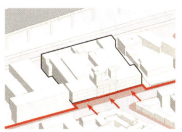

⑨ 将建筑东侧场地界面打开，使东侧场地成为开放性的公共空间。

⑩ 复原建筑西立面，恢复初建时的风格样式，充分发挥西立面的展示宣传作用。

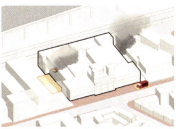

⑪ 在建筑南侧、东北侧设置救援车停靠场地，便于南、北侧房间的应急救援。

⑫ 保留场地内的原有树木，作为建筑外部空间与城市空间的柔性过渡，并结合绿植进行空间划分与限定。

图 5-2-36　方案二外部空间设计分析图

6. 保护设计（图 5-2-37）

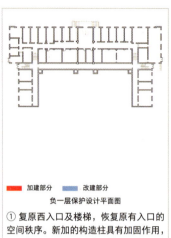
加建部分　　改建部分
负一层保护设计平面图

① 复原西入口及楼梯，恢复原有入口的空间秩序。新加的构造柱具有加固作用，予以保留。针对剩余房间墙体，基于最小干预原则，在满足使用功能的前提下进行最小程度的改造。为满足消防疏散要求，将疏散楼梯改建为封闭楼梯间。

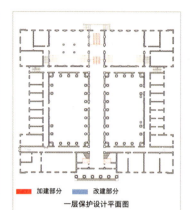
加建部分　　改建部分
一层保护设计平面图

② 拆除原西北侧、西南侧交易大厅内后期加建的隔墙，复原整体性空间及大楼梯。因西北侧交易大厅整体保存状况较好，建议拆除夹层并复原通高式空间，原西南侧交易大厅则保留后期加建的结构柱和夹层。在主入口处增建两部电梯，将原东侧走廊尽端的电梯间、西侧楼梯均改建为封闭楼梯间，以满足消防疏散要求。

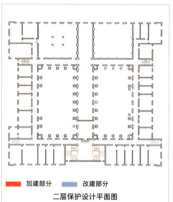
加建部分　　改建部分
二层保护设计平面图

③ 拆除南、北、东三面小房间及原西南侧交易大厅内后期加建的隔墙，拆除原西北侧交易大厅的夹层，复原被封堵的门洞和窗洞，拆除南北侧室外加建房屋。为满足消防疏散要求，将疏散楼梯改建为封闭楼梯间。

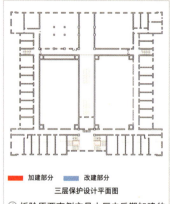
加建部分　　改建部分
三层保护设计平面图

④ 拆除原西南侧交易大厅内后期加建的隔墙，南、北、东三面小房间内的隔墙结合实际功能需求决定保留或者拆除。保留原厅廊屋顶的玻璃顶棚，复原原东南侧交易大厅的筒拱式吊顶。为满足消防疏散要求，将疏散楼梯改建为封闭楼梯间。

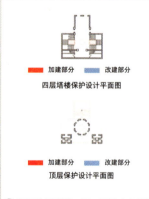
加建部分　　改建部分
四层塔楼保护设计平面图

加建部分　　改建部分
顶层保护设计平面图

⑤ 复原位于塔楼四层、五层中央的圆形通高空间，塔楼顶层面向厅廊屋顶平台的大楼梯后期进行了改建，可以考虑恢复原有形制。为满足消防疏散要求，可将四层、五层通往室外的门改为防火门。

加建部分　　改建部分
屋顶保护设计平面图

⑥ 屋顶排水设施需统一勘核、修缮，其余部分基本保留原有结构与构造。再利用设计中，计划利用屋顶平台作为户外交流场所、室外酒廊等，需基于上人屋面最大使用人数进行结构验算，若原有结构承载力不足，则需进行加固处理或采取相应的管理措施。

图 5-2-37　方案二保护设计各层平面图

7. 重要空间的修复与设计（图 5-2-38、图 5-2-39）

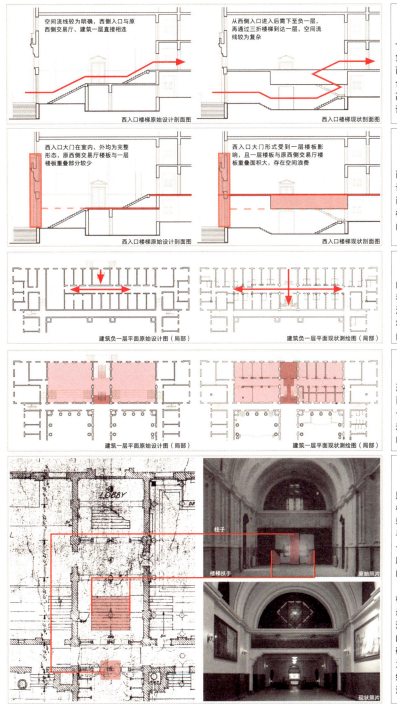

图 5-2-38　方案二西入口前厅和楼梯原状复原探讨

5 青岛取引所旧址再利用设计

原东北侧交易大厅：作为游客服务中心，保留现状讲台作为表演舞台。在原交易大厅讲台位置设置服务中心班台，环绕班台设置展柜，恢复到初建时的空间秩序。

原东南侧交易大厅：延续该空间作为观演厅的使用功能及其承载的情感价值，复原初建时的筒拱式吊顶，基于可逆性及最小干预原则，加固原有结构并改建楼座。

原西南侧交易大厅：主体空间保留原三层格局。一层为市民文化厅，承载休闲、展览、娱乐等功能；二层为餐厅，提供餐饮服务；三层为青年旅舍公共交流区，与室外平台相连通。

原西北侧交易大厅：作为游客休息大厅，提供休闲娱乐、景点展示与介绍等服务。基于历史图纸复原原交易大厅的楼梯，修缮原有屋架结构，恢复原有的空间格局。

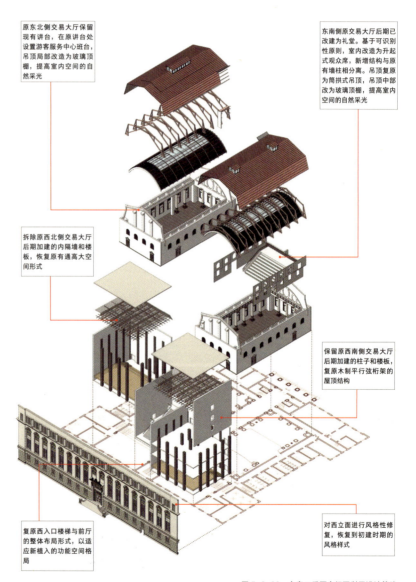

原东北侧交易大厅保留现有讲台，在原讲台处设置游客服务中心班台，吊顶局部改造为玻璃顶棚，提高室内空间的自然采光

东南侧原交易大厅后期已改建为礼堂。基于可识别性原则，室内改造为升起式观众席，新增结构与原有墙柱相分离。吊顶复原为筒拱式吊顶，吊顶中部改为玻璃顶棚，提高室内空间的自然采光

拆除原西北侧交易大厅后期加建的内隔墙和楼板，恢复原有通高大空间形式

保留原西南侧交易大厅后期加建的柱子和楼板，复原木制平行弦桁架的屋顶结构

复原西入口楼梯与前厅的整体布局形式，以适应新植入的功能空间格局

对西立面进行风格性修复，恢复到初建时期的风格样式

图 5-2-39 方案二重要空间再利用设计策略

8. 技术图纸（图 5-2-40 ~ 图 5-2-45）

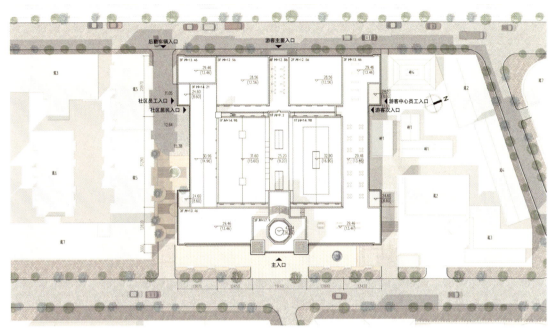

图 5-2-40　方案二总平面图

图 5-2-41　方案二负一层平面图

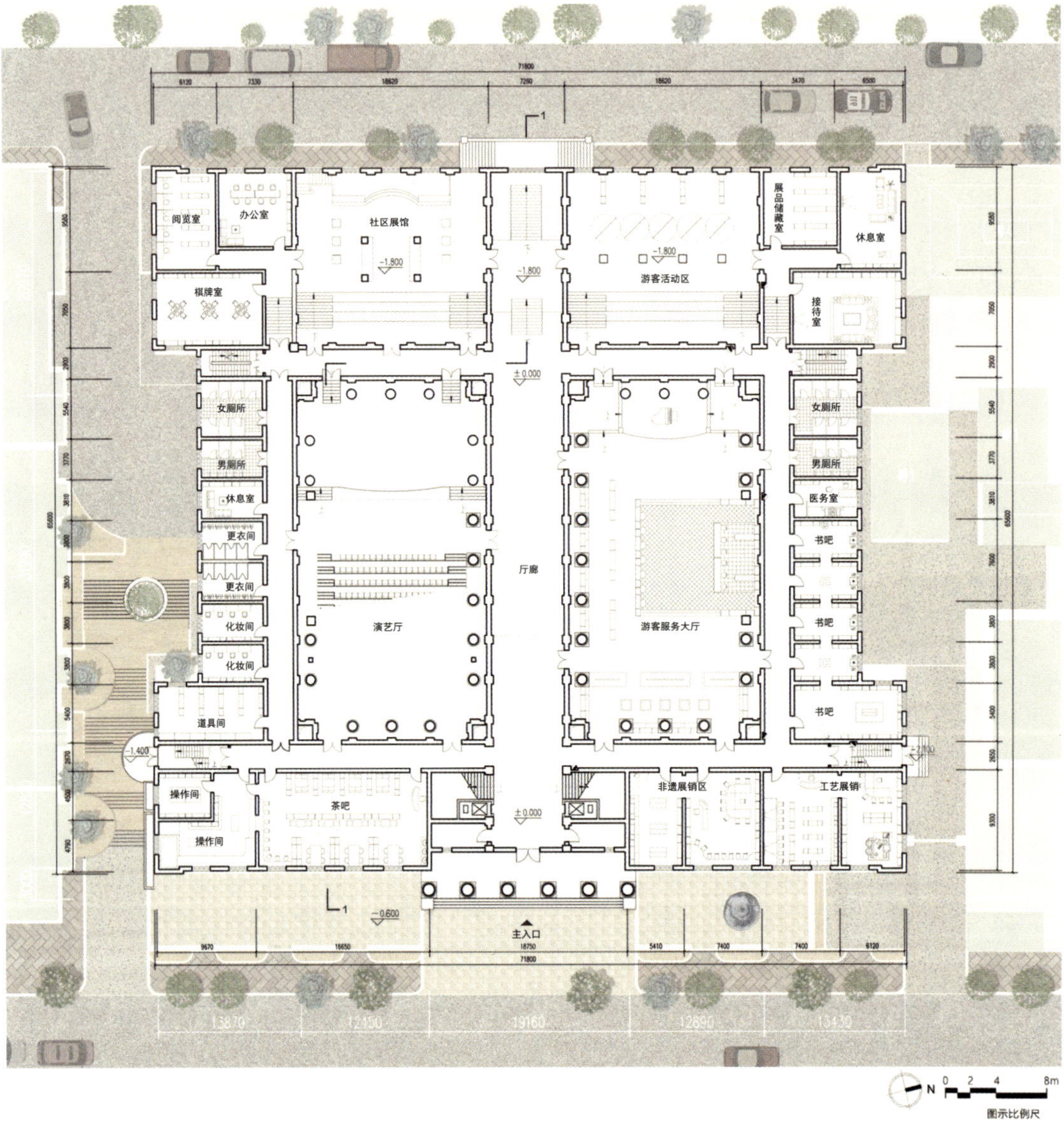

5 青岛取引所旧址再利用设计

图 5-2-42　方案二一层平面图

5.2 再利用设计

图 5-2-43 方案二二层平面图

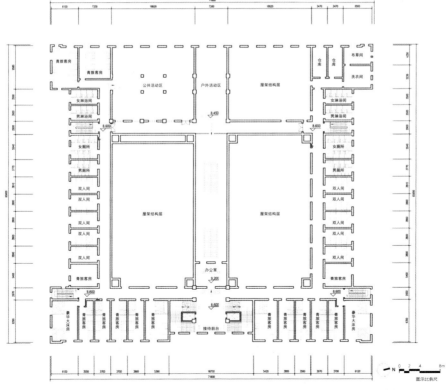

图 5-2-44 方案二三层平面图

5 青岛取引所旧址再利用设计

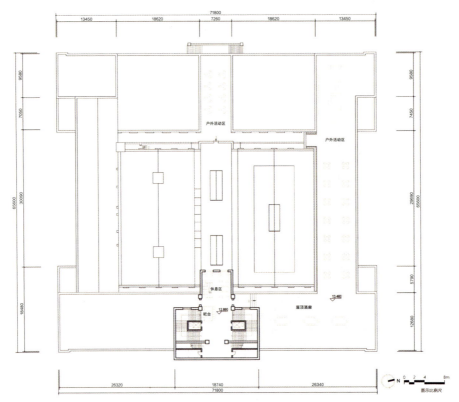

图 5-2-45 方案二屋顶平面图

9. 场景效果图（图 5-2-46～图 5-2-60）

图 5-2-46 方案二西立面外部场景图

5.2 再利用设计

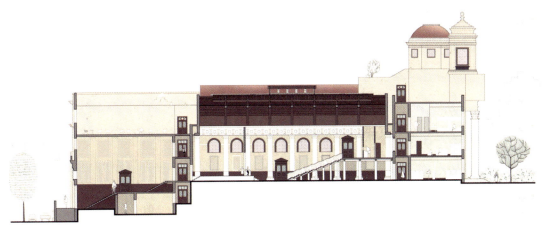

图 5-2-47　方案二 1-1 剖面图

图 5-2-48　方案二社区展馆场景图

图 5-2-49　方案二游客活动区场景图

图 5-2-50　方案二游客服务大厅透视场景图

图 5-2-51　方案二摄影工作室场景图

181

5 青岛取引所旧址再利用设计

图 5-2-52　方案二书吧场景图

图 5-2-53　方案二青旅普通客房轴测图

图 5-2-55　方案二非遗展销区与摄影工作室轴测图

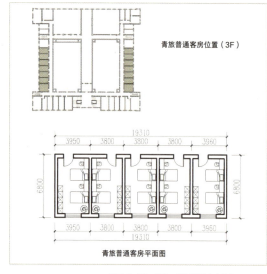

图 5-2-54　方案二青旅普通客房位置及平面图

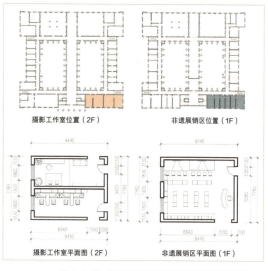

图 5-2-56　方案二非遗展销区与摄影工作室位置及平面图

图 5-2-57　方案二青旅特色客房轴测图

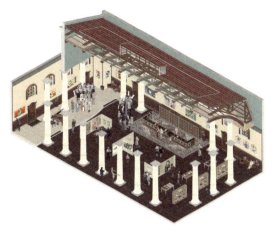

图 5-2-59　方案二游客服务大厅轴测图

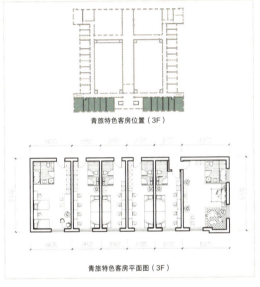

图 5-2-58　方案二青旅特色客房位置及平面图

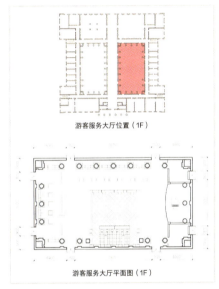

图 5-2-60　方案二游客服务大厅位置及平面图

5.2.3　其他方案

1. 方案三（图 5-2-61～图 5-2-80）

设计理念： 本方案充分发挥文物建筑的社会价值和历史价值，构建由旅馆、展览、剧场三种功能组团组成的商业、文化复合型建筑。

服务人群： 主要面向青年人和游客，并兼顾周边社区居民，为历史街区创造更多的活力。

经营模式： 由某酒店集团统一经营管理，展览部分由专业的策展团队负责。除日常经营外，酒店还可承接会议、团建、旅行团、剧组等商业活动。酒店集团承担文物建筑的日常检修与维护，并提供一部分空间用于社区公益事业和馆陶路街区历史展览。

功能划分： 包括商业和文化两个功能模块，其中商业类功能主要包括旅馆、餐厅、剧场；文化类功能包括街区历史陈列、文化艺术展览、文艺交流分享会、创意工作室等。

5 青岛取引所旧址再利用设计

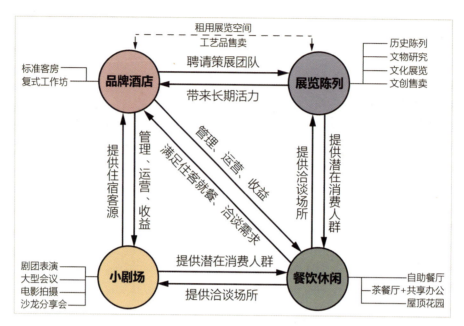

图 5-2-61　方案三经营模式图

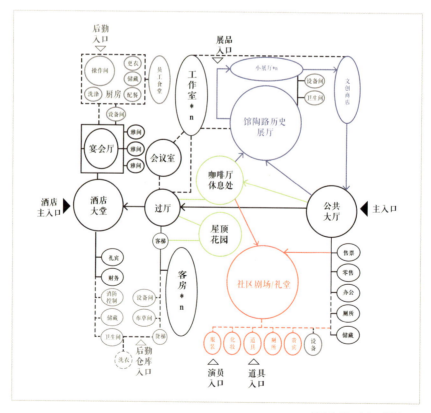

图 5-2-62　方案三功能气泡图

5.2 再利用设计

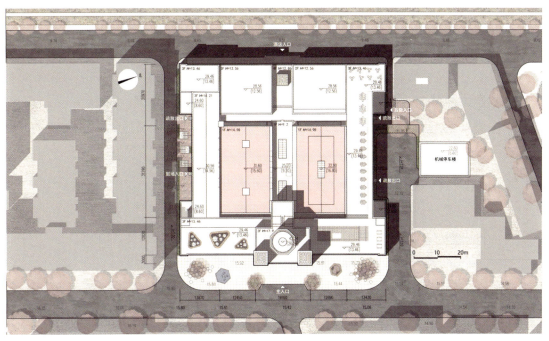

图 5-2-63 方案三总平面图

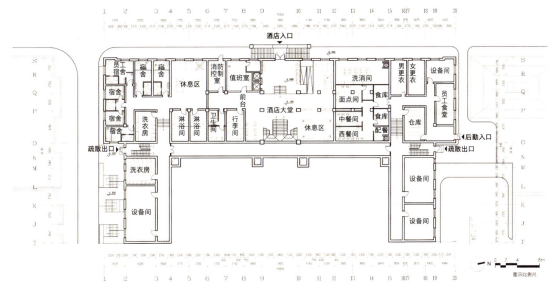

图 5-2-64 方案三地下一层平面图

185

5　青岛取引所旧址再利用设计

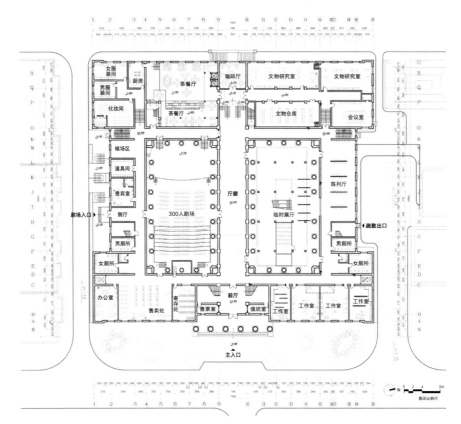

图 5-2-65　方案三一层平面图

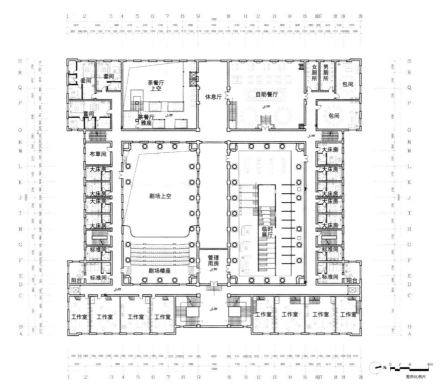

图 5-2-66　方案三二层平面图

5.2 再利用设计

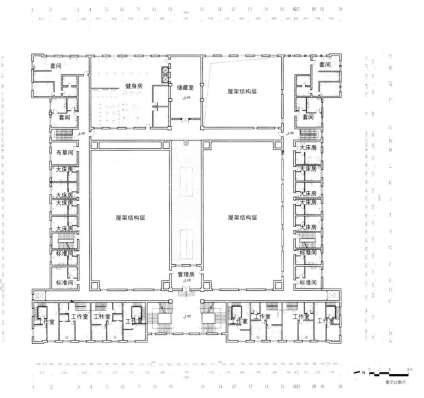

图 5-2-67 方案三三层平面图

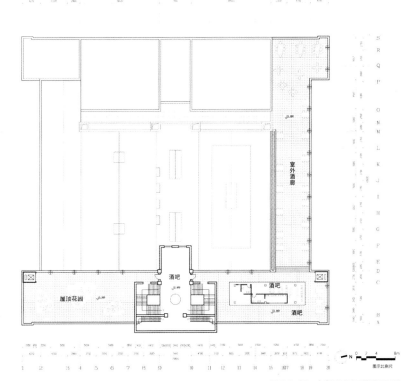

图 5-2-68 方案三四层及屋顶平面图

5 青岛取引所旧址再利用设计

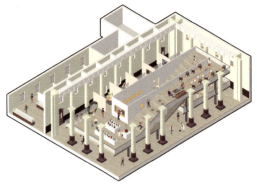

图 5-2-69　方案三临时展厅轴测图

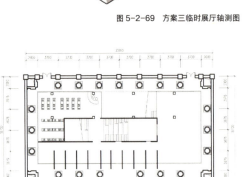

图 5-2-70　方案三临时展厅平面图

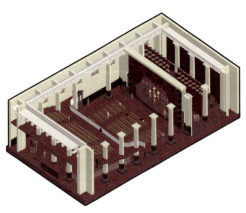

图 5-2-71　方案三剧场轴测图

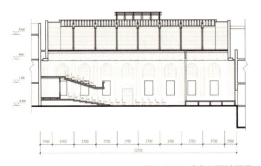

图 5-2-72　方案三剧场剖面图

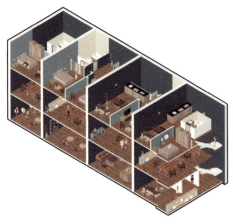

图 5-2-73　方案三工作室轴测图

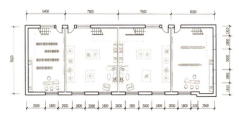

图 5-2-74　方案三工作室平面图

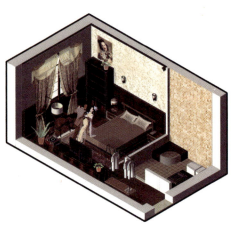

图 5-2-75　方案三酒店大床房轴测图

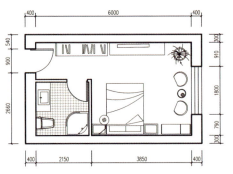

图 5-2-76　方案三酒店大床房平面图

图 5-2-77　方案三酒店套间轴测图之一　　　　　　　　　图 5-2-79　方案三酒店套间轴测图之二

图 5-2-78　方案三酒店套间平面图之一　　　　　　　　　图 5-2-80　方案三酒店套间平面图之二

2. 方案四（图 5-2-81 ～图 5-2-93）

　　设计理念： 本方案秉承全渠道营销和时间性消费的设计理念，发挥文物建筑的社会价值和再利用价值，融合线上、线下消费模式，打造一个整合奢侈品、实体店、网店、移动商店和社交媒体等商业模式，兼具酒店住宿和出租型办公的交互性、娱乐性、文化性的一站式全渠道体验商店。

　　服务人群： 主要面向当地居民和游客，前者包

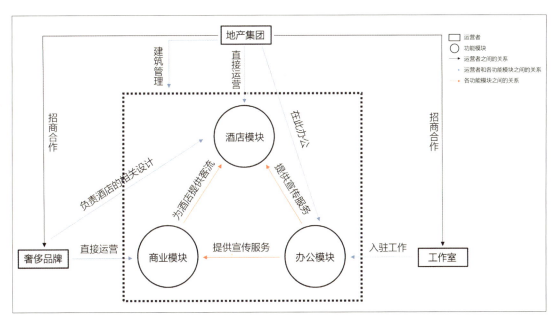

图 5-2-81　方案四经营模式

括艺廊、秀场等休闲体验式商业空间，后者包括酒店及奢侈品商店、专属定制商店等高端体验式商业空间。

经营模式： 由某商业地产集团统一组织、协调和规划，实行统一与分散相结合的经营与管理模式。

功能划分： 包含商业、酒店、办公3个功能组团，商业区按空间属性划分为品牌故事展厅、专属定制区、新品体验展示区、女装成衣区、男装成衣区、鞋履区、配饰区等7个功能区，通过新品T台秀场连接传统购物区和体验式展销区，各空间配设虚拟试衣镜等高科技装置，打造高端化、复合化、体验式的购物方式。

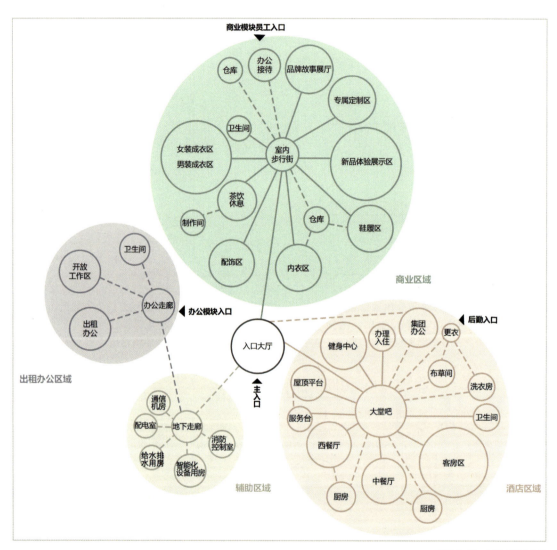

图5-2-82　方案四功能气泡图

5.2 再利用设计

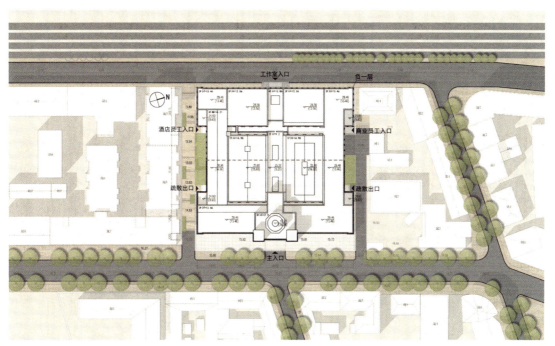

图 5-2-83　方案四总平面图

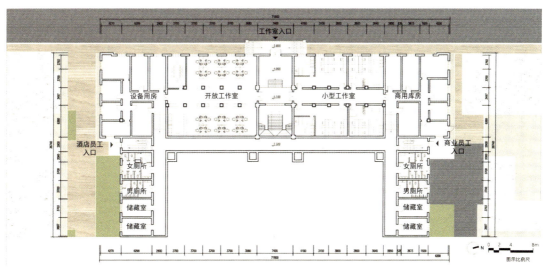

图 5-2-84　方案四负一层平面图

191

5 青岛取引所旧址再利用设计

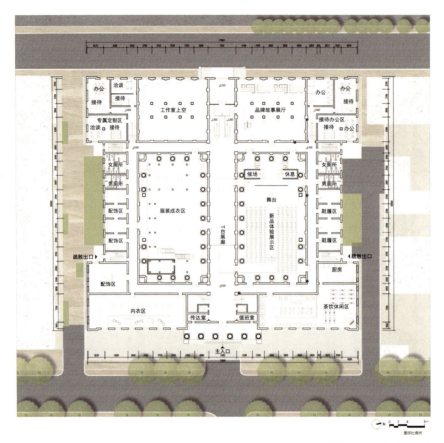

图 5-2-85 方案四一层平面图

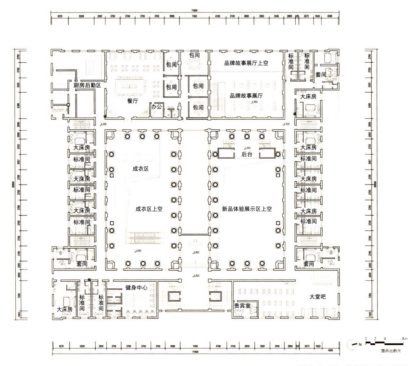

图 5-2-86 方案四二层平面图

5.2 再利用设计

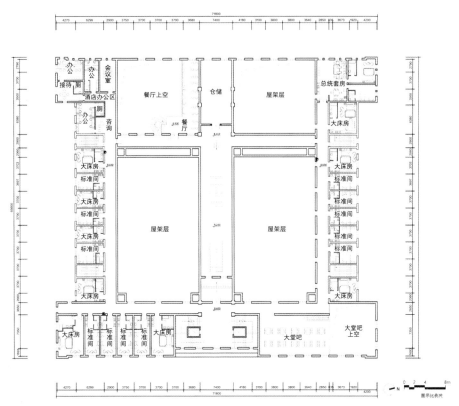

图 5-2-87 方案四三层平面图

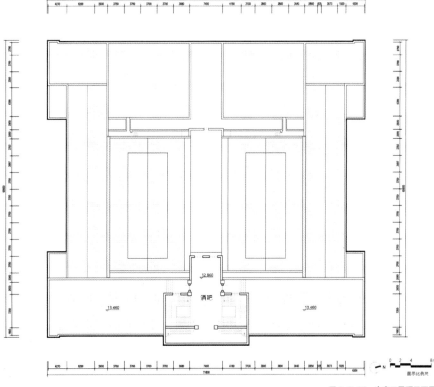

图 5-2-88 方案四屋顶平面图

图 5-2-89　方案四品牌成衣售卖大厅轴测图　　　　图 5-2-90　方案四品牌秀场轴测图

图 5-2-91　方案四品牌成衣售卖大厅透视图

图 5-2-92　方案四厅廊走秀透视图

图 5-2-93 方案四秀场大厅走秀透视图

3. 方案五（图 5-2-94～图 5-2-107）

　　设计理念：本方案营造一处集艺术品拍卖交易、艺术展览、高端定制购物、酒店及休闲娱乐于一体的高端消费场所。

　　服务人群：主要面向一些高端消费者、收藏家、艺术品爱好者和外地游客，通过商业盈利来维持文物建筑日常检修、维护的开销。

　　经营模式：由某艺术品拍卖行统一组织经营，酒店、买手店、咖啡店等空间亦可委托专业商家经营。

　　功能划分：包括拍卖行、高档酒店、买手店和咖啡厅四大功能模块。拍卖行功能组团基于委托拍卖程序和竞买程序展开功能流线布局，提供艺术、珠宝、名表、名酒等各式收藏品的拍卖、展览及私人洽购服务。

　　高档酒店设置各类型房间，在顶层天台提供室外酒廊，也可外包举办酒会、自助餐等。

　　买手店采用代理合作模式，与国内外品牌长期合作，遴选不同品牌的时装、饰品、珠宝、皮包、鞋帽、化妆品等商品，满足目标顾客群的独特时尚观念和趣味。店内还设时尚沙龙，可与拍卖行开展合作，丰富购物体验。

　　咖啡店引入互动模式，即研磨体验区，为顾客提供全方位浸入式的咖啡体验。

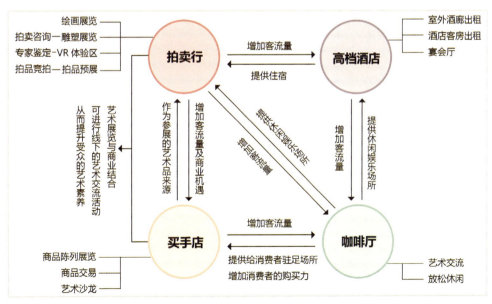

图 5-2-94 方案五运营模式图

5 青岛取引所旧址再利用设计

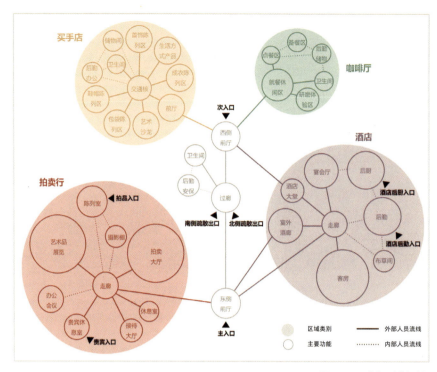

图 5-2-95 方案五功能气泡图

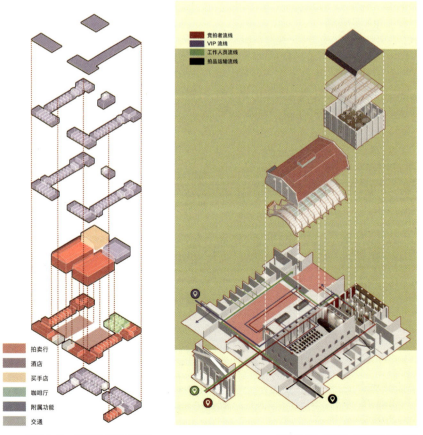

图 5-2-96 方案五功能分区分析图　　图 5-2-97 方案五一层大厅功能流线图

5.2 再利用设计

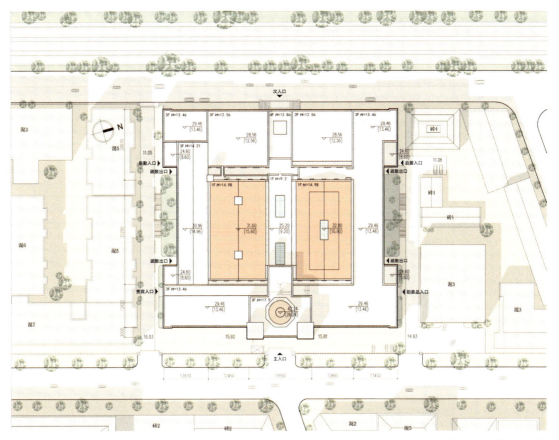

图 5-2-98 方案五总平面图

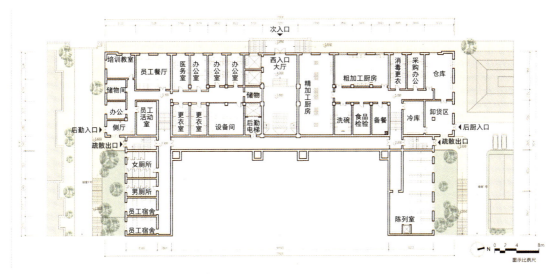

图 5-2-99 方案五负一层平面图

5　青岛取引所旧址再利用设计

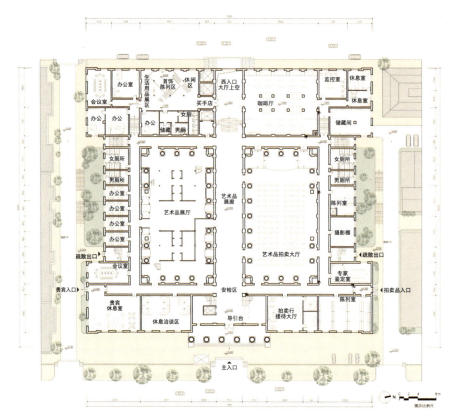

图 5-2-100　方案五一层平面图

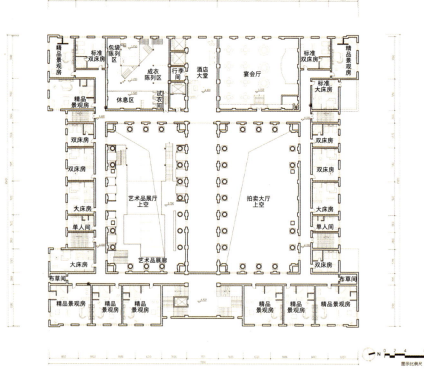

图 5-2-101　方案五二层平面图

5.2 再利用设计

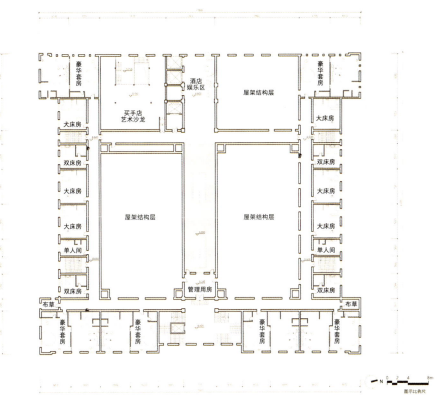

图 5-2-102 方案五三层平面图

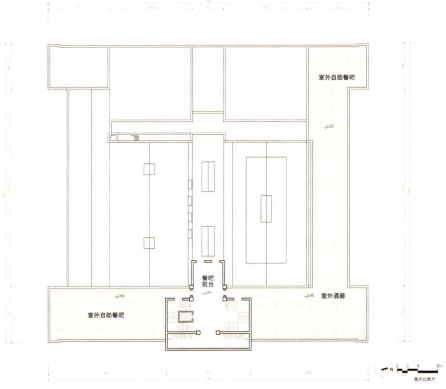

图 5-2-103 方案五四层平面图

5　青岛取引所旧址再利用设计

图 5-2-104　方案五标准大床房平面及轴测图

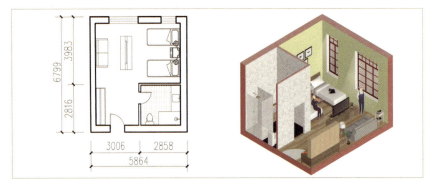

图 5-2-105　方案五标准双床房平面及轴测图

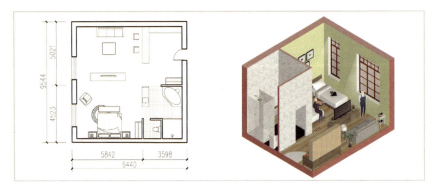

图 5-2-106　方案五精品景观房平面及轴测图

图 5-2-107　方案五豪华套房平面及轴测图

5.2 再利用设计

4. 方案六（图 5-2-108 ~ 图 5-2-121）

设计理念： 本方案将文物建筑打造为涵盖宴会、餐饮、会议、旅宿等多种功能的高端酒店。

服务人群： 主要面向青岛当地居民、公司、外地旅客等，可以承办各类型婚礼婚宴、冷餐酒会、生日派对、公司年会、商务会议、签约仪式、产品新闻发布会、庆典活动、联谊会等大型宴会、会议及集会活动。

经营模式： 由某高端酒店品牌统一组织、经营与管理。

功能划分： 包括宴会、旅宿、休闲、办公等 4 个功能模块，其中宴会模块为核心功能，包括 2 个大型宴会厅和 4 个小型宴会厅，屋顶平台可以作为室外宴会场所。宴会模块还包括 24 个普通包间、4 个豪华包间和 2 个大包间，可以同时承办 7 ~ 8 场宴会。

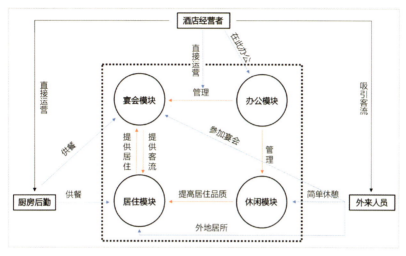

图 5-2-108　方案六运营模式图

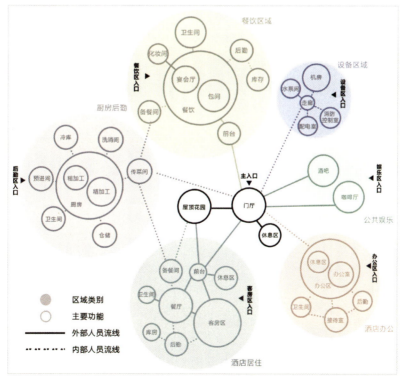

图 5-2-109　方案六功能气泡图

5 青岛取引所旧址再利用设计

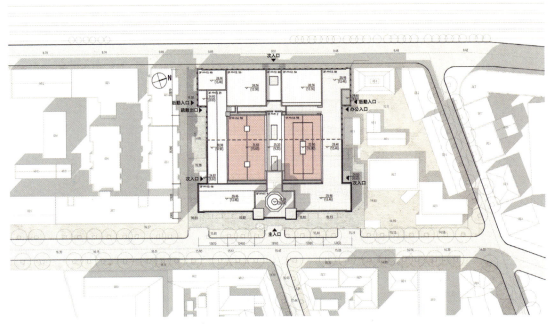

图 5-2-110　方案六总平面图

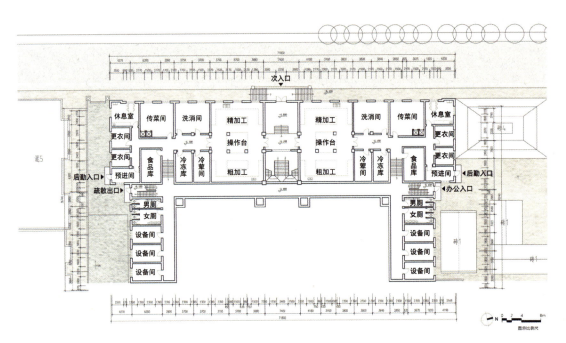

图 5-2-111　方案六负一层平面图

5.2 再利用设计

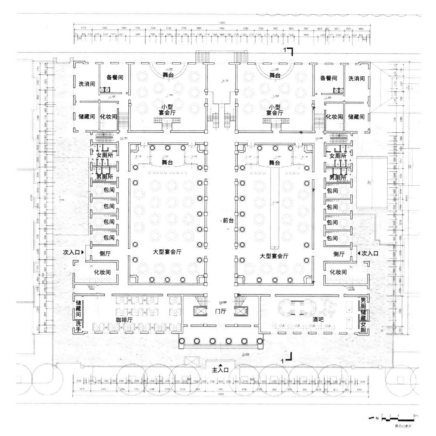

图 5-2-112 方案六一层平面图

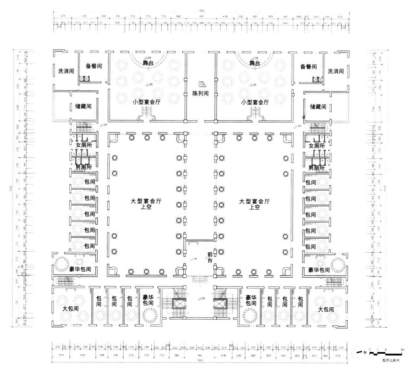

图 5-2-113 方案六二层平面图

5 青岛取引所旧址再利用设计

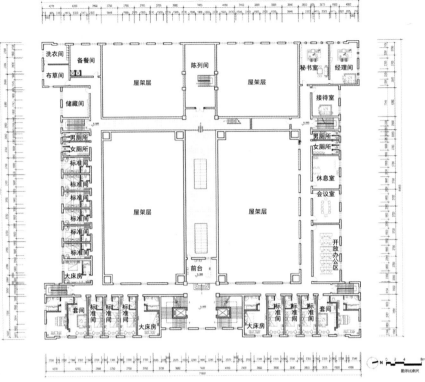

图 5-2-114 方案六三层平面图

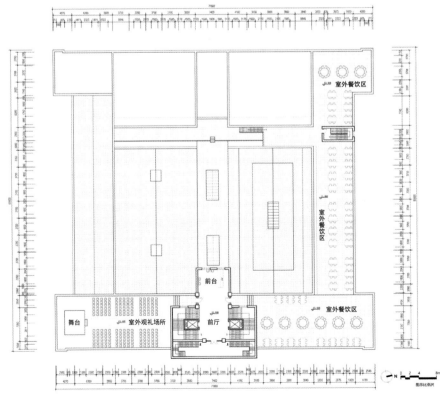

图 5-2-115 方案六四层平面图

5.2 再利用设计

图 5-2-116　方案六小宴会厅轴测图

图 5-2-117　方案六包间轴测图

图 5-2-118　方案六酒店套间轴测图

图 5-2-119　方案六酒店客房轴测图

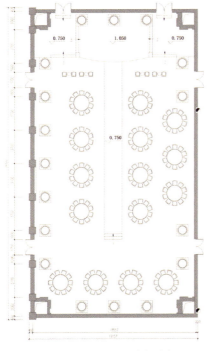

图 5-2-120　方案六宴会厅平面图

图 5-2-121　方案六宴会厅效果图

205

参考文献

[1] 叶春墀. 青岛取引所的兴衰. 见: 山东省政协文史资料委员会编. 山东工商经济史料集萃(第二辑)[M]. 济南: 山东人民出版社, 1989: 23-30.

[2] 中村與資平記念館別館. 青岛取引所記事をクリップする. 2006-10-29. 见: https://blogs.yahoo.co.jp/yosihei8jp/folder/1463790.html?m=lc&sv=%BC%E8%B0%FA%BD%EA&sk=0.2019-03-15.

[3] Arnold Wright, Editor in Chief, H. A. Cartwright, Arnold Wright, Assistant Editor. Twentieth century impressions of Hongkong, Shanghai, and other Treaty Ports of China: Their History, People, Commerce, Industries and Resources[M]. Lloyd's Greater Britain Publishing Company, LTD., 1908.

[4] 刘亦师. 近现代时期外籍建筑师在华活动述略[J]. 建筑环境设计, 2015(Z2): 320-329.

[5] 中国近代租界外国建筑师事务所(洋行)及其作品选录. 2007-02-26. http://bbs.memoryofchina.org/forum.php?mod=viewthread&tid=4705.2019-03-20.

[6] 郑红彬. 近代在华英国建筑师研究(1840—1949)[D]. 北京: 清华大学, 2014.

[7] 宋连威. 青岛城市的形成[M]. 青岛: 青岛出版社, 1998.

[8] 王铎. 馆陶路——老青岛的"华尔街"[J]. 青岛画报, 2001(3): 22-25.

[9] 孙建华. 近代日本在华交易所(1906~1945年)[M]. 北京: 社会科学文献出版社, 2018.

[10] Pevsner Nikolaus, ed. A History of Building Types [M]. New Jersey: Princeton University Press, 1979.

[11] 陈艳, 徐乙齐, 张玲. 基于媒介属性的近代金融建筑保护研究——以青岛市近代金融建筑为例[J]. 城市学刊, 2017(2): 75-78.

[12] 鲁海. 青岛商话: 青岛取引所(连载十二)[J]. 招商周刊, 2003(29): 50.

[13] 丁新海, 岳渠德, 宋士学, 等. 馆陶路22号塔楼检测评估技术研究[J]. 青岛建筑工程学院学报, 2005(1): 100-104.

[14] 戚志成. 青岛市物品证券交易所创建始末[J]. 春秋, 2017(4): 50-52.

[15] 涧中细流. 你不知道的馆陶路22号, 青岛取引所旧址的历史变迁. 见: 青岛城市档案论坛 https://mp.weixin.qq.com/s/t1i6ncJlcZetLReOFf3cbA.

[16] 郑红彬. 近代在华英国建筑师群体考论(1840—1949)[J]. 近代史研究, 2016(3): 142-159.

[17] 青岛理工大学建筑设计研究院. 青岛市馆陶路22号建筑安全鉴定, 2016.

[18] 藤森照信, 黄明俊译. 日本近代建筑[M]. 济南: 山东人民出版社, 2010.

[19] 初妍, 陈雳. 青岛近代工业遗产的建筑风格研究[J]. 华中建筑, 2019(1): 5-8.

[20] 陈雳. 从单一有序到多元涵化——简述青岛近代建筑的风格构成(1898—1937). 见: 张复合主编. 中国近代建筑研究与保护(四)[C]. 北京: 清华大学出版社, 2004: 253-258.

[21] 《青岛历史建筑(1891~1949)》编委会. 青岛历史建筑(1891~1949)[M]. 青岛: 青岛出版社, 2006.

[22] 弗朗西斯·D·K·程, 高履泰, 英若聪, 等, 译. 建筑图像词典[M]. 北京: 中国建筑工业出版社, 1998.

[23] 赖世贤, 徐苏斌, 青木信夫. 中国近代早期工业建筑厂房木屋架技术发展研究[J]. 新建筑, 2018(6): 19-26.

[24] 潘一婷. 解构与重构:《建筑新法》与《建筑百科全书》的比较研究[J]. 建筑学报, 2018(1): 92-96.

[25] 李树宜. 台湾日占时期钢构屋架构造工法初探——以台湾总督官邸(今台北宾馆)屋顶为例[J]. 福建工程学院学报, 2004(1): 79-84.

[26] 上海市房地产科学研究院. 上海历史建筑保护修缮技术[M]. 北京: 中国建筑工业出版社, 2011.

[27] 杨(Young,R.A.). 历史建筑保护技术[M]. 任国亮, 译. 北京: 电子工业出版社, 2012.

[28] 叶斌, 周琦, 陈乃栋. 南京近现代建筑修缮技术指南[M]. 北京: 中国建筑工业出版社, 2018.

[29] 李旋. 北京近现代建筑木屋架微生物劣化机理与修复技术评析[D]. 北京: 北京工业大学, 2013.

[30] 黄兴棣. 建筑物鉴定加固与增层改造[M]. 北京: 中国建筑工业出版社, 2008.

[31] 肖艺. 广州近代文物建筑西式木结构屋顶修缮研究[D]. 广州: 广州大学, 2012.

[32] 王大年. 上海优秀老建筑修缮实务[M]. 北京: 中国建筑工业出版社, 2014.

[33] 金忠盛, 俞娟. 蒋介石、宋美龄故居(爱庐)的保护性修缮施工[J]. 建筑施工, 2007(7): 541-543.

[34] 张俊东. 天津市五大道历史风貌建筑区保护及利用研究[D]. 天津: 天津大学, 2012.

[35] 李蔚. 建筑遗产再利用舒适性与安全性改造研究[D]. 天津: 天津大学, 2016.

[36] 贺元珑. 浅谈上海历史建筑修缮中的消防安全策略[J]. 住宅科技, 2015(2): 50-54.

[37] 何焰. 2010日本历史建筑考察报告之三: 结构设备篇, 日本历史建筑保护利用中的暖通空调设计特点[J]. 建筑创作, 2011(8): 158-161.

[38] 中华人民共和国公安部. 建筑设计防火规范: GB 50016—2014（2018 年版）[S]. 北京: 中国计划出版社, 2018.

[39] 汪彧萱. 建筑外立面夜景照明建筑化设计与应用研究[D]. 西安: 西安建筑科技大学, 2017.

[40] 韩永红, 杨媛. 建筑外立面照明设计与应用[J]. 现代装饰（理论）, 2012（7）: 21-23.

[41] 许甲子, 马赈辕. 多元化体验经营在实体书店中的实践探索——以诚品书店为例[J]. 出版广角, 2019（4）: 62-64.

[42] 李丽, 孙永生. 从网易严选酒店看体验营销[J]. 北方经贸, 2018（1）: 60-61.

[43] 张学勤. 方所: 实体创意书店突出重围激发品位[J]. 戏剧丛刊, 2015（21）: 40-46.

[44] 李梦怡. 消费文化影响下的新型实体书店建筑设计研究[D]. 西安: 西安建筑科技大学, 2017.

[45] 覃琴. 旅游飞地与社区经济冲突及治理研究[J]. 中国管理信息化, 2018（22）: 115-116.

[46] 陈菲, 林建群, 付伟庆. 体验营销模式下历史性商业建筑改造设计研究[J]. 城市建筑, 2012,（12）: 130-131.

[47] 刘炜. 历史建筑保护的经济理念及策略[J]. 中外建筑, 2008（9）: 85-87.

[48] 严铭, 李朋朋, 左乐川. 经济视角下对历史文化建筑保护的思考——以常州青果古巷建筑为例[J]. 现代商业, 2014（2）: 283-284.

图片来源

第1章

图1-1-1 建置时期青岛建设状况 图片来源：http://sh.qihoo.com/pc/9cdb46a?sign=360_e39369d1

图1-1-2 1910年青岛城市规划图 图片来源：宋连威．青岛城市的形成[M]．青岛：青岛出版社，1998：116．

图1-1-3 1901年馆陶路街区建设状况 图片来源：维基百科：https://commons.wikimedia.org/wiki/File:Tsingtau_und_Umgebung.png

图1-1-4 1908年青岛城市分区 图片来源：徐逢夏绘 底图来源：宋连威．青岛城市的形成[M]．青岛：青岛出版社，1998：106．

图1-1-5 1915年馆陶路街区建设状况 图片来源：http://s7.sinaimg.cn/orignal/001b6pKdgy 6ZL6jtm8

图1-1-6 1920年馆陶路街区建设状况 图片来源：http://s6.sinaimg.cn/orignal/6pKdgy6YlSM AMsdf5

图1-1-7 1937年馆陶路街区建设状况 图片来源：http://s14.sinaimg.cn/orignal/06pKdgy6Vxz VEl1H6

图1-1-8 德占时期青岛城市形态变迁 图片来源：徐逢夏绘

图1-1-9 第一次日占时期青岛城市形态变迁 图片来源：徐逢夏绘

图1-1-10 北洋政府及南京国民政府时期青岛城市形态变迁 图片来源：徐逢夏绘

图1-1-11 第二次日占时期青岛城市形态变迁 图片来源：徐逢夏绘

图1-2-1（a） 安特卫普交易所（1531） 图片来源：Pevsner Nikolaus, ed. A History of Building Types [M]. New Jersey: Princeton University Press, 1979: 195.

图1-2-1（b） 阿姆斯特丹交易所（1608） 图片来源：Pevsner Nikolaus, ed. A History of Building Types [M]. New Jersey: Princeton University Press, 1979: 199.

图1-2-1（c） 布鲁日交易所（1641） 图片来源：Pevsner Nikolaus, ed. A History of Building Types [M]. New Jersey: Princeton University Press, 1979: 194.

图1-2-1（d） 伦敦第二皇家交易所（1667） 图片来源：Pevsner Nikolaus, ed. A History of Building Types [M]. New Jersey: Princeton University Press, 1979: 199.

图1-2-1（e） 莱比锡交易广场（1700） 图片来源：Wikimedia Commons：https://upload.wikimedia.org/wikipedia/commons/f/f5/Bundesarchiv_Bild_183-C1203-0004-002%2C_Leipzig%2C_Naschmarkt%2C_historische_Zeichnung.jpg

图1-2-1（f） 都柏林皇家交易所（1769-1779） 图片来源：Wikipedia：https://upload.wikimedia.org/wikipedia/commons/3/3b/City_Hall%2C_Dublin-5198644_fc442a39.jpg

图1-2-1（g） 巴黎玉米交易所（1763-1767） 图片来源：Wikipedia：https://upload.wikimedia.org/wikipedia/commons/1/1f/Halleauble1838.jpg

图1-2-1（h） 宾夕法尼亚银行（1798） 图片来源：Pevsner Nikolaus, ed. A History of Building Types [M]. New Jersey: Princeton University Press, 1979: 206.

图1-2-1（i） 汤蒙交易所（1804-1816） 图片来源：Pevsner Nikolaus, ed. A History of Building Types [M]. New Jersey: Princeton University Press, 1979: 205.

图1-2-1（j） 法兰克福证券交易所（1874-1879） 图片来源：Pevsner Nikolaus, ed. A History of Building Types [M]. New Jersey: Princeton University Press, 1979: 208.

图1-2-1（k） 莱比锡交易所（1888） 图片来源：Wikimedia Commons：https://upload.wikimedia.org/wikipedia/commons/9/95/Alte_Handelsbörse_Leipzig.jpg

图1-2-1（l） 堪萨斯城证券交易所（1898） 图片来源：The New York Public Library Digital Collections：https://digitalcollections.nypl.org/items/510d47d9-a69d-a3d9-e040-e00a18064a99

图1-2-1（m） 哥尼斯堡证券交易所（1900） 图片来源：Wikimedia Commons：https://upload.wikimedia.org/wikipedia/commons/d/d3/Börse.jpg

图1-2-1（n） 布鲁塞尔证券交易所（1904） 图片来源：Wikimedia Commons：https://upload.wikimedia.org/wikipedia/commons/b/b9/Brussel_paardetram_bij_Beurs.jpg

图1-2-1（o） 布达佩斯股票交易所（1910） 图片来源：Wikimedia Commons：https://upload.wikimedia.org/wikipedia/commons/0/06/Bolsa_de_budapest.png

图1-2-1（p） 东京证券交易所（1911） 图片来源：Wikimedia Commons：https://upload.wikimedia.org/wikipedia/commons/2/24/TokyoStockExchangeWithStreetcar1911.jpg

图1-2-2 安特卫普交易所（1531） 图片来源：Pevsner Nikolaus, ed. A History of Building Types [M]. New Jersey: Princeton University Press, 1979: 195.

图1-2-3 伯纳德交易所（1782） 图片来源：Pevsner Nikolaus, ed. A History of Building Types [M]. New Jersey: Princeton University Press, 1979: 204.

图1-2-4 伦敦第二皇家交易所（1667） 图片来源：Wikipedia：https://upload.wikimedia.org/wikipedia/commons/8/8f/Pictorial_Handbook_of_London_%281854%29%2C_p._383_%E2%80%93_Ground_plan_of_Royal_Exchange.jpg

图1-2-5 青岛取引所一层平面图（局部） 图片来源：青

图片来源

岛市城建档案馆

图1-2-6　汤蒙交易所（1804-1816）　图片来源：Pevsner Nikolaus, ed. A History of Building Types [M]. New Jersey: Princeton University Press, 1979: 205.

图1-2-7　巴黎玉米交易所（1763-1767）　图片来源：Wikipedia: https://upload.wikimedia.org/wikipedia/commons/1/1f/Halleauble1838.jpg

图1-2-8　法兰克福证券交易所（1874-1879）　图片来源：Pevsner Nikolaus, ed. A History of Building Types [M]. New Jersey: Princeton University Press, 1979: 208.

图1-2-9　青岛取引所西立面图（局部）　图片来源：青岛市城建档案馆

图1-2-10　都柏林皇家交易所（1769-1779）　图片来源：Wikipedia: https://upload.wikimedia.org/wikipedia/commons/3/3b/City_Hall%2C_Dublin-5198644_fc442a39.jpg

图1-2-11　宾夕法尼亚银行（1798）　图片来源：Pevsner Nikolaus, ed. A History of Building Types [M]. New Jersey: Princeton University Press, 1979: 206.

图1-2-12　布鲁塞尔证券交易所（1904）　图片来源：Wikimedia Commons: https://upload.wikimedia.org/wikipedia/commons/b/b9/Brussel_paardetram_bij_Beurs.jpg

图1-2-13　青岛取引所东立面图（局部）　图片来源：青岛市城建档案馆

图1-2-14　阿姆斯特丹交易所（1608）　图片来源：Pevsner Nikolaus, ed. A History of Building Types [M]. New Jersey: Princeton University Press, 1979: 199.

图1-2-15　伦敦第二皇家交易所（1667）　图片来源：Pevsner Nikolaus, ed. A History of Building Types [M]. New Jersey: Princeton University Press, 1979: 199.

图1-2-16　布达佩斯股票交易所（1910）　图片来源：Wikimedia Commons: https://upload.wikimedia.org/wikipedia/commons/0/06/Bolsa_de_budapest.png

图1-2-17　青岛取引所东立面图（局部）　图片来源：青岛市城建档案馆

图1-2-18　日本取引所在本国发展与在华扩张过程　图片来源：刘玉洁、陈勐绘制　根据：孙建华. 近代日本在华交易所（1906～1945年）[M]. 北京：社会科学文献出版社，2018.

图1-2-19（a）　青岛取引所交易市场　图片来源：班鹏志. 接收青岛纪念写真[M]. 上海：商务印书馆,1924: 105.

图1-2-19（b）　青岛取引所新大楼　图片来源：https://zh.wikipedia.org/wiki/%E9%9D%92%E5%B2%9B%E5%8F%96%E5%BC%95%E6%89%80#/media/File:%E9%9D%92%E5%B2%9B%E5%8F%96%E5%BC%95%E6%89%80%E6%97%A7%E6%98%8E%E4%BF%A1%E7%89%87.jpg

图1-2-19（c）　齐燕会馆　图片来源：https://i3.read01.com/SIG=779r9q/30456946657256414335.jpg

图1-2-19（d）　青岛物品证券交易所　图片来源：[11] 金山. 青岛近代城市建筑(1922-1937)[M]. 上海：同济大学出版社，2016: 83.

图1-2-19（e）　青岛取引所旧址现状　图片来源：陈勐摄

图1-2-20　青岛取引所负一层平面原始图纸　图片来源：青岛市城建档案馆

图1-2-21　青岛取引所一层平面原始图纸　图片来源：青岛市城建档案馆

图1-2-22　青岛取引所四层、五层平面原始图纸　图片来源：青岛市城建档案馆

图1-2-23　青岛取引所东、西立面原始图纸　图片来源：青岛市城建档案馆

图1-2-24　1930年代建筑地下一层推测平面图　图片来源：田静绘

图1-2-25　1950年代建筑一层推测平面图　图片来源：田静绘

图1-2-26　1960年代建筑地下一层推测平面图　图片来源：田静绘

图1-2-27　1950年代建筑一层推测平面图　图片来源：田静绘

图1-2-28　青岛取引所组织构架及人事构成　图片来源：田静绘

图1-2-29　青岛取引所交易运作模式　图片来源：田静绘

图1-2-30　青岛取引所原始图纸之图签一　图片来源：青岛市城建档案馆

图1-2-31　青岛取引所原始图纸之图签二　图片来源：青岛市城建档案馆

图1-2-32　汇丰银行天津分行旧址　图片来源：https://upload.wikimedia.org/wikipedia/commons/thumb/8/80/20150301-%E6%BB%99%E8%B1%90%E9%8A%80%E8%A1%8C%E5%A4%A7%E6%A8%93.jpg/1024px-20150301-%E6%BB%99%E8%B1%90%E9%8A%80%E8%A1%8C%E5%A4%A7%E6%A8%93.jpg

图1-2-33　开滦矿务局办公楼旧址　图片来源：https://i2.kknews.cc/SIG=2h8mpm7/ctp-vzntr/40005s98n0574q988q8ns4pq1n9194s5.jpg

图1-2-34　横滨正金银行天津分行旧址　图片来源：https://upload.wikimedia.org/wikipedia/commons/e/ea/2015 0301-%E5%A4%A9%E6%B4%A5%E6%A8AA%E6%BB%A8%E6%AD%A3%E9%87%91%E9%93%B6%E8%A1%8C%E5%A4%A7%E6%A5%BC.jpg

图1-2-35　朝鲜银行青岛支店旧址　图片来源：https://upload.wikimedia.org/wikipedia/commons/thumb/c/c2/%E4%B8%AD%E5%A4%AE%E9%93%B6%E8%A1%8C%E9%9D%92%E5%B2%9B%E5%88%86%E8%A1%8C.png/1280px-%E4%B8%AD%E5%A4%AE%E9%93

图片来源

%B6%E8%A1%8C%E9%9D%92%E5%B2%9B%E5%88%86%E8%A1%8C.png

第2章

图 2-1-1　建筑现状总平面图　图片来源：李进绘
图 2-1-2　各时期建筑分布图　图片来源：刘颖绘
图 2-1-3　周围环境状况标号图　图片来源：谢斐摄
图 2-1-4　建筑负一层平面现状测绘图　图片来源：王荃、陈劭、刘玉洁绘
图 2-1-5　建筑一层平面现状测绘图　图片来源：王荃、陈劭、刘玉洁绘
图 2-1-6　建筑二层平面现状测绘图　图片来源：王荃、陈劭、刘玉洁绘
图 2-1-7　建筑三层平面现状测绘图　图片来源：王荃、陈劭、刘玉洁绘
图 2-1-8　建筑四层平面现状测绘图　图片来源：王荃、陈劭、刘玉洁绘
图 2-1-9　建筑五层平面现状测绘图　图片来源：王荃、陈劭、刘玉洁绘
图 2-1-10　建筑屋顶平面现状测绘图　图片来源：李进绘
图 2-1-11　建筑屋顶完损状况评估标号图　图片来源：李进绘、谢斐摄
图 2-1-12　建筑东立面现状测绘图　图片来源：李超、邹邦涛绘
图 2-1-13　建筑东立面原状推测图　图片来源：李超、邹邦涛绘
图 2-1-14　建筑东立面加改建分析图　图片来源：李超、邹邦涛绘
图 2-1-15　建筑东立面完损状况评估标号图　图片来源：李超、邹邦涛绘
图 2-1-16　建筑西立面现状测绘图　图片来源：李超、邹邦涛绘
图 2-1-17　建筑西立面原状推测图　图片来源：李超、邹邦涛绘
图 2-1-18　建筑西立面加改建分析图　图片来源：李超、邹邦涛绘
图 2-1-19　建筑西立面完损状况评估标号图　图片来源：李超、邹邦涛绘
图 2-1-20　建筑北立面现状测绘图　图片来源：李超、邹邦涛绘
图 2-1-21　建筑北立面加改建分析图　图片来源：李超、邹邦涛绘
图 2-1-22　建筑南立面现状测绘图　图片来源：李超、邹邦涛绘
图 2-1-23　建筑南立面加改建分析图　图片来源：李超、邹邦涛绘
图 2-1-24　建筑北立面完损状况评估标号图　图片来源：李超、邹邦涛绘
图 2-1-25　建筑南立面完损状况评估标号图　图片来源：李超、邹邦涛绘
图 2-1-26　建筑 A-A 剖面图　图片来源：刘玉洁、于涵、刘雨轩绘
图 2-1-27　建筑 B-B 剖面图　图片来源：刘玉洁、于涵、刘雨轩绘
图 2-1-28　东南侧原交易大厅屋顶结构剖面图　图片来源：刘玉洁、于涵、刘雨轩绘
图 2-1-29　东南侧原交易大厅屋顶　图片来源：邹邦涛摄
图 2-1-30　天窗　图片来源：邹邦涛摄
图 2-1-31　老虎窗　图片来源：于涵摄
图 2-1-32　屋面瓦材　图片来源：刘玉洁摄
图 2-1-33　吊顶结构　图片来源：于涵摄
图 2-1-34　木屋架结构1　图片来源：邹邦涛摄
图 2-1-35　木屋架结构2　图片来源：刘玉洁摄
图 2-1-36　木屋架结构3　图片来源：刘玉洁摄
图 2-1-37　山墙　图片来源：刘玉洁摄
图 2-1-38　室内装修　图片来源：刘玉洁摄
图 2-1-39　东北侧原交易大厅屋顶结构剖面图　图片来源：刘玉洁、于涵、刘雨轩绘
图 2-1-40　东北侧原交易大厅屋面　图片来源：于涵摄
图 2-1-41　天窗　图片来源：于涵摄
图 2-1-42　天窗结构　图片来源：刘玉洁摄
图 2-1-43　木屋架结构1　图片来源：于涵摄
图 2-1-44　木屋架结构2　图片来源：于涵摄
图 2-1-45　拱券吊顶　图片来源：于涵摄
图 2-1-46　屋架节点　图片来源：刘玉洁摄
图 2-1-47　室内装修1　图片来源：于涵摄
图 2-1-48　室内装修2　图片来源：刘玉洁摄
图 2-1-49　交易大厅历史照片　图片来源：https://zh.wikipedia.org/wiki/%E9%9D%92%E5%B2%9B%E5%8F%96%E5%BC%95%E6%89%80
图 2-1-50　北侧屋顶结构剖面图　图片来源：刘玉洁绘
图 2-1-51　三角桁架修复前照片1　图片来源：青岛取引所管理方
图 2-1-52　三角桁架修复前照片2　图片来源：青岛取引所管理方
图 2-1-53　三角桁架修复中照片　图片来源：青岛取引所管理方
图 2-1-54　三角桁架修复后现状照片　图片来源：刘玉洁摄
图 2-1-55　单坡屋架结构1　图片来源：刘雨轩摄
图 2-1-56　单坡屋架结构2　图片来源：刘雨轩摄
图 2-1-57　单坡屋架结构3　图片来源：刘雨轩摄
图 2-1-58　单坡屋架结构4　图片来源：刘雨轩摄
图 2-1-59　西侧原交易大厅屋顶结构剖面图　图片来源：于涵绘

图 2-1-60　中部厅廊屋顶结构剖面图　图片来源：刘玉洁、于涵绘

图 2-1-61　中部厅廊历史照片　图片来源：https://zh.wikipedia.org/wiki/%E9%9D%92%E5%B2%9B%E5%8F%96%E5%BC%95%E6%89%80

图 2-1-62　改造前的中部厅廊 1　图片来源：青岛取引所管理方

图 2-1-63　改造前的中部厅廊 2　图片来源：青岛取引所管理方

图 2-1-64　改造后的中部厅廊　图片来源：于涵摄

图 2-1-65　天窗整体　图片来源：于涵摄

图 2-1-66　天窗屋架　图片来源：于涵摄

图 2-1-67　中部厅廊天窗　图片来源：于涵摄

图 2-1-68　天窗室内　图片来源：于涵摄

图 2-1-69　门厅两侧楼梯剖面图　图片来源：刘雨轩绘

图 2-1-70　楼梯大样历史图纸　图片来源：青岛市城建档案馆

图 2-1-71　楼梯地面图案　图片来源：刘雨轩摄

图 2-1-72　楼梯　图片来源：刘雨轩摄

图 2-1-73　楼梯栏杆　图片来源：刘雨轩摄

图 2-1-74　涡卷扶手　图片来源：刘雨轩摄

图 2-1-75　踏步　图片来源：刘雨轩摄

图 2-1-76　东立面中央穹顶结构剖面图　图片来源：刘雨轩绘

图 2-1-77　穹顶原始图纸　图片来源：青岛市城建档案馆

图 2-1-78　穹顶现状　图片来源：刘玉洁摄

图 2-1-79　穹顶室内　图片来源：刘玉洁摄

图 2-1-80　弧形内壁照片　图片来源：刘玉洁摄

图 2-1-81　东立面中央塔楼背面　图片来源：于涵摄

图 2-1-82　建筑结构体系完损状况标号图　图片来源：于涵、刘玉洁绘

图 2-1-83　建筑屋顶排水现状图　图片来源：刘雨轩绘

图 2-1-84　建筑汇水区域分布分析图　图片来源：刘雨轩绘、刘雨轩、谢斐、刘玉洁、刘颖摄

图 2-1-85　青岛市全年及各月风玫瑰图　图片来源：于涵绘

图 2-1-86　建筑周边地区风向图　图片来源：刘雨轩绘

图 2-1-87　建筑南北向自然通风分析图　图片来源：刘雨轩绘

图 2-1-88　建筑东西向自然通风分析图　图片来源：刘雨轩绘

图 2-1-89　建筑通风设施分析图　图片来源：刘雨轩绘、刘雨轩摄

图 2-1-90　建筑附属设施完损状况评估标号图　图片来源：刘雨轩绘

图 2-2-1　服务性空间分布分析　图片来源：王荃绘

图 2-2-2　建筑现状流线分析　图片来源：王荃绘

图 2-2-3　空间可达性分析　图片来源：王荃绘

图 2-2-4　空间主从关系分析　图片来源：徐逢夏绘

图 2-2-5　景观条件分析　图片来源：徐逢夏绘

图 2-2-6　二层室内向南视线　图片来源：陈勐摄

图 2-2-7　三层室内向西视线　图片来源：陈勐摄

图 2-2-8　四层平台向东眺望 1　图片来源：陈勐摄

图 2-2-9　四层平台向东眺望 2　图片来源：陈勐摄

图 2-2-10　五层平台向西眺望 1　图片来源：陈勐摄

图 2-2-11　五层平台向西眺望 2　图片来源：陈勐摄

图 2-2-12　鸟瞰（自西向东视角）　图片来源：谢斐摄

图 2-3-1　青岛日本第一寻常高等小学校　图片来源：https://upload.wikimedia.org/wikipedia/commons/6/6f/%E9%9D%92%E5%B2%9B%E6%97%A5%E6%9C%AC%E7%AC%AC%E4%B8%80%E5%AF%BB%E5%B8%B8%E5%B0%8F%E5%AD%A6%E6%A0%A11.jpg

图 2-3-2　横滨正金银行青岛支店　图片来源：https://zh.wikipedia.org/wiki/%E6%A8%AA%E6%BB%A8%E6%AD%A3%E9%87%91%E9%93%B6%E8%A1%8C%E9%9D%92%E5%B2%9B%E5%88%86%E8%A1%8C#/media/File:%E9%9D%92%E5%B3%B6%E6%A8%AA%E6%BB%A8%E6%AD%A3%E9%87%91%E9%93%B6%E8%A1%8C%E5%A4%A7%E6%A5%BC.jpg

图 2-3-3　三菱洋行青岛支店（铃木洋行青岛分行）　图片来源：http://5b0988e595225.cdn.sohucs.com/images/20171228/afdc9ea835b6433483e645f2bf2bb707.jpeg

图 2-3-4　日本青岛劝业场　图片来源：https://upload.wikimedia.org/wikipedia/commons/thumb/4/4e/%E9%9D%92%E5%B2%9B%E5%B8%82%E5%9C%BA1920%E5%B9%B4%E4%BB%A3.jpg/1280px-%E9%9D%92%E5%B2%9B%E5%B8%82%E5%9C%BA1920%E5%B9%B4%E4%BB%A3.jpg

图 2-3-5　青岛日本中学校　图片来源：https://upload.wikimedia.org/wikipedia/commons/0/0c/%E9%9D%92%E5%B2%9B%E6%97%A5%E6%9C%AC%E4%B8%AD%E5%AD%A6%E6%A0%A1.jpg

图 2-3-6　青岛普济医院　图片来源：https://upload.wikimedia.org/wikipedia/commons/3/30/%E9%9D%92%E5%B2%9B%E6%99%AE%E6%B5%8E%E5%8C%BB%E9%99%A2_01.jpg

图 2-3-7　青岛日本邮便局　图片来源：https://upload.wikimedia.org/wikipedia/commons/thumb/9/93/%E9%9D%92%E5%B2%9B%E9%82%AE%E4%BE%BF%E5%B1%80.jpg/1280px-%E9%9D%92%E5%B2%9B%E9%82%AE%E4%BE%BF%E5%B1%80.jpg

图 2-3-8　青岛病院门诊大楼　图片来源：https://zh.wikipedia.org/wiki/%E9%9D%92%E5%B2%9B%E7%9D%A3%E7%BD%B2%E5%8C%BB%E9%99%A2#/media/File:%E9%9D%92%E5%B2%9B%E7%97%85%E9%99%A2%E9%97%A8%E8%AF%8A%E6%A5%

图片来源

BC_02.jpg

图2-3-9（a） 上海圣约翰大学怀施堂　图片来源：https://mp.weixin.qq.com/s?__biz=MzIzNjQ2NTE2NQ==&mid=201804260103802567&idx=1&sn=b8a6b5b8c09cfd200b8aac6e7b58890e

图2-3-9（b） 上海圣约翰大学科学馆　图片来源：https://images.hobserver.com/news/news/2018/1/25/ada0891c-be18-4127-b895-eb783b960bff.jpg

图2-3-9（c） 上海公共租界会审公廨　图片来源：https://www.virtualshanghai.net/Asset/Preview/dbImage_ID-1409_No-1.jpeg

图2-3-9（d） 圣路易斯博览会中国馆　图片来源：https://upload.wikimedia.org/wikipedia/commons/thumb/2/2b/Chinese_Pavilion_at_the_1904_World%27s_Fair.jpg/1200px-Chinese_Pavilion_at_the_1904_World%27s_Fair.jpg

图2-3-9（e） 上海仁记洋行　图片来源：http://www.khly0533.com/culture/cts90/11015649.html

图2-3-9（f） 上海业广地产大楼　图片来源：http://s4.sinaimg.cn/mw690/002jRnE6zy7dcDdTjxN33&690

图2-3-9（g） 上海沪宁铁路局大楼　图片来源：http://s6.sinaimg.cn/orignal/002498T0gy72BD35JaZc5

图2-3-9（h） 上海总商会议事厅　图片来源：https://mmbiz.qpic.cn/mmbiz_jpg/NrqFMgO6a5WzzVXibU2MyiaUmwItT8CepPCAqGic69KAB8nABQYoxn2nVgnpUZPpticOSpOvzeW658YLAvYiamg8pFg/640?wx_fmt=jpeg&tp=webp&wxfrom=5&wx_lazy=1&wx_co=1

图2-3-9（i） 天津开滦矿务局大楼　图片来源：https://bkimg.cdn.bcebos.com/pic/42a98226cffc1e172c67f4e64490f603728de909?x-bce-process=image/watermark,g_7,image_d2F0ZXIvYmFpa2E2U5Mg==,xp_5,yp_5

图2-3-9（j） 天津汇丰银行　图片来源：http://s9.sinaimg.cn/orignal/001QubJ4ty6RWPuYKDKf8

图2-3-9（k） 天津横滨正金银行　图片来源：https://5b0988e595225.cdn.sohucs.com/q_70,c_zoom,w_640/images/20180522/0a26e506564c41c8b3c1d0e372a4c652.webp

图2-3-9（l） 上海中央造币厂旧址　图片来源：http://wximg1.artimg.net/news/201308/2013081516551762513.jpg

图2-3-9（m） 上海大北电报公司大楼　图片来源：http://forum.home.news.cn/phonemore/134416672/1.html

图2-3-9（n） 上海永年人寿保险公司　图片来源：http://5b0988e595225.cdn.sohucs.com/images/20190610/5cc8078313fd4701b7382add222be82f.jpeg

图2-3-9（o） 上海东方汇理银行大楼　图片来源：http://userimage5.360doc.com/14/0419/15/11417063_201404191520120859.jpg

图2-3-9（p） 上海轮船招商局大楼　图片来源：https://pic.17qq.com/uploads/ijpfjbbpbdz.jpeg

图2-3-10　建筑平面几何比例分析（圆形与正方形）　图片来源：王瑜婷绘

图2-3-11　建筑平面几何比例分析（相似矩形）　图片来源：王瑜婷绘

图2-3-12　建筑平面几何比例分析（黄金分割线）　图片来源：王瑜婷绘

图2-3-13　建筑平面几何比例分析（黄金分割线）　图片来源：王瑜婷绘

图2-3-14　东立面两翼横向三段式比例分析　图片来源：王瑜婷绘

图2-3-15　东立面纵向五段式比例分析一　图片来源：王瑜婷绘

图2-3-16　东立面纵向五段式比例分析二　图片来源：王瑜婷绘

图2-3-17　东立面纵向等分段分析　图片来源：王瑜婷绘

图2-3-18　东立面中段几何比例分析（黄金分割线）　图片来源：王瑜婷绘

图2-3-19　东立面中段几何比例分析（相似等边三角形）　图片来源：王瑜婷绘

图2-3-20　东立面中段几何比例分析（正方形与相似矩形）　图片来源：王瑜婷绘

图2-3-21　东立面几何比例分析（相似矩形）　图片来源：王瑜婷绘

图2-3-22　东立面几何比例分析（相似矩形）　图片来源：王瑜婷绘

图2-3-23　西立面横向三段式比例分析　图片来源：王瑜婷绘

图2-3-24　西立面纵向等分段分析　图片来源：王瑜婷绘

图2-3-25　西立面几何比例分析（黄金分割线）　图片来源：王瑜婷绘

图2-3-26　西立面几何比例分析（相似等边三角形）　图片来源：王瑜婷绘

图2-3-27　西立面几何比例分析（相似矩形）　图片来源：王瑜婷绘

图2-3-28　西立面几何比例分析（圆形与正方形）　图片来源：王瑜婷绘

图2-4-1　建筑结构体系分析　图片来源：刘玉洁绘

图2-4-2　西式复斜式屋顶桁架一般做法　图片来源：陈勐绘

图2-4-3　东北侧原交易大厅屋架模型　图片来源：刘玉洁绘

图2-4-4　东南侧原交易大厅屋架模型　图片来源：刘玉洁绘

图2-4-5　西北侧原交易大厅屋架模型　图片来源：刘玉洁绘

图2-4-6　南侧三角形屋架模型　图片来源：刘玉洁绘

图 2-4-7　屋架节点标号图　图片来源：刘玉洁绘
图 2-5-1　调研范围示意图　图片来源：陈勐绘
图 2-5-2　青岛取引所旧址周边1000m半径范围航片图　图片来源：刘颖绘
图 2-5-3　青岛取引所旧址周边500m半径范围航片图　图片来源：刘颖绘
图 2-5-4　青岛取引所旧址1000m半径范围内道路层级　图片来源：李进绘
图 2-5-5　青岛取引所旧址500m半径范围内车流密度　图片来源：李进绘
图 2-5-6　青岛取引所旧址周边道路　图片来源：李进绘
图 2-5-7　青岛取引所旧址周边道路车行流量　图片来源：李进绘
图 2-5-8　青岛取引所旧址周边道路人行流量　图片来源：李进绘
图 2-5-9　馆陶路街区人群活动分析　图片来源：李进绘、李进摄
图 2-5-10　青岛取引所旧址周边人群活动分析　图片来源：田静、邹邦涛绘
图 2-5-11　青岛取引所旧址周边建筑肌理与高度　图片来源：刘颖、陈勐绘
图 2-5-12　青岛取引所旧址周边建筑功能与业态　图片来源：刘颖、陈勐绘
图 2-5-13　馆陶路、莱州路沿街建筑立面　图片来源：刘颖、陈勐绘，陈勐、刘颖摄
图 2-5-14　青岛历史文化街区分布图　图片来源：陈勐绘，参考
图 2-5-15　青岛市北区历史文化片区控制性详细规划　图片来源：青岛市自然资源和规划局
图 2-5-16　青岛市北区历史文化片区现状用地与规划用地面积对比图　图片来源：李进绘
图 2-5-17　青岛馆陶路历史文化街区保护规划　图片来源：青岛市自然资源和规划局

第 4 章

图 4-3-1　结构体系轴测图　图片来源：于涵绘
图 4-3-2　结构体系分解轴测图　图片来源：于涵绘
图 4-3-3　建筑地下一层结构修缮与加固做法索引　图片来源：于涵、陈勐绘
图 4-3-4　建筑一层结构修缮与加固做法索引　图片来源：于涵、陈勐绘
图 4-3-5　建筑二层结构修缮与加固做法索引　图片来源：于涵、陈勐绘
图 4-3-6　建筑三层结构修缮与加固做法索引　图片来源：于涵、陈勐绘
图 4-3-7　东北侧原交易大厅屋架（WJ1）重点修缮部位索引　图片来源：刘玉洁、陈勐绘
图 4-3-8　东南侧原交易大厅屋架（WJ2）重点修缮部位索引　图片来源：刘玉洁、陈勐绘
图 4-3-9　西北侧交易大厅屋架（WJ3）重点修缮部位索引　图片来源：刘玉洁、陈勐绘
图 4-3-10　南侧屋架（WJ4）重点修缮部位索引　图片来源：刘玉洁、陈勐绘
图 4-3-11　屋面转折处节点　图片来源：刘玉洁摄
图 4-3-12　钢板螺栓节点　图片来源：陈勐摄
图 4-3-13　屋架支座节点　图片来源：刘玉洁摄
图 4-3-14　平行弦屋架裂缝部位　图片来源：陈勐摄
图 4-3-15　屋架重点保护部位现状图　图片来源：刘玉洁绘
图 4-3-16　屋架重点保护部位修缮与加固设计图　图片来源：刘玉洁绘
图 4-3-17　夹压法修复木材裂缝　图片来源：刘玉洁摹绘　根据：李旋. 北京近现代建筑木屋架微生物劣化机理与修复技术评析 [D]. 北京：北京工业大学，2013.
图 4-3-18　支座端节点木夹板串杆加固　图片来源：刘玉洁摹绘　根据：黄兴棣主编. 建筑物鉴定加固与增层改造 [M]. 北京：中国建筑工业出版社，2008.
图 4-3-19　支座端节点型钢串杆加固　图片来源：刘玉洁摹绘　根据：黄兴棣主编. 建筑物鉴定加固与增层改造 [M]. 北京：中国建筑工业出版社，2008.
图 4-3-20　建筑地下一层修缮设计平面图　图片来源：陈勐、王荃绘
图 4-3-21　建筑一层修缮设计平面图　图片来源：陈勐、王荃绘
图 4-3-22　建筑二层修缮设计平面图　图片来源：陈勐、王荃绘
图 4-3-23　建筑三层修缮设计平面图　图片来源：陈勐、王荃绘
图 4-3-24　建筑四层塔楼部分修缮设计平面图　图片来源：陈勐、王荃绘制
图 4-3-25　建筑五层塔楼部分修缮设计平面图　图片来源：陈勐、王荃绘
图 4-3-26　厅廊修缮设计图　图片来源：田静、陈勐绘
图 4-3-27　二层走廊修缮设计图　图片来源：田静绘
图 4-3-28　建筑东侧典型房间修缮设计图　图片来源：田静、陈勐绘
图 4-3-29　楼梯修缮设计图　图片来源：刘铮、陈勐绘
图 4-3-30　屋顶修缮设计索引图　图片来源：李进、陈勐绘
图 4-3-31　平屋面整体修缮设计构造大样　表格来源：李进绘
图 4-3-32　原西北侧交易大厅屋面整体修缮设计构造大样　表格来源：李进绘
图 4-3-33　原东北侧交易大厅屋面整体修缮设计构造大样　表格来源：李进绘

图片来源

图 4-3-34 北侧双坡顶屋面修缮设计构造大样 表格来源：李进绘

图 4-3-35 建筑东立面修缮设计索引图 图片来源：王瑜婷、陈勐绘

图 4-3-36 建筑东立面复原设计图 图片来源：王瑜婷绘

图 4-3-37 建筑西立面修缮设计索引图 图片来源：王瑜婷、陈勐绘

图 4-3-38 建筑西立面复原设计图 图片来源：王瑜婷绘

图 4-3-39 建筑北立面修缮设计索引图 图片来源：王瑜婷、陈勐绘

图 4-3-40 建筑南立面修缮设计索引图 图片来源：王瑜婷、陈勐绘

图 4-3-41 建筑东立面重点修缮保护部位图一 图片来源：王瑜婷、陈勐绘

图 4-3-42 建筑东立面重点修缮保护部位图二 图片来源：王瑜婷、陈勐绘

图 4-3-43 建筑西立面重点修缮保护部位图一 图片来源：李超、陈勐绘

图 4-3-44 建筑西立面重点修缮保护部位图二 图片来源：李超、陈勐绘

图 4-3-45 建筑排水、通风设施修缮设计图 图片来源：刘雨轩绘

图 4-3-46 建筑周边环境整治索引图 图片来源：刘颖绘

第 5 章

图 5-1-1 主要建筑空间类型分析 图片来源：刘颖绘

图 5-1-2 原西侧交易大厅空间形式分析 图片来源：刘颖绘

图 5-1-3 原东侧交易大厅空间形式分析 图片来源：刘颖绘

图 5-1-4 原东侧交易大厅空间组合分析 图片来源：刘颖绘

图 5-1-5 内走廊式空间格局分析 图片来源：刘颖绘

图 5-1-6 走廊空间形式分析 图片来源：刘颖绘

图 5-1-7 塔楼屋顶平台空间格局分析 图片来源：刘颖绘

图 5-1-8 三层屋顶平台空间格局分析 图片来源：刘颖绘

图 5-1-9 四层屋顶平台空间格局分析 图片来源：刘颖绘

图 5-1-10 周边街道宽度及建筑间距示意 图片来源：徐逢夏绘

图 5-1-11 消防车道改造示意 图片来源：徐逢夏绘

图 5-1-12 市政消火栓建议设置位置示意 图片来源：徐逢夏绘

图 5-1-13 建筑室外消火栓建议设置位置示意 图片来源：徐逢夏绘

图 5-1-14 建筑西侧消防水泵接合器照片 图片来源：邹邦涛摄

图 5-1-15 安全出口分布及疏散距离示意 图片来源：徐逢夏绘

图 5-1-16 房间最远点与疏散门距离分析 图片来源：徐逢夏绘

图 5-1-17 疏散楼梯改造示意 图片来源：徐逢夏绘

图 5-1-18 大厅暖通系统改造示意 图片来源：徐逢夏绘

图 5-1-19 东立面亮化设计图 图片来源：徐逢夏绘

图 5-1-20 东立面夜景效果图 图片来源：徐逢夏绘

图 5-1-21 西立面亮化设计图 图片来源：徐逢夏绘

图 5-1-22 西立面夜景效果图 图片来源：徐逢夏绘

图 5-2-1 前期调研与更新设计的关联性探讨 图片来源：刘玉洁、王瑜婷绘

图 5-2-2 方案一经营模式图 图片来源：刘玉洁、王瑜婷绘

图 5-2-3 方案一功能关系气泡图 图片来源：刘玉洁、王瑜婷绘

图 5-2-4 方案一功能分区示意图 图片来源：刘玉洁、王瑜婷绘

图 5-2-5 方案一功能分区推导过程 图片来源：刘玉洁、王瑜婷绘

图 5-2-6 方案一周边环境设计分析 图片来源：刘玉洁、王瑜婷绘

图 5-2-7 方案一保护设计各层平面图 图片来源：刘玉洁、王瑜婷绘

图 5-2-8 方案一主体空间再利用设计策略 图片来源：刘玉洁、王瑜婷绘

图 5-2-9 方案一总平面图 图片来源：刘玉洁、王瑜婷绘

图 5-2-10 方案一负一层平面图 图片来源：刘玉洁、王瑜婷绘

图 5-2-11 方案一一层平面图 图片来源：刘玉洁、王瑜婷绘

图 5-2-12 方案一二层平面图 图片来源：刘玉洁、王瑜婷绘

图 5-2-13 方案一三层平面图 图片来源：刘玉洁、王瑜婷绘

图 5-2-14 方案一屋顶平面图 图片来源：刘玉洁、王瑜婷绘

图 5-2-15 方案一原东南侧交易大厅轴测图 图片来源：刘玉洁、王瑜婷绘制

图 5-2-16 方案一原东南侧交易大厅透视图 图片来源：刘玉洁、王瑜婷绘制

图 5-2-17 方案一原东北侧交易大厅轴测图 图片来源：刘玉洁、王瑜婷绘

图 5-2-18 方案一原东北侧交易大厅透视图 图片来源：刘玉洁、王瑜婷绘

图 5-2-19 方案一原西北侧交易大厅轴测图 图片来源：刘玉洁、王瑜婷绘

图 5-2-20 方案一原西北侧交易大厅透视图 图片来源：刘玉洁、王瑜婷绘

图 5-2-21　方案一原西南侧交易大厅轴测图　图片来源：刘玉洁、王瑜婷绘

图 5-2-22　方案一原西南侧交易大厅透视图　图片来源：刘玉洁、王瑜婷绘

图 5-2-23　方案一单人间轴测图　图片来源：刘玉洁、王瑜婷绘

图 5-2-24　方案一单人间位置示意及平面图　图片来源：刘玉洁、王瑜婷绘

图 5-2-25　方案一双人标准间轴测图　图片来源：刘玉洁、王瑜婷绘

图 5-2-26　方案一双人标准间位置示意及平面图　图片来源：刘玉洁、王瑜婷绘

图 5-2-27　方案一双人大床房轴测图　图片来源：刘玉洁、王瑜婷绘

图 5-2-28　方案一双人大床房位置示意及平面图　图片来源：刘玉洁、王瑜婷绘

图 5-2-29　方案一豪华套房轴测图　图片来源：刘玉洁、王瑜婷绘

图 5-2-30　方案一豪华套房位置示意及平面图　图片来源：刘玉洁、王瑜婷绘

图 5-2-31　方案二建筑遗产保护的经济性理念　图片来源：邹邦涛绘

图 5-2-32　方案二功能植入策略图　图片来源：邹邦涛绘

图 5-2-33　方案二运营模式图　图片来源：田静绘

图 5-2-34　方案二功能气泡图　图片来源：邹邦涛绘

图 5-2-35　方案二功能分布与流线分析图　图片来源：田静绘

图 5-2-36　方案二外部空间设计分析图　图片来源：田静绘

图 5-2-37　方案二保护设计各层平面图　图片来源：田静、邹邦涛绘

图 5-2-38　方案二西入口前厅和楼梯原状复原探讨　图片来源：田静绘

图 5-2-39　方案二重要空间再利用设计策略　图片来源：邹邦涛绘

图 5-2-40　方案二总平面图　图片来源：田静、邹邦涛绘

图 5-2-41　方案二负一层平面图　图片来源：田静、邹邦涛绘

图 5-2-42　方案二一层平面图　图片来源：田静、邹邦涛绘

图 5-2-43　方案二二层平面图　图片来源：田静、邹邦涛绘

图 5-2-44　方案二三层平面图　图片来源：田静、邹邦涛绘

图 5-2-45　方案二屋顶平面图　图片来源：田静绘

图 5-2-46　方案二西立面外部场景图　图片来源：田静绘

图 5-2-47　方案二 1-1 剖面图　图片来源：田静绘

图 5-2-48　方案二社区展馆场景图　图片来源：邹邦涛绘

图 5-2-49　方案二游客活动区场景图　图片来源：邹邦涛绘

图 5-2-50　方案二游客服务大厅透视场景图　图片来源：邹邦涛绘

图 5-2-51　方案二摄影工作室场景图　图片来源：邹邦涛绘

图 5-2-52　方案二书吧场景图　图片来源：邹邦涛绘

图 5-2-53　方案二青旅普通客房轴测图　图片来源：田静、邹邦涛绘

图 5-2-54　方案二青旅普通客房位置及平面图　图片来源：田静、邹邦涛绘

图 5-2-55　方案二非遗展销区与摄影工作室轴测图　图片来源：邹邦涛绘

图 5-2-56　方案二非遗展销区与摄影工作室位置及平面图　图片来源：邹邦涛绘

图 5-2-57　方案二青旅特色客房轴测图　图片来源：邹邦涛绘

图 5-2-58　方案二青旅特色客房位置及平面图　图片来源：邹邦涛绘

图 5-2-59　方案二游客服务大厅轴测图　图片来源：邹邦涛绘

图 5-2-60　方案二游客服务大厅位置及平面图　图片来源：邹邦涛绘

图 5-2-61　方案三经营模式图　图片来源：刘颖、徐逢夏绘

图 5-2-62　方案三功能气泡图　图片来源：刘颖、徐逢夏绘

图 5-2-63　方案三总平面图　图片来源：刘颖、徐逢夏绘

图 5-2-64　方案三地下一层平面图　图片来源：刘颖、徐逢夏绘

图 5-2-65　方案三一层平面图　图片来源：刘颖、徐逢夏绘

图 5-2-66　方案三二层平面图　图片来源：刘颖、徐逢夏绘制

图 5-2-67　方案三三层平面图　图片来源：刘颖、徐逢夏绘制

图 5-2-68　方案三四层及屋顶平面图　图片来源：刘颖、徐逢夏绘

图 5-2-69　方案三临时展厅轴测图　图片来源：刘颖、徐逢夏绘

图 5-2-70　方案三临时展厅平面图　图片来源：刘颖、徐逢夏绘

图 5-2-71　方案三剧场轴测图　图片来源：刘颖、徐逢夏绘

图 5-2-72　方案三剧场剖面图　图片来源：刘颖、徐逢夏绘

图 5-2-73　方案三工作室轴测图　图片来源：刘颖、徐逢夏绘

图 5-2-74　方案三工作室平面图　图片来源：刘颖、徐逢夏绘

图片来源

图 5-2-75　方案三酒店大床房轴测图　图片来源：刘颖、徐逢夏绘
图 5-2-76　方案三酒店大床房平面图　图片来源：刘颖、徐逢夏绘
图 5-2-77　方案三酒店套间轴测图之一　图片来源：刘颖、徐逢夏绘
图 5-2-78　方案三酒店套间平面图之一　图片来源：刘颖、徐逢夏绘
图 5-2-79　方案三酒店套间轴测图之二　图片来源：刘颖、徐逢夏绘
图 5-2-80　方案三酒店套间平面图之二　图片来源：刘颖、徐逢夏绘
图 5-2-81　方案四经营模式　图片来源：李进绘
图 5-2-82　方案四功能气泡图　图片来源：于涵绘
图 5-2-83　方案四总平面图　图片来源：李进绘
图 5-2-84　方案四负一层平面图　图片来源：李进绘
图 5-2-85　方案四一层平面图　图片来源：李进绘
图 5-2-86　方案四二层平面图　图片来源：李进绘
图 5-2-87　方案四三层平面图　图片来源：李进绘
图 5-2-88　方案四屋顶平面图　图片来源：李进绘
图 5-2-89　方案四品牌成衣售卖大厅轴测图　图片来源：于涵绘
图 5-2-90　方案四品牌秀场轴测图　图片来源：于涵绘
图 5-2-91　方案四品牌成衣售卖大厅透视图　图片来源：于涵绘
图 5-2-92　方案四厅廊走秀透视图　图片来源：于涵绘
图 5-2-93　方案四秀场大厅走秀透视图　图片来源：于涵绘
图 5-2-94　方案五运营模式图　图片来源：李超绘
图 5-2-95　方案五功能气泡图　图片来源：王荃绘
图 5-2-96　方案五功能分区分析图　图片来源：王荃、李超绘
图 5-2-97　方案五一层大厅功能流线图　图片来源：李超绘
图 5-2-98　方案五总平面图　图片来源：王荃、李超绘
图 5-2-99　方案五负一层平面图　图片来源：王荃绘
图 5-2-100　方案五一层平面图　图片来源：王荃、李超绘
图 5-2-101　方案五二层平面图　图片来源：王荃、李超绘
图 5-2-102　方案五三层平面图　图片来源：王荃绘
图 5-2-103　方案五四层平面图　图片来源：王荃绘
图 5-2-104　方案五标准大床房平面及轴测图　图片来源：王荃、李超绘
图 5-2-105　方案五标准双床房平面及轴测图　图片来源：王荃、李超绘
图 5-2-106　方案五精品景观房平面及轴测图　图片来源：王荃、李超绘
图 5-2-107　方案五豪华套房平面及轴测图　图片来源：王荃、李超绘
图 5-2-108　方案六运营模式图　图片来源：刘铮绘
图 5-2-109　方案六功能气泡图　图片来源：刘铮绘
图 5-2-110　方案六总平面图　图片来源：刘铮绘
图 5-2-111　方案六负一层平面图　图片来源：刘雨轩绘
图 5-2-112　方案六一层平面图　图片来源：刘雨轩绘
图 5-2-113　方案六二层平面图　图片来源：刘雨轩绘
图 5-2-114　方案六三层平面图　图片来源：刘雨轩绘
图 5-2-115　方案六四层平面图　图片来源：刘雨轩绘
图 5-2-116　方案六小宴会厅轴测图　图片来源：刘雨轩绘
图 5-2-117　方案六包间轴测图　图片来源：刘雨轩绘
图 5-2-118　方案六酒店套间轴测图　图片来源：刘雨轩绘
图 5-2-119　方案六酒店客房轴测图　图片来源：刘雨轩绘
图 5-2-120　方案六宴会厅平面图　图片来源：刘铮绘
图 5-2-121　方案六宴会厅效果图　图片来源：刘铮绘